［新装版］

十六菊花紋の超ひみつ

日本人ならぜったい知りたいユダヤと皇室と神道

中丸薫
ラビ・アビハイル
小林隆利
久保有政

ヒカルランド

第一の鳥居

皆さん、こちらが墨田区向島にある三囲《みめぐり》神社です。今回、ユダヤと皇室と神道というテーマで、この本の編纂をしました。本題に入る前に、まずこの三囲神社に秘められた謎からお知らせしたいと思います。

第二の鳥居

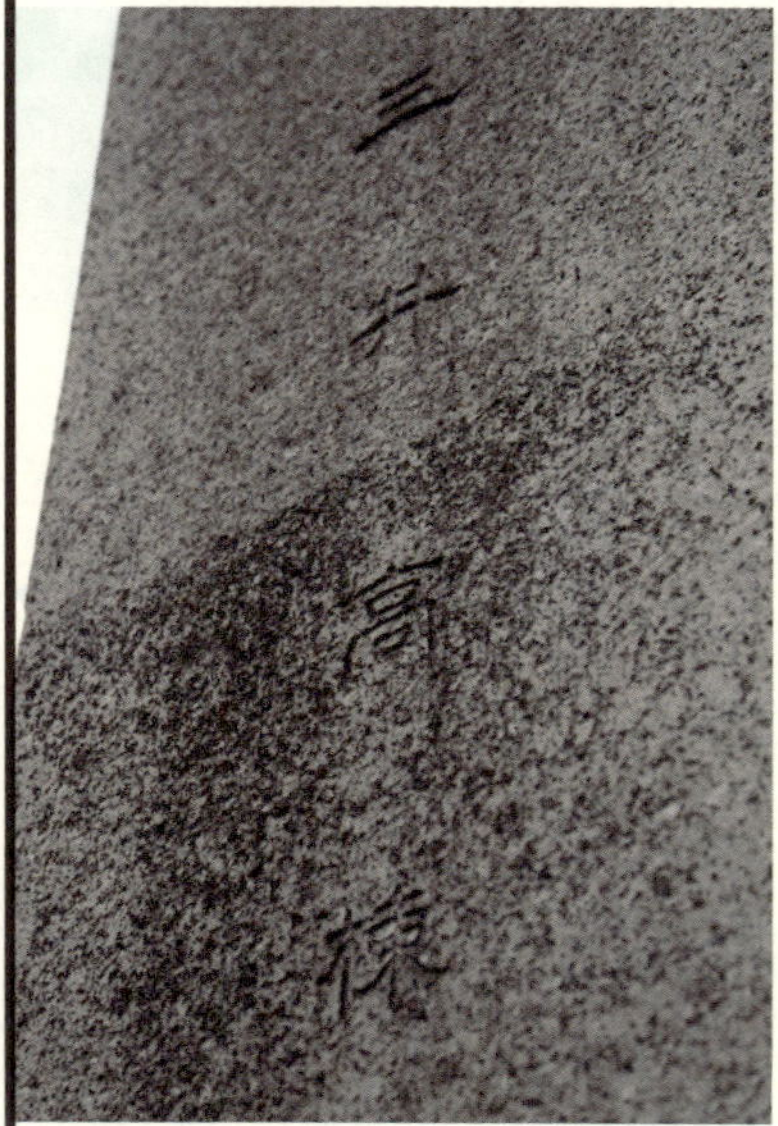

こちらは入り口の左にある石碑です。
かなり大きいです。
この石碑に三井高棟《たかみね》の名前が刻まれているのが、わかりますでしょうか？
三井高棟は、三井総領家第10代当主にあたる人物です。

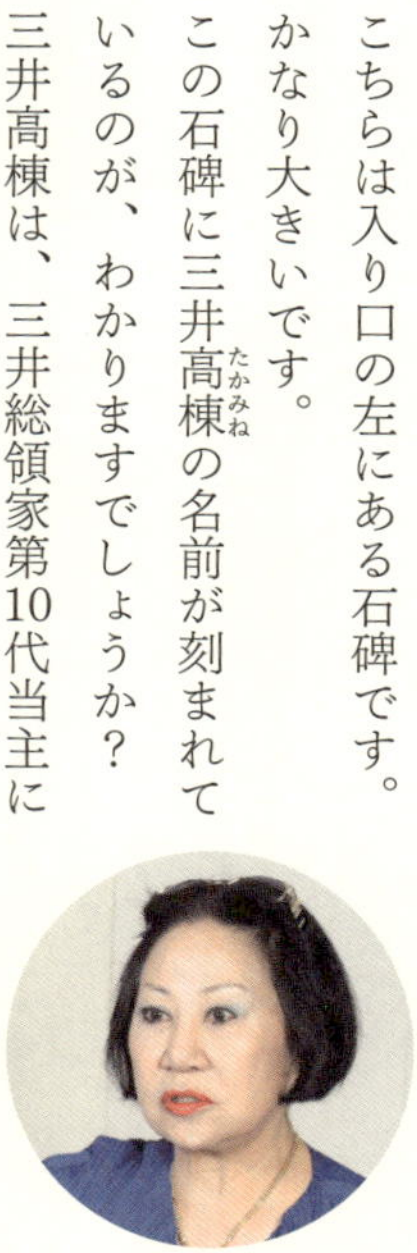

こちらは鳥居をくぐって、すぐの左側です。
こちらには横長の石碑があります。
ごらんください。
三井関係の名前がずらりと並んでいます。

第三の鳥居

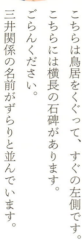

こちらが本殿です。三つの鳥居をくぐって真正面になります。こちらの祭神は、宇迦之《ウカノ》御魂《ミタマノ》命《ミコト》とあります。

この神さまは、『古事記』にはスサノオの子供にあたる神として出てきます。『日本書紀』にはイザナギとイザナミの子供として出てきます。

いずれにしろ天皇家、スサノオとゆかりの深い神さまです。

さらに宇迦之御魂命は、神社の中でも大きな勢力を誇る稲荷《いなり》神社との深い関係があります。

稲荷神社の総本宮、京都の伏見《ふしみ》稲荷大社の主祭神と同じなのです。

では、本殿の奥へと足をすすめてみましょう。

こちらの石碑をご覧ください。

蒙恬《もうてん》将軍の石碑です。

蒙恬は、秦の始皇帝に仕えた名将です。匈奴《きょうど》を撃ち、万里の長城を本格的に修築した英雄です。

なぜ秦の蒙恬を刻んだ石碑がここ三囲神社にあるのでしょう？

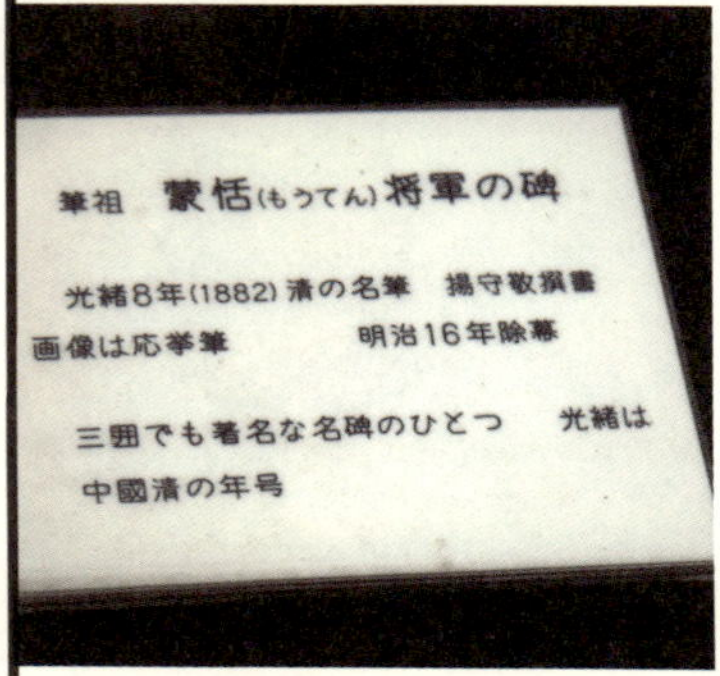
筆祖　蒙恬(もうてん)将軍の碑
光緒8年(1882)清の名筆　揚守敬撰書
画像は応挙筆　明治16年除幕
三囲でも著名な名碑のひとつ　光緒は
中國清の年号

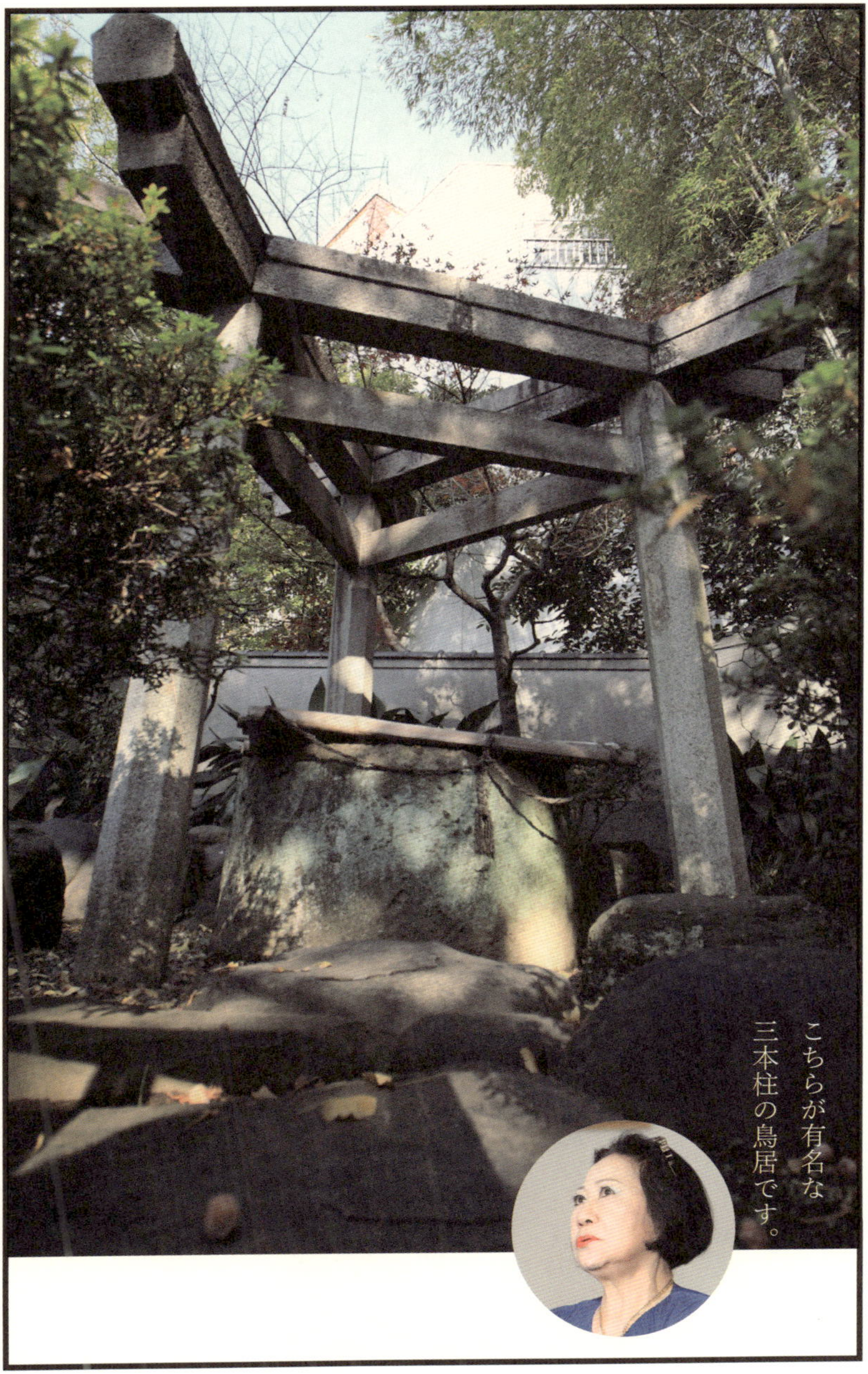

こちらが有名な三本柱の鳥居です。

立て札をごらんください。「三角石鳥居　三井邸より移す」「原形は京都太《うず》秦《まさ》・木島《このしま》神社にある」とあります。

三角石鳥居
三井邸より移す。原形は京都
太《うず》秦《まさ》・木島《このしま》神社にある。

三本柱の鳥居は、ユダヤ教の密教ともいうべきカバラでは、三位一体を示すものです。また上から見れば△となり、二つを組み合わせれば、イスラエルの国旗にも使われているダビデ紋（六芒星）になります。

また三本柱鳥居の下には井戸に模した石棺があります。これで三井を表すのでしょうか？

さて、すこし本殿方向に戻って、本殿の左手奥に行ってみましょう。ごらんください。ここに柵に囲まれて立ち入り禁止となった別の神社があります。

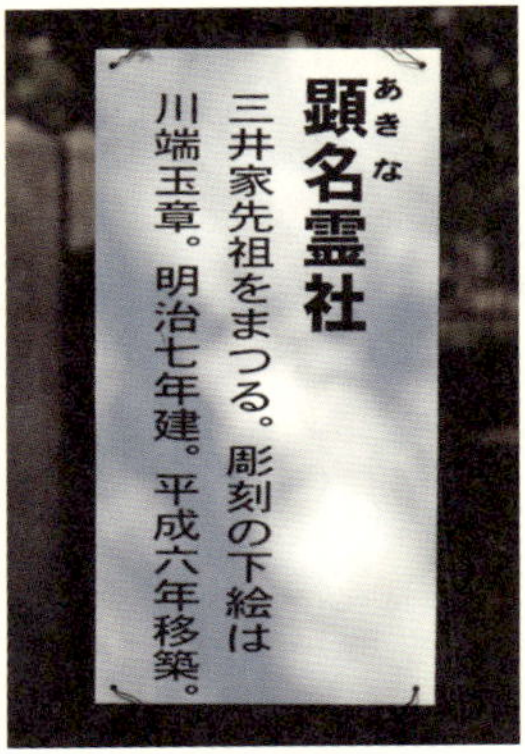
顕名《あきな》霊社
三井家先祖をまつる。彫刻の下絵は
川端玉章。明治七年建。平成六年移築。

ここに顕名霊社とあります。三井家先祖をまつるとはっきり書かれていますね。ここは三井家の専門のセレモニーの場所のようです。両脇には狛犬も鎮座しています。

こちらの本殿の左脇に飾られた彫刻を見てください。
このシーンは私には神武天皇が海を渡って、日本に上陸したときの図に見えます。本当のところはどうなのでしょうか？

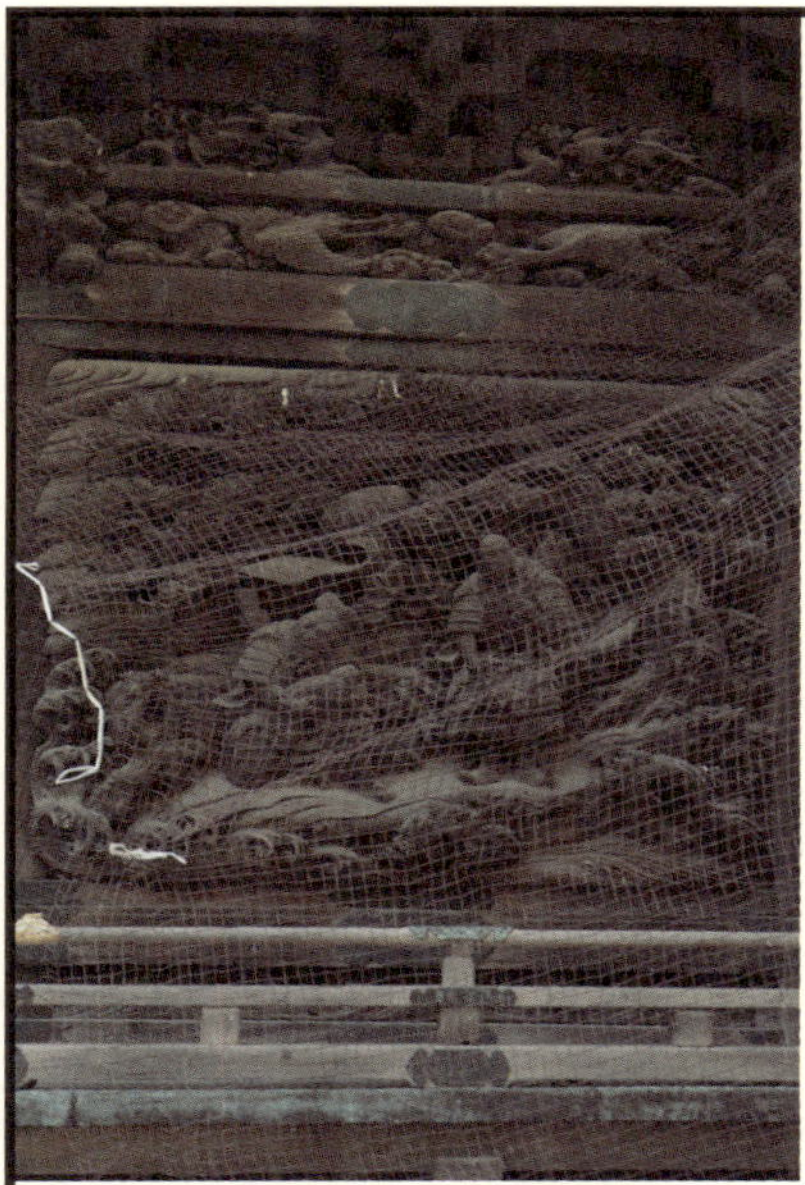

また、本殿右脇の彫刻がこれです。神功皇后《じんぐう》が三韓征伐の帰途に宇瀰《うみ》（福岡県糟屋《かすや》郡宇美町）で応神天皇を出産したときの図のようです。神功皇后に常に寄り添っていたのは竹内文書で有名な武内宿禰《すくね》と言われています。

これが稲荷神社によくある狐です。ここ三囲神社にもこうした像があちこちに見えます。狐は人を化かす象徴といわれますが、三囲神社にも何か仕掛けが隠されていることを私は直感します。

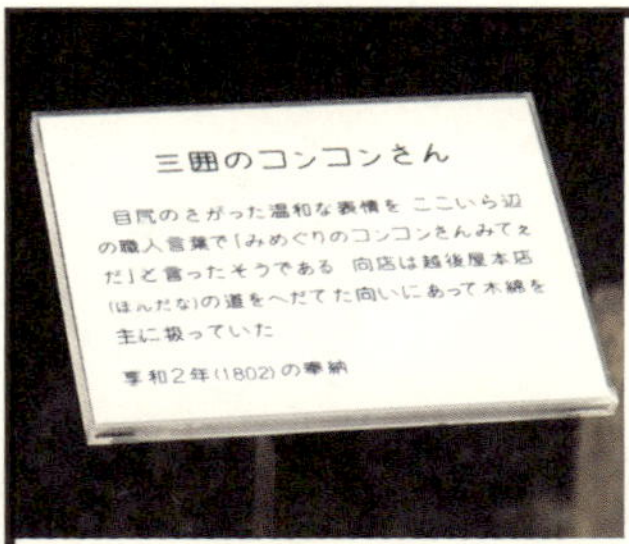

これは神社正面本殿の狛犬です。
狛犬とはずばりライオン、獅子の象徴です。なぜ日本に本来いない獅子が、ほとんどといっていいくらい日本の神社にはあるのでしょう？
それはユダヤとの関係でしか明らかにならないことです。

こちらの本殿前にあるライオン像は三越デパートにあったものです。なぜこれが三囲神社におかれることになったのでしょうか？　またなぜ三越のマークはライオンと決まったのでしょうか？

その他にもここ三囲神社には、やはり三本柱の屋根のついた手洗舎や、三つ穴灯籠など、三にまつわるものが、ひっそりと立っているのは不思議な感じです。

序文
ユダヤと皇室と神道——十六菊花紋をめぐる世紀の謎をここに開封します　中丸薫

日本全国でもっとも大きな勢力をもつ神社の一つは稲荷神社です。

その創建は、秦氏です。秦氏は聖徳太子のスポンサーでした。

当時は金《きん》よりも貴重な価値のあった絹織物を独占し、シルクロードを通って、新羅《しらぎ》を経由して日本に来たとされています。

私やこの本のために参集してくださった人々の研究によれば、この秦氏は朝鮮半島を経由してきたユダヤ人です。

三囲神社の祭神・宇迦之御魂命はスサノオと関係がありますが、このスサノオも新羅から来たといわれています。

一方、三井家ですが、私は三井家の発祥の地・松坂（現・松阪市）で、ある人物を介して三井家

ひい、ふう、みい…はヘブル語でこそ意味をなす！

アマテラスが天の岩屋戸に隠れたとき（左上）、ウズメ（中央）がその前で踊り、コヤネ（左の老人）が「ひい、ふう、みい、よお、いつ、むう、なな、やあ、ここの、とうお」と祝詞を唱えた。この意味は、ヘブル（ヘブライ）語では、「誰がその美しい方（女神）を出すのでしょう。彼女に出ていただくために、いかなる言葉をかけたらいいのでしょう」となり、まさにこのシチュエーションにぴったりの言葉となる！　[「神代絵」山辺神社蔵]

[出典：『日本書紀と日本語のユダヤ起源』　ヨセフ・アイデルバーグ著　久保有政訳]

「アナニヤシ」とはヘブル語で「私は結婚する」の意味である……

日本書紀に記されたイザナギとイザナミの国生みでは、彼らはまず天沼矛（あまのぬほこ）で〝おのごろ島〟をつくり、そこに天御柱を立て、その周りをまわって結婚する。そのときにふたりが言った「アナニヤシ」は、日本語ではこれといって意味をなさないが、ヘブル（ヘブライ）語では、ズバリ「私は結婚する」の意味である！

［出典：『日本書紀と日本語のユダヤ起源』　ヨセフ・アイデルバーグ著　久保有政訳］

を取材したことがあります。まだ時の封印が解けておらず、すべてを発表することはできませんが、この三井家は秦氏とは同属で、そのルーツは間違いなくユダヤにあります。

三井家は藤原道長の子孫とされていますが、もともとは近江の領主であった六角氏に仕える武士だったのです。織田信長に追われて伊勢の松坂に逃げてきて、商売を始めました。

三井中興の祖・三井高利は高利貸しでたちまちのうちに財を成し、紀州徳川家に食い込み、江戸へと渡ってきたのです。

1673年には日本橋で呉服屋・越後屋をスタートさせます。これが後の三越です。

三井家の家訓は、その血脈を守ることを鉄則としています。

家原家、長井家、小野田家の三家は途絶えてしまって、現在は、南家、北家、松坂家、新町家、室町家、小石川家、永坂町家、伊皿子《いさらご》家に、明治期に再興された五丁目家、一本松町家、本村町家を加えた、いわゆる「三井十一家」だけが、三井家として認められ、結束して今なお存続しているのです。

三井十一家はいわゆる名門といわれる血脈と次々と結びついてきました。皇族をはじめ政・財・官界の上層階級のほとんどと血がつながっているといわれています。

その三井家が、ことあるごとに参拝に訪れるのが、この三囲神社なのです。そしてこの三囲神社の謎を解けば、日本史の謎全部が繙《ひもと》かれていきます。

そもそも狛犬とは何でしょうか？

なぜ神社にライオンなのでしょうか？

それは今回この本のためにイスラエルから駆けつけてくださったアミシャーブという失われた十支族調査機関のラビ・アビハイルさんたちも認めるように、聖書の文言にあるのです。失われた十支族の中で正統な王族ダビデの血統はユダ族にあります。聖書創世記に「ユダは獅子の子である」とあるのです。狛犬はユダ族の印です。本の中で紹介しますが、250年近くも前に来日したマクレオドが日本人画家に模写させていた皇室の紋章があります。この紋章にははっきりと獅子が描かれているのです。


様々なものが皇室がユダヤの流れを汲むものだということを示しています。

また、沖縄には神武天皇の生まれた場所までが、伝承として残っているそうです。

私の研究でもユダヤのグループは、シルクロード沿いに中国、朝鮮を経て日本に来たものと、海路日本に入ってきたものと二つの流れがあります。沖縄のシーサー（獅子）もまたそのことを示しているのだと思います。


神武天皇は自らカムヤマトイワレビコを名乗っていたといいます。このカムヤマトイワレビコは日本語としては意味を成しませんが、最初のカムはヘブライ語で群れなどを「集める」という意味だそうです。ヤマトは、ヤー・ウマトで「神の民」を表し、イワレはヘブライ（ユダヤ）の意味なのです。カムヤマトイワレビコは、「神の民を集めた、ユダヤ民族から生まれた長男」という意味になるというのですから、驚くばかりです。

（上）神功《じんぐう》皇后ははじめ、海を引き潮にする聖なる玉を投げ込む。すると海の水が引き、新羅《しらぎ》の船は座礁したので、新羅の軍勢は船を降りて皇后に立ち向かおうとする。ところが今度は皇后は、満ち潮にする玉を投げ込む。すると海の水が戻り、新羅の兵士たちはおぼれてしまう。細かい所はともかく、聖書に記されたモーセの紅海渡渉の時のことにも似ている。
（下）新羅の民から貢ぎ物を受ける神功皇后（ＡＤ201年）。当時の日本は、朝鮮半島と密接にかかわっていた。

［出典：『日本固有文明の謎はユダヤで解ける』ノーマン・マクレオド、久保有政著］

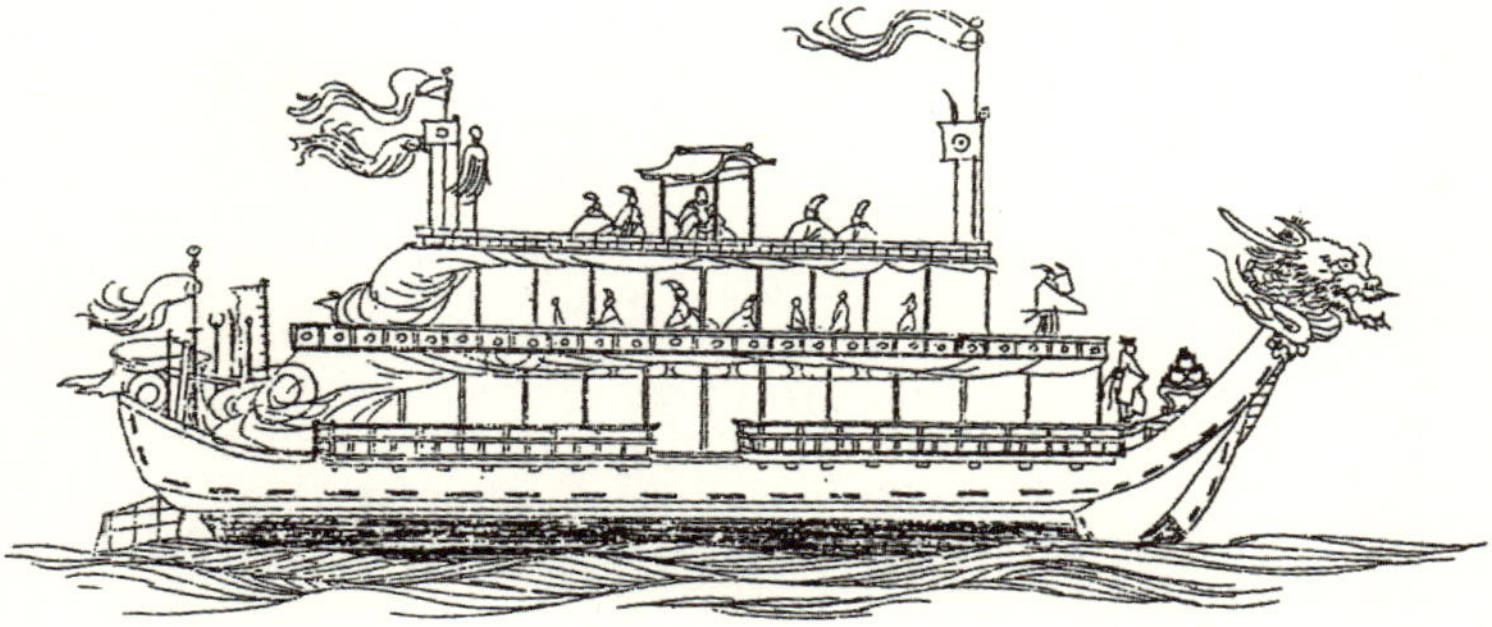

神功皇后の軍艦

平底帆船

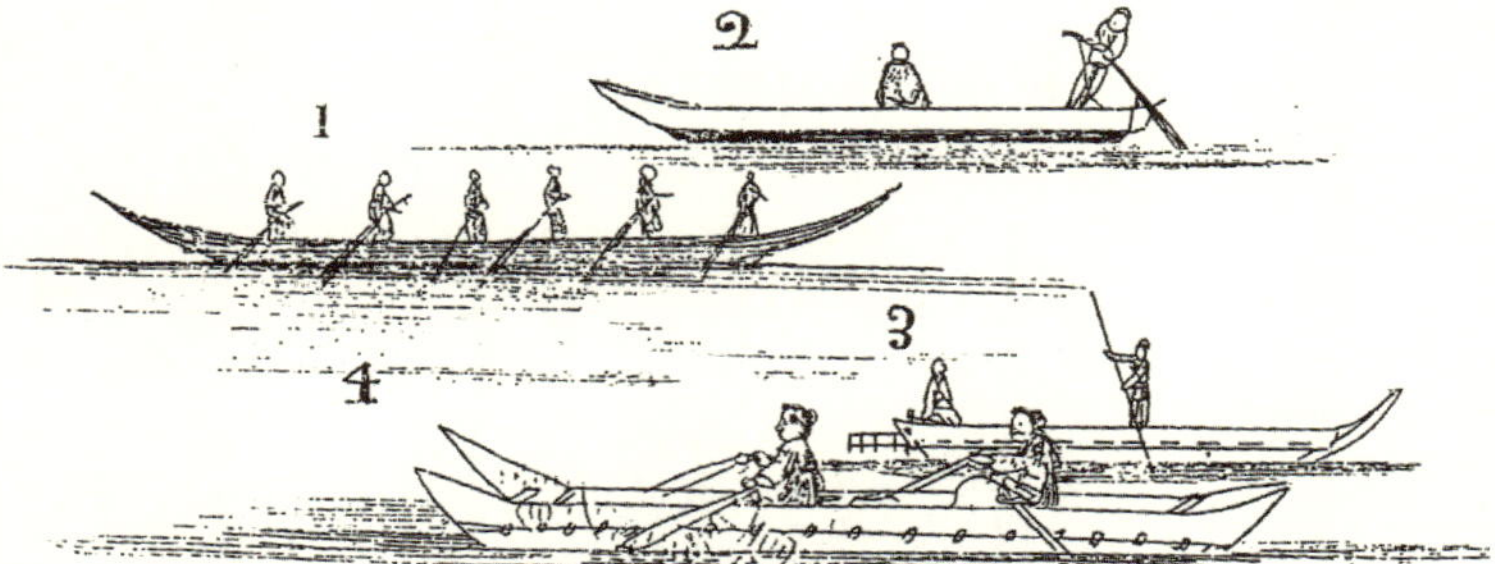

№.１・２・３　南方系原住民のボート　　№.４　蝦夷のボート

［出典：『日本固有文明の謎はユダヤで解ける』ノーマン・マクレオド、久保有政著］

日本は瑞穂《みずほ》の国といいますが、日が昇る国のことをヘブライ語ではミズラホといいます。ミズラホの国、すなわち瑞穂の国です。ミズラホには天国という意味もあるそうです。そのほかにもモーセがユダヤの民を引き連れて向かった約束の地はカナンですが、ヘブライ語で「カヌ・ナー」というのが「葦《あし》の原」のことを表します。スサノオは「葦原の中つ国」を追放されて出雲にやって来ましたが、そこはすなわちカナンだというわけです。

こうしたことは、今回ラビ・アビハイルさんたちとの仲介の労をとってくださった久保有政《くぼありまさ》さんが、報告してくれたものです。久保さんは私とラビ・トケイヤーさんとの共著『日本とユダヤ/魂の隠された絆』でもサポートしてくれましたが、『日本固有文明の謎はユダヤで解ける』(マクレオド)、『聖書に隠された日本・ユダヤ封印の古代史』(トケイヤー)、『日本書紀と日本語のユダヤ起源』(アイデルバーグ)など、このジャンルの画期をなす著作を次々と翻訳・紹介してきた方です。

また、私と同じく明治天皇の孫にあたる小林隆利さんは、母であり、明治天皇の娘にあたる仁《しのぶ》さまより伝えられた重要なメッセージを私に託してくださいました。今回この本に掲載する対談は、すでに数年前に行われたものですが、ついにここにいたり時の封印がとけ、その一部を公開することができるようになりました。

この本は第1部にアミシャーブのラビたちとの対話、第2部は小林隆利氏との対話、第3部、第4部は、今海外向けに発信されている「ユダヤと日本の秘密の関係」を網羅して掲載しました。こちらの第3部は久保有政さんが英語で発信していたものですが、あらためて日本語に訳して、掲載することにしました。

こうしてこの本は、多くの方々の協力によって完成した次第です。実はラビたち3人の会話は、通訳の方が不なれな上に、むずかしい早口のヘブライ語を3人が同時に話すというようなことで、あまり相互コミュニケーションがうまくとれませんでした。それをあらためて音源から丁寧に日本語に起こしてくれたのは、大原由美さんです。大原さんはお父様がイスラエルで事業を営んでいた関係で、幼少期をイスラエルで過ごし、長じてからもヘブライ大学で研鑽を積まれた方とお聞きしています。ラビ・アビハイルさんと大原さんのお父様は既知の関係だったそうです。この場を借りてお礼申し上げたいと思います。

さて、この本『十六菊花紋の超ひみつ』はこのようにしてできあがったものですが、これまでの日本とユダヤのつながりの研究からみても、ワンランクそのレベルを押し上げるものになったと自負しています。

読者の皆さまにおかれましても、日本人の隠されたルーツを楽しんで探索していただければありがたいと心より念じております。

2011年1月7日

錦の御旗にある皇室の菊の紋。
（東京国立博物館蔵）

エルサレムのヘロデ門上部にあるマーク。

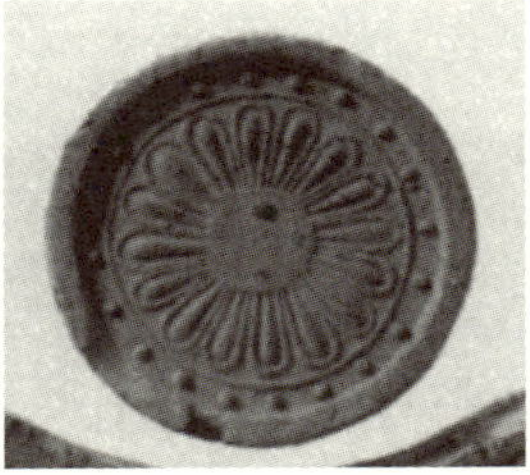

平安京の朝堂院跡から出土した十六花弁紋。
エルサレムの紋に非常によく似ている。

ペルシャ・スサ出土「ナラム・シン戦勝碑」
にある紋。

エルサレムの遺跡から出土した十六花弁紋。

イスラエル・カペナウムのダビデの星。隣は
五角形の星のマークである。

〔出典：『日本・ユダヤ封印の古代史』ラビ・マーヴィン・トケイヤー著　久保有政訳〕

真名井神社のカゴメ紋。

伊勢神宮のカゴメ紋。

日本を愛して死んだあるユダヤ人のお墓。日本式の灯籠を墓碑に（横浜の墓地）。
〔出典：『日本・ユダヤ封印の古代史』ラビ・マーヴィン・トケイヤー著　久保有政訳〕

[新装版] 十六菊花紋の超ひみつ　目次

序文　ユダヤと皇室と神道——十六菊花紋をめぐる世紀の謎をここに開封します　中丸薫……18

第1部　アミシャーブ(失われた十支族調査機関)の　ラビたちと語り合った　「日本人とユダヤ人最後のひみつ」と「ハルマゲドン」

日本とユダヤの秘密の関係は、未だ天上界からも、解禁とはなっていないのです！……45
宇宙創造神は一つ——ユダヤの神と神道と天皇家のアマテラスは、どうつながるのか!?……57
天皇家は、明らかに朝鮮からやってきています！……67

ユダヤと日本の風習に両者の関係を示すものが、多々あります！……71
「被差別部落」、「同和」の人たちは、実はユダヤと関係があるようです……80
ユダヤ教に改宗した人たちをイスラエルに連れて帰るのが、私たちアミシャーブの役目です……88
ユダヤの神はたった一つだけ――日本は八百万《やおよろず》の神々の上に、唯一の宇宙創造神アメノミナカヌシがいる……100
神はなぜ、イスラエルの民を十二の支族に分けたのか、そして十の支族をかくしたのか――そこに最大の秘密がある！……103
ホロコーストは、イスラエルへの帰還のために、神が仕組まれたものではないでしょうか、そして十支族をかくしたことも……107
三井、三菱、住友などの日本の財閥は、ユダヤ人がルーツ、そして「3」に隠された秘密とは？……109
たった一つの神で、世界を結ぶことの難しさをどう克服したらよいのか――特にユダヤ教とイスラム教の断絶について……116
宗教を超えて、一つの神、宇宙創造神のもと人々が集うその道は、人間復興《スピリチュアル・ルネッサンス》しかないと私（中丸）は思うのです……129
2012年と時の終焉、聖書のゴグとマゴグのシンクロニシティ……133

ゴグの戦いのあとにメシア(救世主)が現れ、新しい世界が始まる――エゼキエル書の預言はどのように世界に反映されるか!? …… 137
エルサレムをアラブ人に与えてしまおうとするユダヤ人左派――このユダヤの兄弟たちから、私たちは戦争を仕掛けられているのです! …… 146
ゴグの戦い(ハルマゲドン)で、起こること――天地の揺れ、暗黒の三日間とは? …… 148
ハモン・ゴグの谷――ゴグのとき、エルサレムにいるユダヤ人に何が起こるか!? …… 157
ゴグの戦い、第三次世界大戦のあと、イスラエルはどうなっていくか!? …… 165
第三神殿とメシア――一つの神について、異邦人のすべての人々は、ユダヤ人に対して聖書の教えを乞うようになるでしょう! …… 168
UFO、宇宙人について――聖書にも他の星の被造物が存在する可能性が書かれています! …… 178
三種の神器の一つ、八咫《やた》の鏡に刻まれた文字は本当にヘブライ語なのか!? …… 185
名前やゲマトリアが示す「人間の使命とは何か」――十支族をイスラエルに連れて帰るのが私(エリヤフ)の使命なのです! …… 199
沖縄のユタ(占い師)、ノロ(祖官)も十支族の流れかもしれない!? …… 209

第2部　明治天皇の孫二人が語る「皇室とユダヤ　最後のひみつ」
中丸　薫　小林隆利

「皇室はユダヤの流れである!」明治天皇は、母にいつも話していた……235
明治天皇は、正当である南朝系の大室寅之祐《おおむろとらのすけ》が、睦仁《むつひと》親王に代わって即位していた……238
フルベッキの知られざる信仰の軌跡と驚嘆すべき業績……245
伊勢と稲荷・伊奈利の封印を解く……256
日本の歴史を支えてきた渡来人――サムライたち……263

幕末の日本国の行く末を憂《うれ》うるあらゆる各派・階層の人々から熱誠《ねっせい》と敬仰《けいぎょう》を受けたフルベッキ……265
「日本人は約束の民である!」フルベッキは看破していた……268
日本民族は、そして天皇のルーツは……278
時代は今、世界をリードしていける「開かれた皇室」というものを切に望んでいます……282
皇室にはバイブルの精神がカチッと入っています!……285

第3部 ここまでわかった! 日本とユダヤのひみつ
[最先端研究エンサイクロペディア]

諏訪大社の御頭祭は、アブラハムと息子イサクの聖書の物語を再現したもの！……295
山伏《やまぶし》のトキンとほら貝は、ユダヤ人のフィラクテリーとショーファー（角笛）にそっくりだ！……299
日本のお神輿《みこし》は、イスラエルの契約の箱《アーク》にあまりにも似ている！……301
日本の神官の浄衣《じょうえ》はイスラエルの祭司服に似ている……307
日本にもユダヤにも収穫の稲束を振る習慣がある！……309
日本の神社の構造は、古代イスラエルの幕屋にあまりにも似ている！……310
偶像がないことも、神道とユダヤ教で同じである！……314
古代日本人は、ヤハウェを信仰していた――スサノオはバアルに、アマテラスはアスタロトに酷似している！……315
日本神話と聖書の記述には驚異的な共通点があった！……317
「月経時と妊娠中の穢《けが》れ」における日本・ユダヤの共通点！……320

割礼の習慣が日本に存在していた可能性は、大！ …… 323
ＤＮＡが示すユダヤの親戚・日本 …… 324
十支族が辿り着いた最果ての地アルザルとは、やはり日本だったのか!? …… 329
「水」と「塩」にみる日本・ユダヤの多くの共通点 …… 331
死に対する不浄の概念は、日本とユダヤで共通している！ …… 333
土の祭壇における日本・ユダヤの共通点 …… 335
青銅のへびも神道とユダヤで共通している！ …… 336
正月の習慣は、日本とユダヤで酷似している！ …… 340
日本の7月15日または8月15日のお盆（魂祭）のイベントは、十支族の北の王国や南ユダ王国と同じ起源か!? …… 342
日本人が十五夜《じゅうごや》を祝っているその日、ユダヤ人は仮庵《かりいお》の祭を祝っている！ …… 344

土地の初穂は神社に奉納——これも日本とユダヤで共通！……345
日本の神道の結婚式とユダヤ教の結婚式に見られる共通点！……346
皇室の大祓《おおはら》えの儀は、古代イスラエルの贖《しょく》罪《ざい》の理念を表している……349
ユダヤの過越の祭は、沖縄で看過の風習として残っていた！……351
皇室の大嘗祭及び履物を脱ぎ、足を洗う習慣は、聖書から来ている!?……353
皇室が太陽に奉納した馬は、イスラエルの伝統と同じもの！……354
大化の改新の骨子は、モーセの律法そのもの!!……356
古代日本人はヘブライ語を話していた？……361
『古事記』は、聖書の物語を下敷にして作られている!?……363
日本語とヘブライ語の類似性——500語以上がリストアップされている！……365

ヘブライ語が起源となっている古代日本の言葉！……369
ネストリウス派は、イスラエルの失われた十支族なのか？……371
秦氏《はたうじ》は、ユダヤ系キリスト教徒――佐伯好郎《さえきよしろう》の研究……373
日本でもっとも多い八幡系神社のヤハタ神は秦氏の神――手島郁郎《てしまいくろう》の研究……380
平安京と祇園祭に見られる失われた十支族の影響！……383
秦氏は、本当に古代の離散ユダヤ人なのか？……388
秦氏と日本の皇室の関係……391
天皇の存在とイスラエルの失われた十支族……392
神武天皇の正式名称……394
焼失した皇室の図書館……396

日本の皇室の神社である伊勢神宮では、ダビデの星のマークが使われている！…… 398
伊勢神宮に保管されている神聖な鏡に、神の名前がヘブライ語で書かれている…… 399
矢野氏が神聖な鏡の裏側から写したとされている文字…… 403

第4部　イスラエルの失われた十支族とは、何か［資料篇］

失われた十支族とは何か？…… 411
イスラエルの十二支族の背景…… 412

イスラエル支族の伝統的な2タイプのリスト …… 413
イスラエルとユダの領土の小史 …… 417
失われた十支族は今も存在するという根拠になっている主な情報源 …… 418
失われたイスラエル十支族を見つけるための、シンプルな聖書のヒント …… 419
ヨセフスによる、イエスの時代のスキタイとパルティア …… 424
ペルシャのベヒストゥン碑文 …… 426
黒いオベリスク――シャルマネセル3世の足元にひざまずくイエフ、オムリの息子あるいはイエフの大使 …… 427
17世紀から20世紀までの間の失われた十支族とユダにフォーカスする …… 429
失われた特定の支族の子孫であると主張しているグループ …… 431
支族を特定せず失われた支族の子孫を主張しているグループ …… 432

ネイサン・オースベル著の『ユダヤ人の図解歴史』から引用のリスト …… 434
参考資料 …… 437
関連資料 …… 438

装丁　三瓶可南子
写真（巻頭カラー）石本馨
編集協力　レムナント出版
本文仮名書体　文麗仮名（キャップス）

第1部

アミシャーブ（失われた十支族調査機関）のラビたちと語り合った「日本人とユダヤ人最後のひみつ」と「ハルマゲドン」

ラビ・エリヤフ・アビハイル(Rabbi Eliyahu Avichail)
イスラエルの失われた十支族調査・帰還運動の機関「アミシャーブ」(Amishav)の創設者として世界的に有名。エルサレム在住。78歳。彼は、イスラエルの失われた十支族(北王国イスラエル)の末裔は今も、おもにシルクロードに沿ってアフガニスタンや、パキスタン、インド、カシミール、ミャンマー、中国などにいることを発見した。とくにインド北東部やミャンマーに住むシンルン族(メナシェ族)が、アミシャーブの働きにより十支族の末裔と認められ、その多くはイスラエルに帰還し、ユダヤ人として生活を始めていることは特筆に価する。彼は、10支族はシルクロードの終点・日本にも到達したと考えており、2010年には3度目の来日をして各地で調査・講演活動を行なった。邦訳されている著書に、『失われたイスラエル10支族』(学研)がある。

ラビ・ダビデ・アビハイル(Rabbi David Avichail)
エリヤフの息子。アミシャーブのメンバーとして、重要な働きをになう。ユダヤ教学校の校長をつとめるほか、ユダヤ教に関する多くの著書があり、講師としても活躍。その著書や講演は、哲学的な深みのあることで定評がある。

マイケル・グロス(Michael Gross)
コンピュータ技師。アミシャーブのスタッフとしてラビ・エリヤフ・アビハイルの働きを手伝い、ラビと共にシルクロードや各地を旅して、今も世界各地にいるイスラエル十支族と会って来た。

ヘブライ語訳　大原由美(おおはら ゆみ)
沖縄県生まれ。小学校の6年間をイスラエルで過ごし、現地の小学校に通う。桜美林大学卒業。イスラエル・ヘブライ大学大学院にて聖書学を学ぶ。

日本とユダヤの秘密の関係は、未だ天上界からも、解禁とはなっていないのです！

中丸　7～8年ぐらい前でしょうか、天上界からのメッセージというか直感もかなりあって、私は、日本に渡来したユダヤ人たちのことを書いた本の出版を取りやめました。

日本には、秦氏《はたうじ》すなわちイスラエルの失われた十支族、要するにキリストが生まれる前のユダヤの人たちがまずやってきました。その後、キリストが生まれて、キリストを信じたユダヤ人たちも、ネストリアン（ネストリウス派キリスト教徒＝景《けい》教徒）とかいろいろありますが、日本に来ました。彼らはみんなシルクロードを通るなどして日本に渡来しました。

そのことを私は本にまとめたのですが、サナトクマラに「今その本を出すのは危険だ」と出版をとめられたのです。サナトクマラというのは、今の地球を守っているシャンバラの玉座に座っていらっしゃる方の名前です。京都の鞍馬寺《くらまでら》には、サナトクマラの由来がわかるものがあったのですが、最近隠されてしまいました。元は金星のほうから来られた方です。

そういうことで、本はできているものの出版はしていない状態ですが、きょうはこうしてラビの方たちと一緒ですから、かなりの部分までお話しできるのではないかと思っています。

ダビデ・アビハイル　中丸先生は天から霊感を受けられたということですね。天から授けられた教えとは何でしょうか。

中丸　1976年に私はすごく大きな光の体験を得ました。

エリヤフ・アビハイル　それは具体的にどのようなことがあったのですか。何か言葉もきこえたのですか、それとも光だけをごらんになられたのですか。

中丸　そのことについてはいろいろな本にも書きましたが、国王に招待されてアラブ首長国連邦のラアス・アル＝ハイマに行ったときに、夜、自分で直接祈りたいと思いました。私は国賓《こくひん》として招かれて運転手が24時間ついていましたから、アラビア海に面した祈りに適した場所に連れていってもらい、そこで私は瞑想を始めました。ロングスカートをはいていましたから、砂浜に座って足を組み禅定《ぜんじょう》の形を整えて、人間とは一体何だろうか、何のために人はこの世に生まれてきているのか、一人一人の人生には目的と使命がある、それは何だろうかとずっと心に問いかけながら直接天に祈りました。

そうして瞑想していると、突然、光の柱のようなものすごい稲妻が私の目の前にズバッと落ちてきました。海が割れるような形に見えました。その後も周りじゅうに落雷があり、木も雷に打たれて倒れました。右側にはオマーンの山々が見えていたのですが、山々が光の柱でズバッと半分に割られたように見えるほど大きな稲妻が落ちてきました。

でも、私は怖いという気持ちにはなりませんでした。もし私に何か使命があるならば、天は私の

景教流行碑（中国）

秦河勝が弓月国から持ってきた胡王面。頭上に天使が守る。（坂越の大避神社蔵）

胡王面（正倉院蔵）

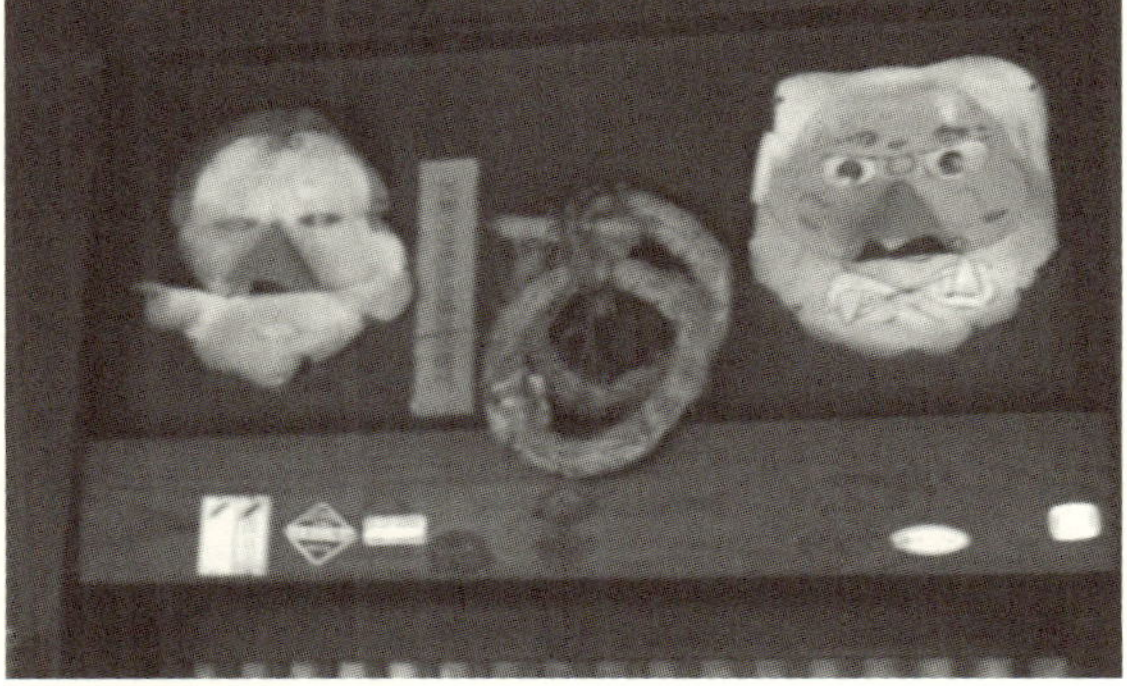

秦氏の子孫の玄関にかかげられた面。
〔出典：『日本・ユダヤ封印の古代史』ラビ・マーヴィン・トケイヤー著　久保有政訳〕

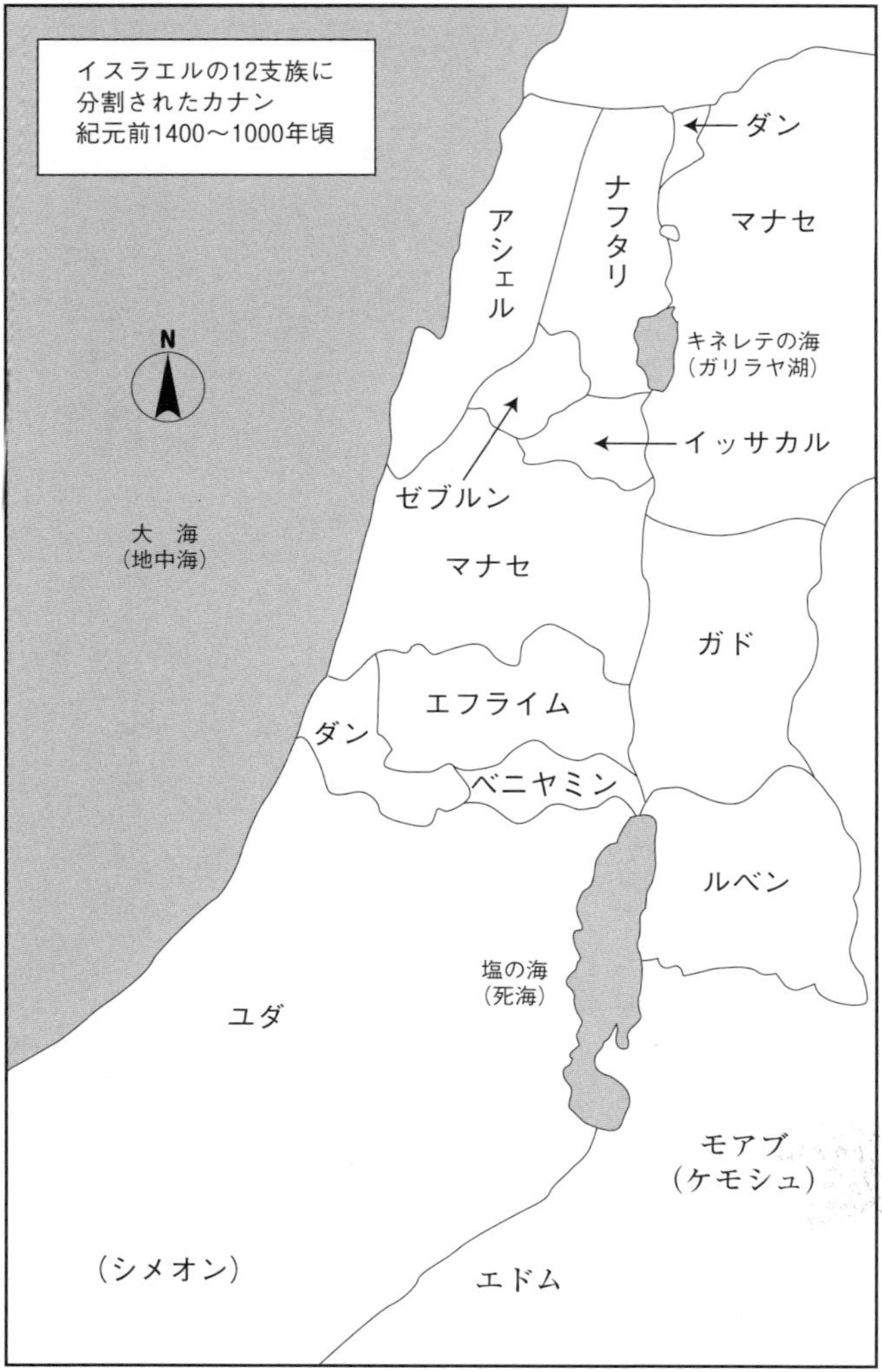

ユダヤ人の伝統的な理解によれば、イスラエルの失われた十支族はいずれ回復し、祖国へと帰還する。そのとき、同時期にメシアの来臨もまた起こる——つまり、日本人が失われた十部族であると両民族が認知するとき、世界にかつてない平和と変容がもたらされると信じられているのである。また、トケイヤー氏によれば、偽ユダヤ人とされているアシュケナジーもDNA鑑定によって、スファラディと同じ真正のユダヤ民族であることが証明されているという。[地図出典:『日本・ユダヤ封印の古代史』マーヴィン・トケイヤー著　久保有政訳]

[出典:『日本書紀と日本語のユダヤ起源』 ヨセフ・アイデルバーグ著　久保有政訳]

命を助けてくださるでしょうし、もし何も使命がないならば、どうぞ私の命も意のままにと全部天にゆだねる気持ちになりました。

そのとき私は2カラット以上の大きなダイヤモンドのリングと、一文字のロックのダイヤと、周りをダイヤで囲んだ時計をしていました。その三つをすごく窮屈《きゅうくつ》に感じて身から外し、ふと上を見上げた瞬間、上から私の脳天を目がけて直径60センチぐらいの光の柱が落ちてきて、私の体を串刺しにしました。

バリバリという音がして、髪の毛も全部落ちたかと思うほどの衝撃を体に受け、思わず後ろを振り向きました。普通はそれで即死だと思いますが、ダイヤモンドのような光が、禅定の形をとっている体全体をすっと上がっていくような感じがあり、第3の目といわれるところからビーッと光の道が通って、「ああ、これが霊道なのか」と実感しました。

次の瞬間、強い雨が夕立のようにダーッと降ってきました。20メートルぐらい先に座っていた秘書が「先生、これ以上いられませんから行きましょう」というので、身から外した三つのダイヤモンドの装身具をバッグに入れて車まで走りました。走っている最中も雷はずっと落ち続けていました。車に乗り込み、車が動き出してから窓の外を見ると、あれほど激しかった稲妻も雷も雨もすべて何事もなかったかのようにサーッと引いていました。

心の中で「あっ、あのダイヤモンドが消えている」と思ったので、バッグをあけてみると、ダイヤモンドは三つとも消えていました。

そのとき「あなたはずっと世界は一つ、人類の心は一つといい続けてきました。それが今あなたの心の中で燦然《さんぜん》と輝いている。心の中心から光が輝き出ているのだから、もう光るダイヤモンドは要《い》らないのです」という思いなのか、声なのか、それが私に語りかけてきました。

それはさらに次のように続けました。「あなたはすでにわかっているでしょうが、今の世界は、軍事大国がいうことを聞かなければ爆撃するなどといったり、金融の力で世界を支配しようとしたり、力の道で動いています。その対極にあるのが、意識改革、スピリチュアル・ルネサンス、つまり人間復興を通しての世界平和、ワンワールドであり、その実現があなたの使命なのです」と。それが光の体験で私が受け取ったメッセージです。

ダビデ　意識改革とは、具体的にどのようなことでしょうか。どのようにすれば、心を改善できるのでしょうか。

中丸　人間が人間らしく生きていく世の中をつくっていくことです。光の体験を境《さかい》にだんだんわからせていただいたことは、宇宙創造神は愛の光そのもの、愛のエネルギーそのものであり、私たち人間は、その一部分を分け御魂《みたま》として心の中心に抱いているということです。人にうそをつけても自分にうそをつけない心、これは仏教的にいうと仏性の輝き、キリスト教的にいうと神聖な思いですが、そのような光を人間は魂の奥底に持っています。あらゆる宗教、イデオロギーを乗り越えて、だれもが神の子であるという縦のきずなを持っているわけです。

それと同時に、私は輪廻《りんね》転生《てんしょう》も体験させられました。人は何回でも生まれ変わっていきます。

それを仏教では輪廻転生といいます。いつ、どこでどんな国に生まれ、そのときの名前は〇〇であるというふうに、私は8000年前ぐらいまでさかのぼって、この地球上に生まれてからのことを体験しました。

私はコロンビア大学及び同大学院で4カ国語を学びましたが、輪廻転生の体験の中では、3500年前のギリシャの言葉とか、学んだことのない言葉でお話しできました。これが横のきずなです。私たち人類のだれもが縦のきずなと横のきずながクロスした部分を心の中心に据えつけたとき、それが一つの大きな羅針盤《らしんばん》となって、これからの激動期において人々を励ましていく、そういうコンセプトを体験させられました。

マイケル・グロス ではその光を今全世界へ放たなければならないのですか？

中丸 光を受けてから、私自身、身をもって輪廻転生、永遠の生命を体験させられました。キリスト教でも552年までは輪廻転生が聖書の中にありました。でも、そのコンセプトは法王や国王に頼る必要のないものなので、宗教が国家と結びついたときにすべて取り除かれてしまいました。今はバチカンの中にあります。ユダヤ教には輪廻転生のような考え方があるのでしょうか。

グロス あると思います。

ダビデ いいえ、そのようなことはありません。

ユダヤ教では常に同じ人が何度も何度もくり返されるというわけではなく、人には霊的なエネルギーがあり、それを魂と呼ぶのですが、その魂、つまりその人が行うすべての善行が、「私」という人格を形成するのです。その人格は、くり返されません。その人格はその人と永遠にありつづけるのです。巡回することはありません。その人が、その魂をもって解き明かすことのできなかった事柄が世の中にくり返されるのであり、他の人が（その事柄を解明するために）生まれるのです。これは仏教の輪廻転生とは違います。

中丸　魂の生き返りだから、人はいろいろな国に生まれてくるわけです。私は今、日本人ですが、３５００年前はギリシャにいました。

エリヤフ　あなたが今、この世に役割を担《にな》っているとすれば、それは何とお考えでしょうか？

中丸　人類の一人としての私たちは、たとえ長生きしたとしても、この地球上にいる時間はわずか１００年足らずです。その間に永遠の生命である魂を光り輝くもの、愛ある豊かなものにすることが、人類がこの世に生まれてくる最大の目的であると考えています。

ラビになったり、学校の先生になったり、政治家になったりするのは、目的を実現する手段にすぎません。神は愛の光そのものです。最後に愛の光そのものになるまで人類は輪廻転生を続けていくのだと思います。

エリヤフ　きょう私たちがお話ししているのは、日本とイスラエルに関することです。あなたにとって何か興味深い題材や調べるに値するような重要なことはありませんか。

中丸　輪廻転生で私自身もユダヤ人として生まれています。それはモーセの時代で、モーセと一緒に40年近くすごした記憶があります。

（上）イスラエルの初代王サウル。日本書紀に記された仲哀天皇の記述は、このサウル王について語った語り部の言葉から来たのではないか。C.F. ヴォス画
（中）イスラエル2代目の王ダビデ。日本書紀においてダビデ王は、崇神天皇の記述の中に織り込まれている。C.F. ヴォス画
（下）イスラエル3代目の王ソロモン。このソロモン王もまた、垂仁天皇として、日本書紀の中に記録をとどめている。セバスティアーノ・コンカ画

［出典：『日本書紀と日本語のユダヤ起源』 ヨセフ・アイデルバーグ著　久保有政訳］

(上) ヨシヤ王の治世に、神殿の奥に眠っていたトーラー（律法の書）が突然、350年ぶりに発見された。そこには500年もの間祝われていなかった「過越の祭」のことが書かれており、当時のイスラエルに宗教改革がもたらされた。
(中) イスラエルの父祖ヤコブは「ヤボク」で天使と格闘し、日本武尊は「イブキ」山の荒ぶる神と戦おうとする。レンブラント画
(下) イスラエル十支族のアッシリア捕囚を描いた古代のレリーフ。
［出典：『日本書紀と日本語のユダヤ起源』 ヨセフ・アイデルバーグ著　久保有政訳］

人間の心、魂はいろいろなところに生まれてきます。その意味で、先ほどいったように、世界は一つ、地球は一つ、人類の心は一つです。心は全部つながっています。国が違うから、あるいは人種が違うからといって戦争をすること自体、非常に愚かなことです。人間同士が戦争をして殺し合うのはとんでもないことです。今の地球はおくれた星です。この地球上で一番大切なのは世界平和です。

一人の人間には肉体の先祖と魂の先祖がいます。私の場合、肉体の先祖ですと、祖父が明治天皇ですが、魂の先祖は、モーセの時代、かごに乗せられて流されたモーセを拾ったプリンセスであることを思い出しました。モーセ様は、「あのときお世話になっていますから」ということで、必要なときはいつも出てきて、私にいろいろ注意してくれます。私を守っている一人になってくれています。

私が体験した出来事について皆さんにお聞きしたいことがあります。

10年ぐらい前にニューヨークからラビの方が二人、私を訪ねていらっしゃいました。私が明治天皇の孫だからだと思うのですが、その方たちは「日本に行けばプリンセス・ナカマルがいる」と天からメッセージを受けたそうです。「正真正銘のユダヤのプリンセスです」とおっしゃって、26巻あるヘブライ語の「タルムード」を私の家まで持ってきてくれました。そのことにはどのような意味があるのでしょうか。

エリヤフ　来られた方は何というお名前でしたか。

中丸　お名前はわかりませんが、おひげを生やしたラビの方が二人訪ねてこられました。明治天皇のお嬢様に仁《しのぶ》という方がいらっしゃいます。その仁さんのお子さん（小林隆利《たかとし》牧師）が、私が明治天皇の孫であることがわかっていますから、その二人のラビを案内して連れてこられました。

ダビデ　「タルムード」は日本語でしたか。

中丸　ヘブライ語です。

エリヤフ　「タルムード」を勉強されているのですか?

中丸　いいえ、特別していません。私は「ヘブライ語は読めない」といったのですが、「これは天から印が与えられてお贈りしています」といわれて頂きました。「家に置いておくだけですばらしいので、どうぞ」ということです。これには一体どのような理由があったのでしょうか。

エリヤフ　「タルムード」を差し上げなくてもいろいろなものを贈ることができます。

ダビデ　私たちにとって「タルムード」とはイスラエル民族の魂のようなものです。

中丸　私にはこのような体験もありますし、きょうの皆さんとの出会いは私にとってとても大切なものだと思っています。

エリヤフ　イスラエルへは何度かお越しになられたようですね。

中丸　ええ、行きました。私は、国王や大統領などたくさんの国家元首にお会いして、お話を伺う仕事をしていました。その中でイスラエルのトップの方ともお会いしました。

エリヤフ　そのときイスラエルの首相はどなたでしたか。

中丸　お名前は忘れましたが、ペレスさんの前の方（ラビン首相）だと思います。

エリヤフ　そのとき、あなたはそこで何を感じましたか？　ほかの場所とどのように違うとお感じになりましたか。「イスラエルはほかの国とは違う」と感じられたことはありましたか。

中丸　山に神聖さを感じました。皆さんにお会いしましたので、今度イスラエルに行ったとき神聖なる場所にご一緒にできればと思っています。

宇宙創造神は一つ——ユダヤの神と神道と天皇家のアマテラスは、どうつながるのか⁉

エリヤフ　私たち（人類）が今どこにいるのかという主な関心事は、私たちがどこに向かって歩んでいるのかを知る上で、とても重要なことです。私たちが向かっている所——それは私たちの聖典である（旧約）聖書に書かれていることなのですが、世界は救いに向かって歩んでいます。この救いのあとには戦争は全くなくなり、すべて生き残った人々は、一つの神、エロヒーム（[訳注]天地創造の神）を信じるようになります。

中丸　1976年に霊的体験をしたと申しました。そのときにもう一つわからせていただいた重要なことがあります。『古事記』『日本書紀』にも書いてあるように、日本にはずっと以前からの歴史があります。日本の本当の霊的存在、その血の流れと、ユダヤのアブラハムの子孫である人たちが、コンセプトでもいいですし、スピリチュアルでもいいですし、合体、結合して一緒に動き出したときに、人間復興を通してのワンワールド、一つの神に向かってしっかりと立ち上がっていく、そのメッセージを受けました。ですから、きょうの出会いは大変意味があります。歴史的な流れ、神に対するコンセプトなどいろいろな面でユダヤの方たちと深くお話しすることは、すごく大事なことだと思います。日本の古い歴史とイスラエル民族の歴史が、出合い、一緒に歩むならば、世界は一つになり共に歩むことができます。

グロス　私たちは以前にも出会ったことがあるのかどうかをたずねに来ました。それが質問です。

中丸　かつて日本でラビをしていたトケイヤーさん、今はニューヨークですが、この方とは一緒に日本で本を出しています。このようにイスラエルから来られたラビの方たちと以前にお会いしてはいますが、このようなお話をするのは初めてです。このダイアローグも本として出版されますから、これから多くの人たちがそれを見て、それぞれ感じ取っていくと思います。きょうのこの会合から何かがより深く進み、一つの世界へ向かっていくのだと思います。

ユダヤのアブラハムの子孫である人たちは、あるとき船で直接日本まで来ました。

四国の徳島県には船盡《ふなはて》神社があります。

私は四国も全部回ってきましたが、徳島の祖谷《いや》というところは、山の尾根のようなところに家があります。なぜあんな山の上に家をつくるのかと思いましたが、そうした家に招かれて行ってみる

［マクレオドの注釈］
（上２列）ユダヤ人タイプの人々（男性）
マクレオドは、日本人は基本的に３つの異なった民族に起源を持つ、と考えていた。それらは、
１、アイヌ民族――北方ユーラシアの原住民
２、小人族――南方オーストロネシアの原住民（マレー・ポリネシアン）
３、古代イスラエル人（ユダヤ人）である。
（下２列）ユダヤ人タイプの人々（女性）。アシュケナージ・ユダヤ人、またはイスラエル人タイプの人々

［出典：『日本固有文明の謎はユダヤで解ける』ノーマン・マクレオド、久保有政著］

［マクレオドの注釈］
（上２列）アングロサクソンまたはイスラエル人タイプの人々
（マクレオドは『日本古代史の縮図』の中で、こう述べている。「若い伏見宮殿下は、お写真を拝見した限りでは、皇族の中でも一番イスラエル的な顔立ちをしておられた。」と）
（下２列）アングロサクソンまたユダヤ人タイプの貴人。一部は百人一首の作者でもある（三十六歌仙絵より）

［出典：『日本固有文明の謎はユダヤで解ける』ノーマン・マクレオド、久保有政著］

と、彼らの祖先の写真が飾ってある。祖先の写真は全部、見るからにユダヤ人でした。そういった場所への訪問をご希望されるのであれば、私がご案内できます。

エリヤフ　その家にあった顔はユダヤ人の顔であったということですが、何を差して「ユダヤ人の顔」とおっしゃるのでしょうか。ユダヤ人の顔とはどのようなものですか。

ダビデ　彼らは私に似ていたのですか（笑）。

グロス　いやいや、私に似ているのではないですか（笑）。

中丸　おひげはありませんでしたが、本当に見るからにユダヤの人の顔でした。イスラエルに行けば大勢出会えるような顔でした。私は世界186カ国を訪れていますから、わかります。

日本には船で直接四国まで入ってきたユダヤの人たちもいますし、皆さんが調べていらっしゃるのは、シルクロードを通り、朝鮮半島経由で日本に来られた人たちだと思います。3世紀ごろの神《じん》功《ぐう》皇后の時代、日本の人口がまだ500万人だったときに4万5000人の秦氏（［注］人数・時期については諸説ある）が入ってきています。秦氏はユダヤ人、失われた十支族です。中国の秦の始皇帝もユダヤ人だったと思います。「秦」は日本では「はた」と読みます。

グロス　すると秦氏はほとんどユダヤ人だったのですか。

中丸　秦氏のすべてがユダヤ人でした。

グロス　秦氏は海のほうから来たのですか。

中丸　シルクロードを通って中国、朝鮮半島を経由して日本に来ました。

ダビデ　彼らは日本の文化にどのような影響を及ぼしましたか。

中丸　非常に大きな影響をもたらしました。ユダヤ人である秦の始皇帝は万里の長城を築きました。あのような高度な技術を持った人々が、4万5000人も日本に来たのです。彼らは、松尾大社、広隆寺、伏見稲荷、あるいは下鴨神社や上賀茂神社、四天王寺などの神社やお寺をつくり、京都、奈良のあたりで治水をはじめとする大きな土木工事をしました。

日本に来たユダヤの人々には、二つのグループがあります。まず、キリストが生まれる前のユダヤの人々が来て、その後、キリストが生まれてから、キリストを信仰したユダヤの人々が日本に来ました。おききになったことがあると思いますが、キリストを信仰するユダヤの人々は中国では景教徒（ネストリアン）といわれました。

ダビデ　秦氏はイエス・キリストを信仰していたのですか。

中丸　秦氏はキリスト以前の人たちの流れを汲んでいますが、その影響がいろいろあるようです。伊勢神宮の地下には十字架があるという話を聞いたことがあります。それと同時に、天皇家には鏡・剣・勾玉《まがたま》の三種の神器が伝えられていますが、そのうちの鏡の裏側にはヘブライ語で「我ありてある者」と書いてあるそうです。

エリヤフ　それがどのような書体のヘブライ語で書かれているかわかりますか。

中丸　それはわかりませんが、何人か見ています。第2次世界大戦が終わったときに昭和天皇がマッカーサーに鏡を見せたところ、ヘブライ語で「我ありてある者」と書いてあるのを見て、マッカ

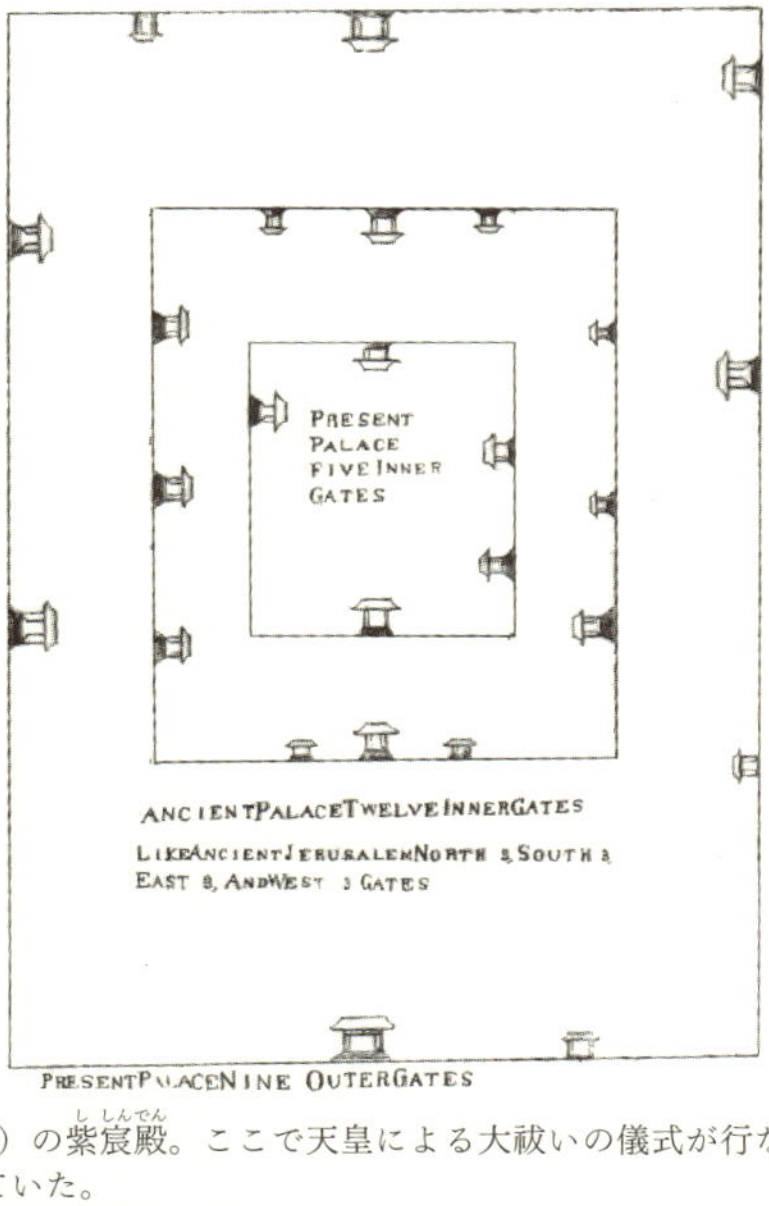

（上）京都御所（旧皇居）の紫《し》宸殿《しんでん》。ここで天皇による大祓いの儀式が行なわれたが、それはユダヤのものにきわめて似ていた。
（下）マクレオド来日当時、京都御所（旧皇居）には５つの内門があった。だが、かつてその門の数は12だった。古代のエルサレムも、門の数は北側に３つ、南側に３つ、東側に３つ、西側に３つ、計12であった。またマクレオド来日当時、京都御所には９つの外門があった。
［出典：『日本固有文明の謎はユダヤで解ける』ノーマン・マクレオド、久保有政著］

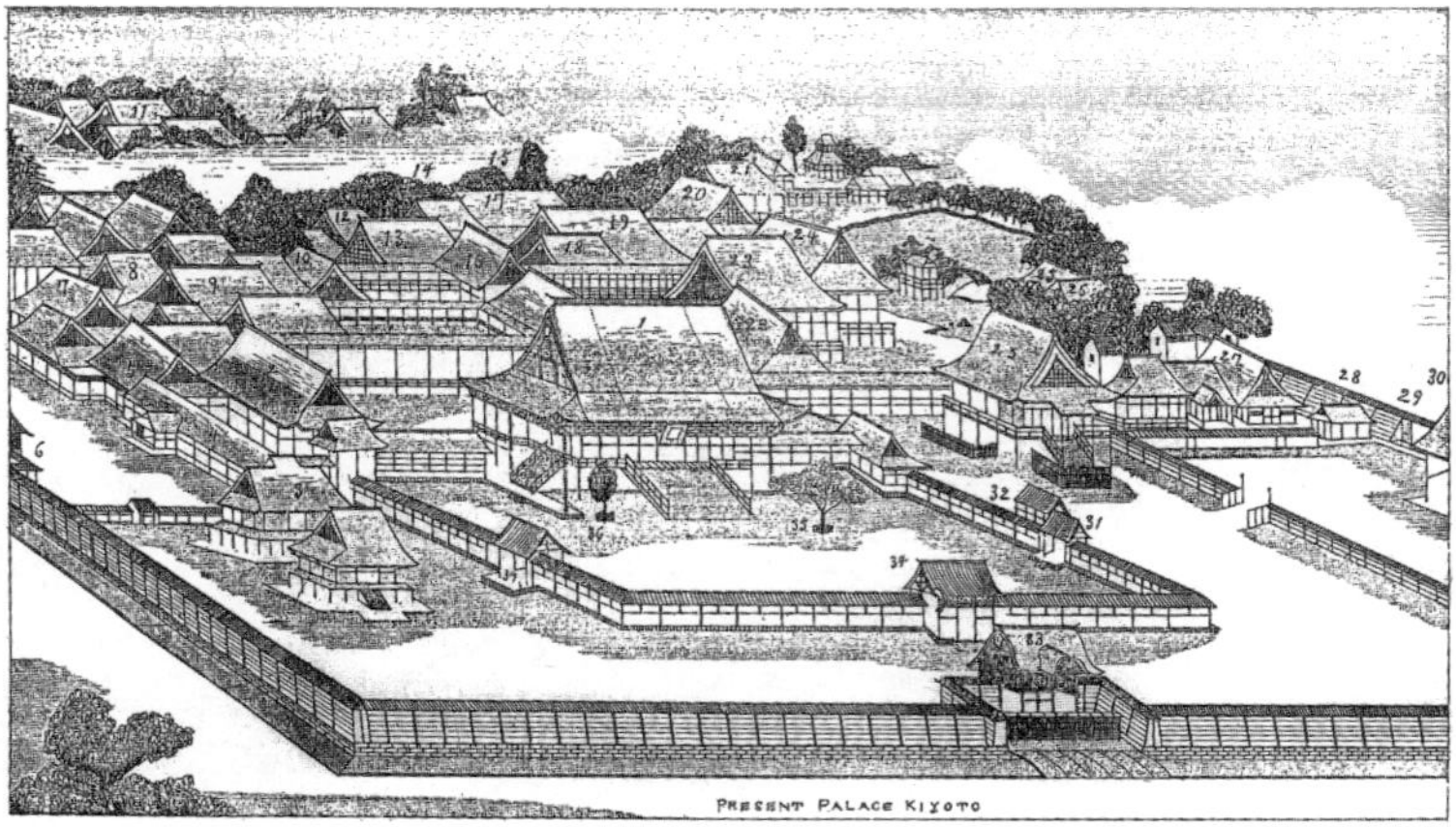

(上）京都御所（京都市上京区)。旧皇居である。
(下）神道の葬式。ユダヤと同じく、葬儀は決して神殿内（神社内）では行なわれず、他の場所で行なわれる。

［出典：『日本固有文明の謎はユダヤで解ける』ノーマン・マクレオド、久保有政著］

ーサーが日本に対して一目置《いちもく》いたという話を聞いています。これらの話を聞くと、ユダヤとの関係の深さがうかがえます。

エリヤフ　三種の神器をごらんになったことはありますか。

中丸　そのビジョンは頭の中にありますが、実物を直接見たことはありません。三種の神器は皇室の奥にあると聞いています。明治神宮にレプリカがあるかもしれません。

グロス　では、実際にご覧《らん》になられたものにはどのようなものがあるでしょうか。皇室の伝統的な習慣についてお尋《たず》ねしたいのですが。

中丸　一番大事なものは、天皇が即位されるときに、一人で部屋の中に入られて、そこでアマテラスと霊的に合体する禊《みそぎ》のような儀式です。その儀式を経ることで、天皇は天皇としての霊的な雰囲気を身にまといます。

グロス　アマテラスとは日本の神様なのですか。

中丸　アマテラスは太陽の女神で、皇祖神、皇室の先祖に当たる神様です。「神」といっても、信仰の対象としての神とは違います。「神」という言葉を使ってはいますけれども、アマテラスは要するに天皇家の肉体的祖先です。古い家族なのです。

グロス　皇室の古い家族ですか。より位の高い神はいるのですか。

中丸　天皇家は神道を信仰しています。神道、特に古神道《こしんとう》は宇宙創造神を信じています。先ほども申しましたが、宇宙創造神はただ一つの神です。

グロス　ではなぜその神が世界を支配していないのですか。

エリヤフ　それは世界に対して何かをする力ですか、それとも受け身的な力なのですか。

中丸　それは人格的なもの、イエス・キリストやアマテラスなどのようなhuman body《ヒューマンボディ》ではなく、宇宙全体を創造し支配する意識体、光であり愛のエネルギーです。その光、愛のエネルギーの一部分を私たち人間は宇宙創造神の分け御魂《みたま》として心の中心、魂の中心に抱いています。人間はだれでも神の子です。このような宇宙創造神のコンセプトは皆さんも同じだと思います。

グロス　そのことを私たちは魂と呼んでいます。ネシャマー（魂）は人の中にある神の芸術品です。

中丸　同じです。それは心の中心、魂の中心に神の愛があるというコンセプトです。

エリヤフ　神様はすべてを見守り支配しています。人間は神様の教えのもとに行動します。神様はご自身が何を望んでいるかを人間に知らせるために預言を与えました。それが記されたのが聖書であり、そこに記されたことを行うのが人間のわざです。それがユダヤの神です。

中丸　よくわかります。神道は愛のエネルギーそのものである宇宙創造神を信仰します。これは皆さんと同じだと思います。あとは、大自然そのものに神の意識が宿っているという自然崇拝のような形をとります。

ユダヤの方は、伊勢神宮などの神道の神社の構造が古代ユダヤの神殿とそっくり同じであることにも驚いています。古代イスラエルの神殿の構造を知っている人たちは、日本に来て神社に行くと、自分の故郷に帰ったような気がするようです。私はニューヨークにいるトケイヤーさんとも対談しましたが、神の存在のコンセプトについてこんなに深く、いろいろ触れることはありませんでした。

天皇家は、明らかに朝鮮からやってきています！

ダビデ　天皇は、たとえば山伏《やまぶし》が身につけている黒い箱のような、特別な何かを頭の上にのせますか。山伏と同じ様なものがありますか、それとも何か違うものがありますか。

中丸　皇室の方は特にそのようなことはしません。

エリヤフ　山伏の人たちはそうしますね。

中丸　ええ。皇室の男性は、私の父もそうでしたが、ユダヤのシステムである割礼を行います。

エリヤフ　割礼は何日目にされるのですか。

中丸　8日目とか、ユダヤのやり方に従って行われると思います。

エリヤフ　女性は月経が終わったあと、川で沐浴《もくよく》をする習慣はありますか。女性は月経により穢《けが》れとされたあと、沐浴をしますか。

中丸　月経が済むまで女性は月経小屋という別棟で過ごしたという似た習慣が昔はありましたが、最近はそういうことはなくなりました。

ダビデ　皇室ではどのように結婚をしますか。結婚式の流れはどうですか。新郎は、式の間に何か新婦に贈りますか。

中丸　それはあると思いますが、公《おおやけ》には発表していませんから、実態はわかりません。ユダヤではそういうしきたりがあるのですか。

ダビデ　ユダヤ教では結婚式の中で、新郎が新婦に指輪か何かを贈ります。

中丸　それは皇室での行いというよりは、日本では一般的に行われます。

ダビデ　そうですか。しかしそれは、古い習慣ですか、それとも近代的な習慣ですか。

中丸　近代のものです。

グロス　天皇家の伝統もまた秦氏に由来しているとお考えですか。

中丸　それは日本の国民には全くもって秘密にされていることなので、だれも信じないと思いますが、私は、これらのすべての古い歴史的なバックグラウンドを調べ、研究しました。その結果、発見したことは、『古事記』や日本初の公式歴史書である『日本書紀』が成立した8世紀ごろ、朝鮮半島から来たという人物が天皇になったということもありました。彼らは秦氏とはいわれていませんが、私は確実に天皇は秦氏の出身だと思っています。このことは依然として完全に秘密です。

エリヤフ　皇室の方は、皇室が日本以外のところから来たことを認めていらっしゃいますか。

中丸　奥様を朝鮮半島から娶《めと》ったということを韓国に対していった程度です。私はそのことについて日本語の本を書きました。『古代天皇家と日本正史』（徳間書店）という本を書き、皇族の方々も

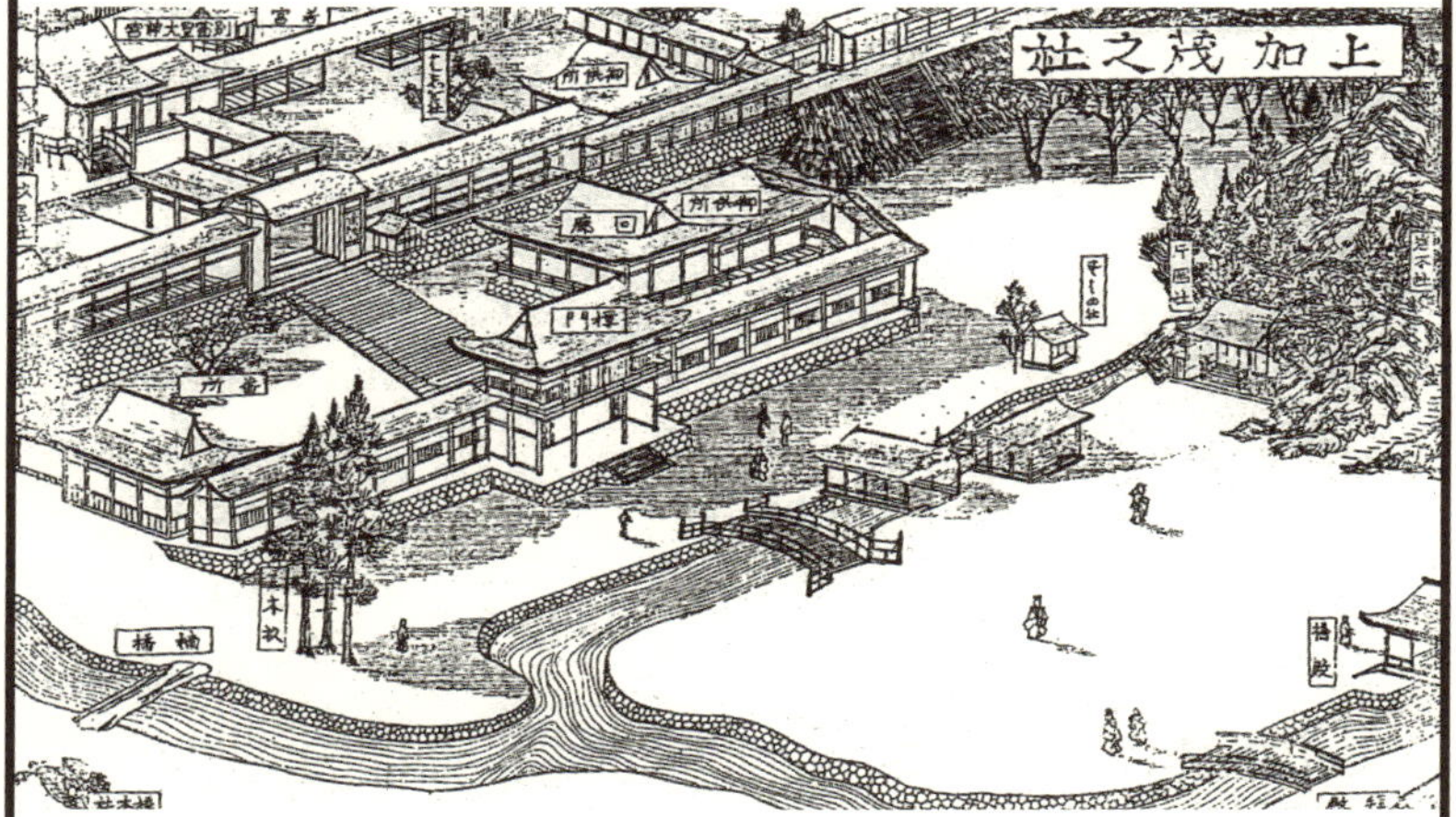

(上) 上賀茂《かみがも》神社（京都市北区）。やはり秦氏の神社である。
(下) 伏見稲荷大社（京都）。秦氏の創建。「イナリ」を「稲荷」と書くが、これは後世の当て字で、もとは外来語だった。「イナリ」は「INRI《インリ》」（ユダヤ人の王ナザレのイエス）から来た、という説もある。イナリ神社はもともとは〝イエス・キリスト神社〟だったと思われる。

［出典：『日本固有文明の謎はユダヤで解ける』ノーマン・マクレオド、久保有政著］

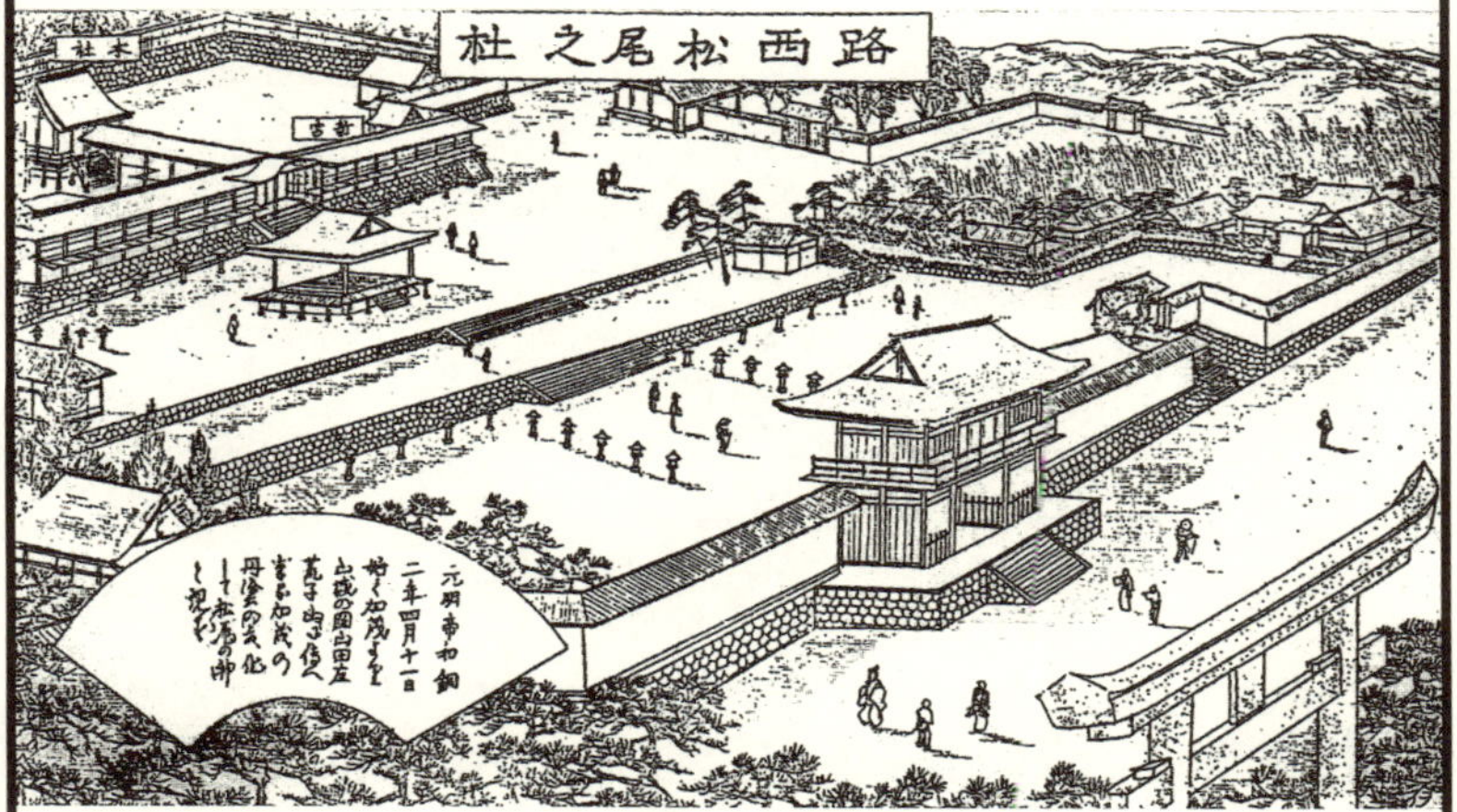

（上）松尾《まつのお》大社（京都市西京区）。秦氏創建の松尾大社は、昔から酒造りにかかわる信仰を集めてきた。日本酒の基礎をつくったのは、秦氏である。神社では酒が欠かせないが、ユダヤの神殿でも酒は欠かせなかった。

（下）［マクレオドの注釈］

日本にやって来たイスラエル人家族？　当時の車と大きな雄牛。

［出典：『日本固有文明の謎はユダヤで解ける』ノーマン・マクレオド、久保有政著］

この本を読まれましたが、どなたもクレームをつけませんでした。天皇そのものがあちらから来た可能性があるとしているのは、今のところ私が書いた本だけだと思います。

グロス　賛成したということですね。その本には、どのようなことが書かれていましたか。本当に彼らは皆、ほかのところから来たと、日本人ではないと認められたのですか。

エリヤフ　日本人と韓国人は昔、一つの民族だったと思われますか。

中丸　それは違うと思います。秦氏、失われた十支族が日本に入ってきて、日本人の遺伝子はユダヤとは同じだけれども、朝鮮半島や中国とは違うようです。

ユダヤと日本の風習に両者の関係を示すものが、多々あります！

ダビデ　ユダヤには、食べてはいけないものとか、食事に関する厳しい決まりがいろいろあります。皇室には食に関する特別な習慣はありますか。

中丸　そういうものはあまり聞いていません。

エリヤフ　過越《すぎこし》の祭り（正月）のとき、皇室の方は「種《たね》なしパン」を召し上がりますか。

中丸　おもちはそういう習慣から来ているのかもしれません。まさに種なしパンですから。

エリヤフ　断食する日はありますか。

中丸　特別聞いていません。

エリヤフ　では、人々が川へ祈りに行き、天皇がご自分の上着を小舟に乗せ、様々な罪に見たてて、それを流すという習慣についてはいかがですか。

中丸　ずっと昔は知りませんが、今それはないと思います。それより、日本全国でお祭りのときに御神輿《おみこし》を担ぎます。御神輿はアーク（イスラエルの契約の箱）とそっくりだという話があります。また、御神輿を担ぐときのワッショイ、ワッショイというかけ声、各地に伝わっている歌や民謡など、日本語としては意味が理解できないものは、ユダヤの言葉へブライ語であることが多いようです。さらに、京都の祇園祭《ぎおんまつり》をはじめ、日本のいろいろな地方で大きなお祭りが行われますが、お祭りの日にちがユダヤの日にちと関連している、ユダヤから来たお祭りというか、ユダヤにいわれのあるお祭りが日本のあちこちにあるようです。

エリヤフ　太陰暦ですか。

中丸　それは太陰暦の可能性があります。

エリヤフ　太陰暦の一年の初めの月に大掃除をし、一年の三カ月目の月には人々の清めをするというようなことはありますか。

中丸　日本人はほとんど毎日、簡単なお掃除をします。大掃除は年末に行います。ユダヤ人もそうでしょう。

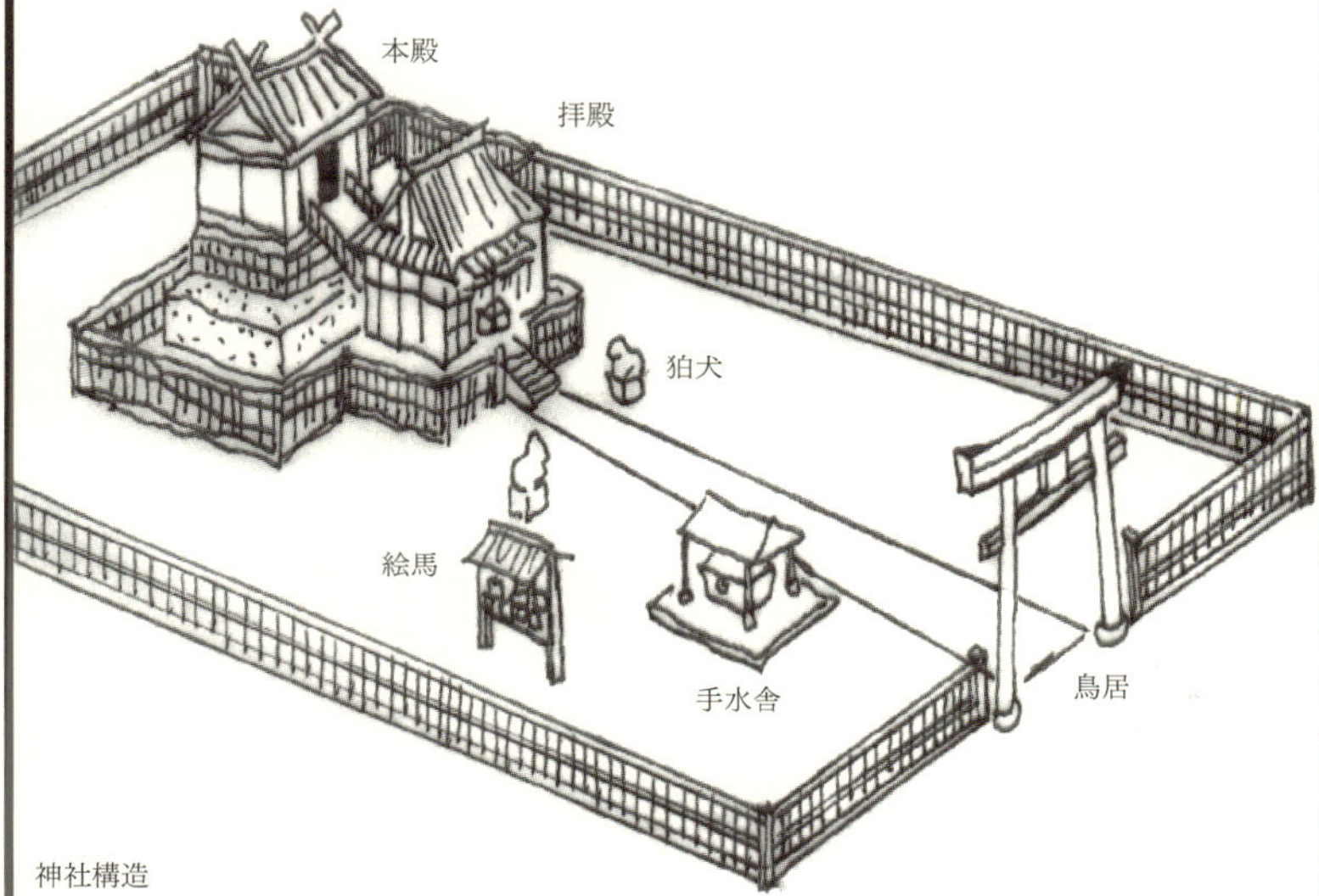

神社構造

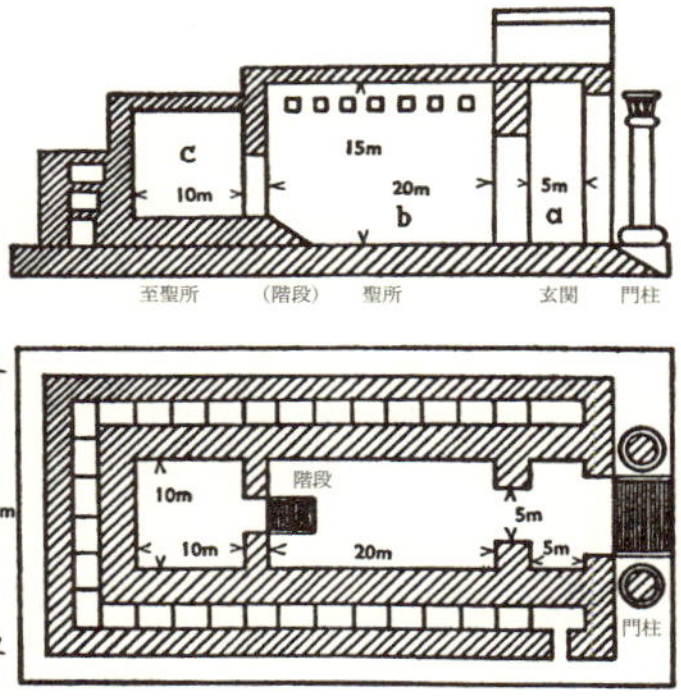

ソロモン神殿本堂の構造（Watzinger, Denkmaler Palastinas より）

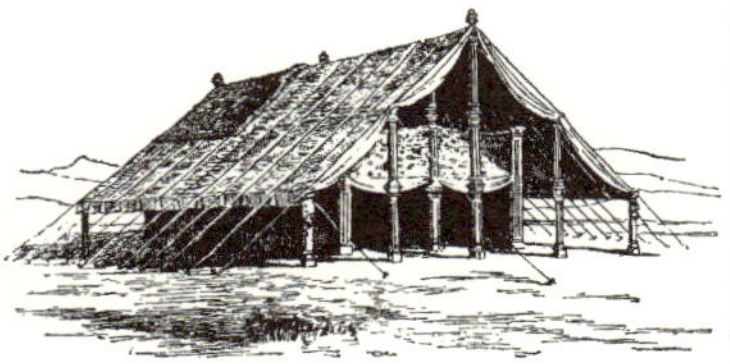

イスラエル人の幕屋想像図。

幕屋はこのような屋根に描かれることもある。

〔出典：『日本・ユダヤ封印の古代史』ラビ・マーヴィン・トケイヤー著　久保有政訳〕

ファラシャ（エチオピア・ユダヤ人）の人々が使っている月経小屋。

ミクベ（沐浴の浴槽、イスラエルのヘロディウムにて）１世紀〜２世紀のもの。
Photo:Makoto Yasuda

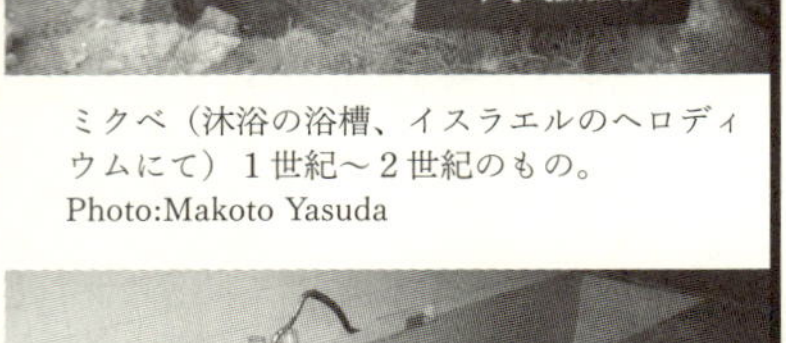

日本女性は月経中、月経小屋にこもった。

東京・渋谷のシナゴーグにあるミクベ。

〔出典：『日本・ユダヤ封印の古代史』ラビ・マーヴィン・トケイヤー著　久保有政訳〕

グロス　年末とは12月ですか。

中丸　12月31日です。

あと、日本人はみんなお風呂が大好きです。

グロス　お風呂というのは、シャワーとは違って、沐浴《もくよく》するということでしょうか。

中丸　お風呂に入るというのは、シャワーも含めて、要するに体を洗うこと、身を清めることです。日本人はほとんど毎日お風呂に入っています。それはまさしくミクヴェ（ユダヤの沐浴）のようなものではありませんか。

グロス　しかし、お風呂もあればシャワーもあります。

中丸　現代では両方ありますが、昔の人々になればなるほどお風呂をより好みます。

グロス　イスラエルには十分な水がありませんので、各家庭がバスを備えることはなかなか困難です。

エリヤフ　家から死者が出た場合、伝統的にどのような儀式が行われますか。

中丸　普通はまず故人と親しい人たちが集まって、一晩寝ずに翌朝まで過ごします。お通夜《つや》です。その後、正式な葬儀、告別式があります。

エリヤフ　家の中にある食べ物に関してはどのようなことをしますか。

中丸　今現在はそんなに厳しい規則はないと思います。会葬者も遺族も、今は特別な規則はありません。

エリヤフ　たとえば100年前とか50年前はどうだったでしょうか。

中丸　肉類などのいわゆる生臭物は出さなかったと思います。昔、仏教系の人は生臭物を口にしませんでした。

グロス　もしどなたかが、家の中で亡くなられた場合は家の中に穢《けが》れが生じますか。

中丸　葬儀から帰ると、家の中に入る前に塩をまいて清めます。

エリヤフ　なぜ塩が清めになるのでしょうか。

中丸　昔からそのようにしています。お相撲でも力士は土俵に上がるときに塩をまきます。ユダヤの方も塩をまきませんか。

グロス　塩を用いることはありますが、清めるためではありません。

エリヤフ　食べ物をコーシャ（ユダヤの戒律に適《かな》ったもの）にするためです。死者が出た際、何日喪《も》に服しますか。地べたに座ったりなどはしますか。

中丸　まず初七日《しょなのか》があり、次に四十九日《しじゅうくにち》があります。1年たつと、一周忌ということで故人の関係者が集《つど》います。

ダビデ　7という数字の重要性は何でしょうか。

中丸　赤ちゃんが産まれたときもお七夜《しちや》のお祝いをします。7という数字には昔から何か意味があるようですが、どのような意味なのかはわかりません。ユダヤ人にとって7という数字は何か意味がありますか。

(上) 神道の供え物――種なしパン（餅)、米ワイン（酒)、初物。(種なしパン、ワイン、初物は古代イスラエル人の供え物と同じ。イスラエル人が正月に種なしパンを7日間食べるように、日本人も餅を正月に7日間食べる。またイスラエルの供え物には必ず塩が付されたように、神道の供え物にも必ず塩が付される。)
(下) 結婚式。花嫁は、頭に「角隠し《つのかく》」と呼ばれる被《かぶ》り物をする。これは今は額を隠すくらいの長さしかないが、昔は顔全体をおおうものだった（被衣《かずき》、綿帽子《わたぼうし》)。ユダヤの花嫁も、顔を布（ベール）でおおった。

［出典：『日本固有文明の謎はユダヤで解ける』ノーマン・マクレオド、久保有政著］

神道の神官と巫女《みこ》。神楽《かぐら》を踊っている

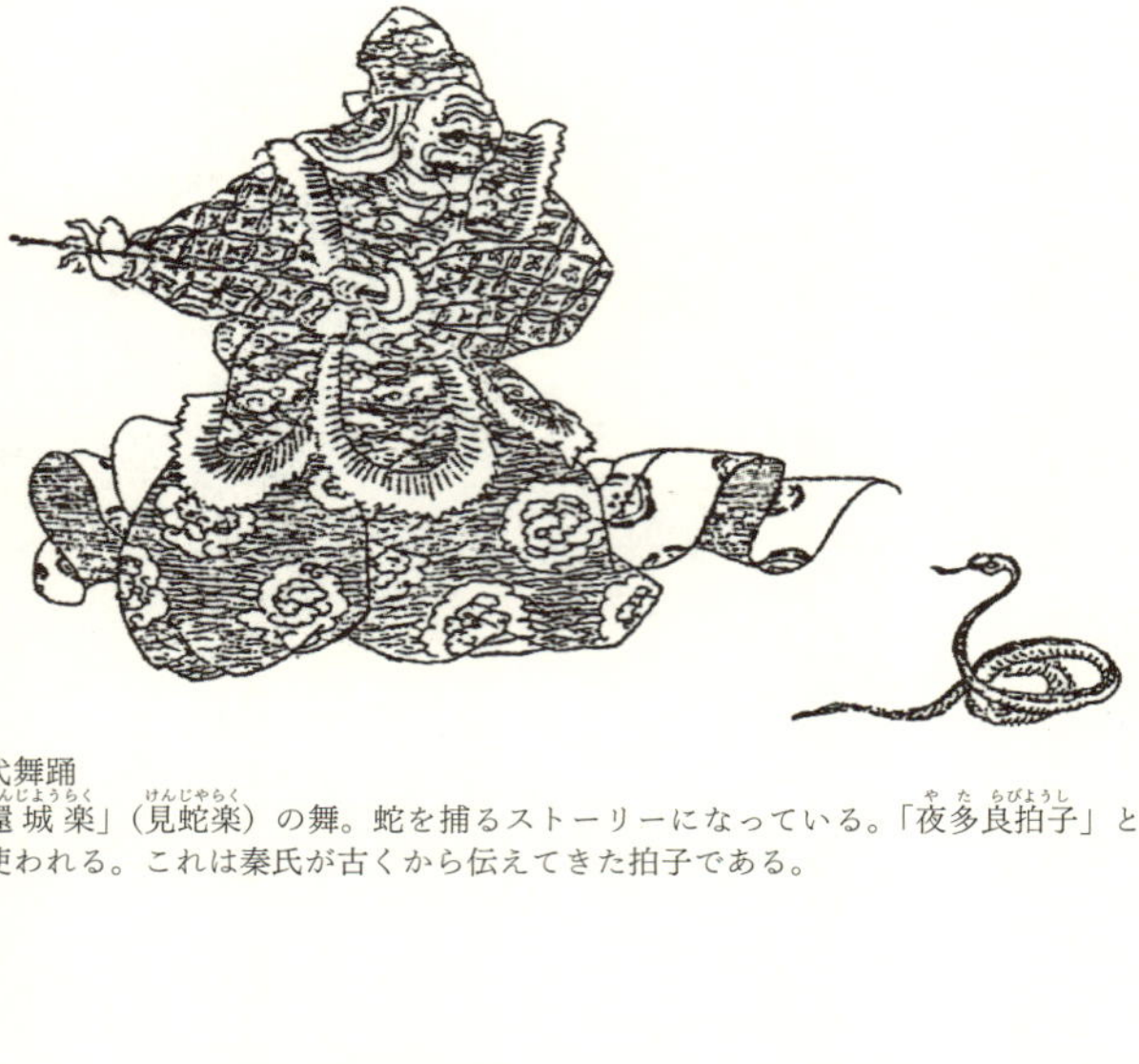

宮中の古代舞踊
雅楽の「還城楽《けんじょうらく》」（見蛇楽《けんじゃらく》）の舞。蛇を捕るストーリーになっている。「夜《や》多《た》良拍子《らびょうし》」という独特な拍子が使われる。これは秦氏が古くから伝えてきた拍子である。

［出典：『日本固有文明の謎はユダヤで解ける』ノーマン・マクレオド、久保有政著］

エリヤフ／ダビデ　（6方向を指しながら）1、2、3、4、5、6、そして、その中が7です。シャバット（安息日（7日目の土曜日））のようにです。

ダビデ　自然界は6であり、自然界のすべては6方向からできています。そして真ん中の点が7なのです。真ん中が無限と終わりとの接点なのです。それが7なのです。

エリヤフ　そして、49は7が7つあるということです。

中丸　宇宙をつくるときも7日必要でした。そこから来ているのかもしれませんね。世界が創造されるのに7日間かかったのも同じ意味があります。最後の安息の7日目、7が一番大事な聖なる中心であるということです。

グロス　なぜでしょうね。

エリヤフ　6日間はさきほどの6のようで、シャバット（安息日）はその真ん中のようなものです。すべては似通っているのです。

ダビデ　7とは、自然の中にある神聖さなのです。

エリヤフ　そして、8はその神聖さよりも上にあるので、より高い神聖さであるということです。そのようなわけで、ユダヤ人のしきたりである割礼が（生後）8日目にあるのは、それが7よりも上にあるからなのです。つまり自然よりも崇高だということなのです。

グロス　神は又、世界を1日にして創造することもできました。又、10日間で創造することもできたはずですが、7日間かけて創造したのには私たちに何かを教えるためだということです。

ダビデ　神社の門である鳥居の意味について、どのようにお考えですか。

中丸　これは日常の生活と聖なる場所の区別のようなものです。鳥居をくぐると、そこから先はエネルギーが変わります。鳥居はエネルギーの変わり目に立っている門で、一種の結界になっていると思います。

「被差別部落」、「同和」の人たちは、実はユダヤと関係があるようです

中丸　先ほど日本に来たユダヤの人たちは2グループあると申しました。まず、イスラエル十支族の人たちが日本にやってきました。彼らはお祈りをするときに動物を生贄《いけにえ》として捧げていたと思います。その後に入ってきたのが、キリストが生まれて、キリストを信じたユダヤの人たちです。この2番目のグループのネストリアン、景教徒の人たちが前に来たユダヤの人たちを迫害した形跡もあるようです。迫害された最初のグループの人たちはどんどん追い込まれていきました。北海道あるいは沖縄の人たちは、最初のグループの人たちの子孫といわれています。

これは日本ではタブーに当たることですが、日本には「被差別部落」の人たち、「同和」の人たちがいます。この人たちは四つ足のもの、動物を扱う仕事をしていました。彼らは迫害された第1

［マクレオドの注釈］
雄牛、ユニコーン、竜が12頭ずつ描かれた京都・祇園神社の山車。山車は、このようなタペストリーで飾られている。バアル宗教の絵柄も少なくない。幾つかはユダヤや、聖書関連である。ユダヤの祭壇、太陽の馬車、ロバに乗った王子たちなどもある。ラクダ、ロバ、羊などは日本にいなかった。日本人は動物を分類しない。
［訳者注］マクレオドは、12がイスラエル民族に特徴的な数であることに注目している。
［出典：『日本固有文明の謎はユダヤで解ける』ノーマン・マクレオド、久保有政著］

[マクレオドの注釈]
ラクダに乗って来た女王から贈り物を受ける王
シバの女王から贈り物を受け取るソロモン王を描いたものか。京都の祇園祭《ぎおんまつり》の山車《だし》に飾られた絵より——同じ山車の別の絵には、ソロモン王が贈り物のお返しをする場面が描かれている。
[出典:『日本固有文明の謎はユダヤで解ける』ノーマン・マクレオド、久保有政著]

グループのユダヤの人たちの子孫だと思います。「同和」の人たちは自分たちがどうして迫害されてきたのか知らないと思います。日本の政治家に野中広務《のなかひろむ》さんという方がいます。この方は「同和」出身で、私は一緒にお食事をした際に、「同和」の人はキリストが生まれる前に日本にやってきたユダヤ人であり、あとから日本に来たキリストを信じるユダヤの人たちから、生贄、血に触れるということで迫害を受けたというお話をしました。

エリヤフ　「被差別部落」というのは、町に住んでいる人が地方の村に住んでいる人に対してなした差別も含んでいうのですか。

中丸　「被差別部落」といわれるところは、昔、日本の中心だった大阪や奈良にもあります。彼らは大変な差別を受けてきましたが、連携して立ち上がり、今は逆差別といわれるぐらい優遇された状態になっています。野中さんのような政治家も出ています。

日本でもよくいわれている説に次のようなものがあります。ユダヤの人については、スファラディム（スファラディー・ユダヤ人／複数形）とアシュケナジム（アシュケナジー・ユダヤ人／複数形）という流れがあります。スファラディムはアブラハムの子孫の人たちですが、もう一つのアシュケナジム、たとえばキッシンジャーやイスラエルの現首相のネタニヤフとか、ああいう人たちは、7世紀に黒海とカスピ海の間に存在したカザール（Khazar、ハザール）という国にいた人たちが、キリスト教かイスラム教かというときにユダヤ教を選択し、ロシアなど北方に出ていった、そのユダヤ教に改宗した人たちの子孫であり、アブラハムの子孫ではないのではないかという説ですが、それに対してはどのようにお考えですか。

エリヤフ　そのような意見は世界にもあります。それは一つの説ですが、結論からいうと間違っています。

グロス　スファラディムもアブラハムの子孫ではない、という人もいます。

ダビデ　スファラディムとかアシュケナジムとかは、単にどの地域に離散していったかという区別にすぎません。

中丸　ユダヤ教に改宗してカザール帝国から東欧方面に行った人たちも、同じユダヤ人と認めているのですか。

ダビデ　ユダヤ教に改宗した方はユダヤ人です。

エリヤフ　我らの父であるアブラハムもユダヤ人になったのです。

生まれながらにではありません。

改宗してユダヤ人となったユダヤ人はユダヤ人であり、その方は立派なユダヤ人なのです。

グロス　ユダヤ人でなくても改宗の過程を踏まえた人はユダヤ人なのです。

中丸　ニューヨークのラビたちは、イスラエルが彼らが望んでいるような国ではないといっているようですが、このことをどのようにごらんになっていますか。

グロス　ご質問は、ニューヨークにいるハシディズム（［訳注］ユダヤ教敬虔《けいけん》主義）の人々はなぜイスラエルへ帰還しないのか、ということですね。

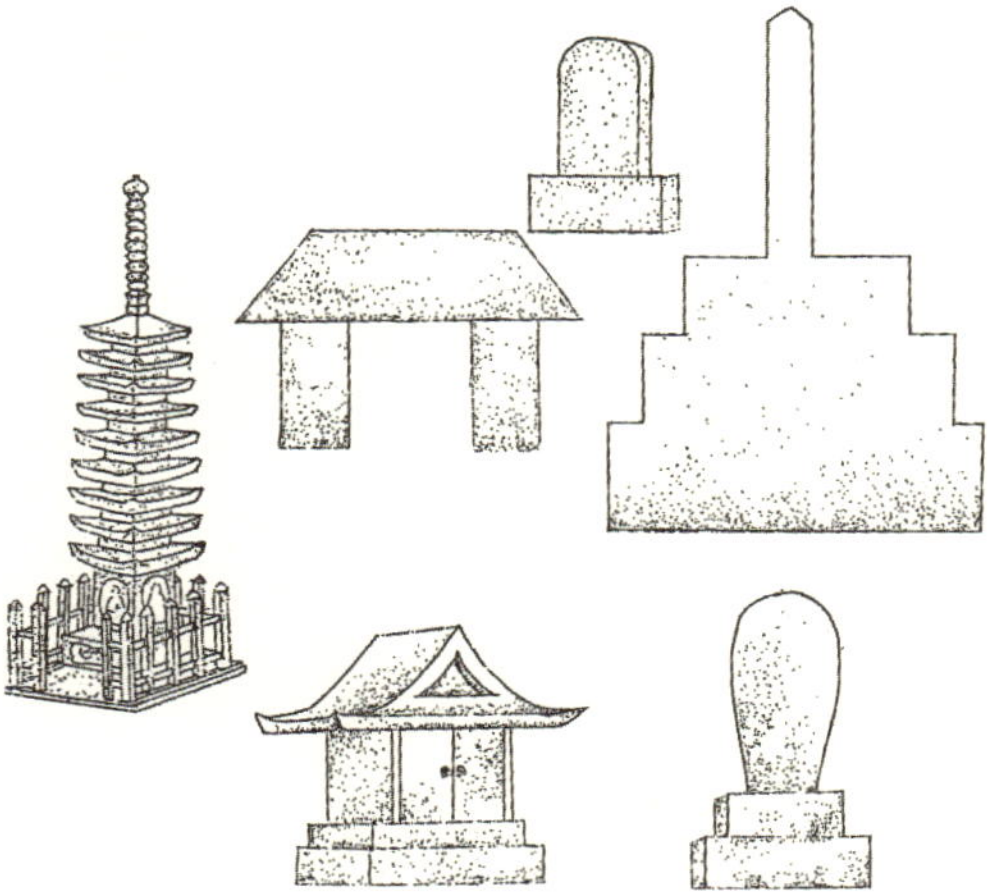

（上）天皇の墓。エジプトの王の陵墓と違い、日本の天皇の陵墓はまだ内部調査されていないものが、ほとんどである。もし調査されるようなら、今まで考えもしなかった古代の秘密が明らかになるかもしれない。
（下）［マクレオドの注釈］
日本に見られる古代パレスチナの墓石、また天皇の墓石（京都・泉涌寺《せんにゅうじ》）
［出典：『日本固有文明の謎はユダヤで解ける』ノーマン・マクレオド、久保有政著］

(上)［マクレオドの注釈］
イカダに乗ってサハリンから日本へ向かうイスラエル人たちか（古代絵画より）。ケンペルは、日本人はバビロニア方面から来たと述べている。彼はまた、彼らはトウのイカダに乗って海を渡ったという。
(下) 磔刑《たっけい》。および敲刑《たたきけい》
［出典：『日本固有文明の謎はユダヤで解ける』ノーマン・マクレオド、久保有政著］

エリヤフ　神がイスラエルの国を望んでおられるのです。

今日《こんにち》のイスラエルには聖なる民があり、聖なる時があり、聖なる地があるのです。

聖なる地とはイスラエルの国であり、聖なる民とはイスラエルの民のことで、聖なる時とは大贖罪日《しょくざいび》やその他の聖なる時のことです。

たとえユダヤ教の戒律を守っていなくとも彼らはユダヤ人なのであり、聖なる民に属していて、彼らの魂はこの神聖さにおいての何かがあるのです。

現在のイスラエルには聖なる地と、聖なる民と、聖なる時の三つがそろっていますから、それは神が望んでおられるイスラエルです（彼らも帰還すべきです）。

グロス　先ほどの質問に追加してお答えしますと、イスラエルの民は世界中へ離散しました。

アシュケナジムは、ある地域のユダヤ人であり、スファラディムは他の地域のユダヤ人です。

これは違う種類のユダヤ人ということではありません。すべてがユダヤ人です。

しかし、ヨーロッパから来た者はアシュケナジムであり、南のほうかスペインから来た者は、スファラディムなのです（［訳注］ヘブライ語でスペインのことをスファラドといいます）。この分類には何の問題もなく、ただ出身地を表しているだけなのです。もう一つは、カザール人は、ユダヤ人になりたかったある家族か民族でしたが、時が流れるにつれて彼らは同化していっただけなのです。

ユダヤ教に改宗した人たちをイスラエルに連れて帰るのが、私たちアミシャーブの役目です

中丸　私はイギリスでロスチャイルド卿にお会いしました。

そのときに「あなたにとって最も感動的なときはどんなときでしたか」とお聞きしたら、彼は今までと違って身を乗り出し、目をギラギラさせて、「それはヒトラーが自殺したと聞いたときです」とお答えになりました。

ロスチャイルド卿はいつもポケットにモルヒネを入れていて、もしヒトラーがロンドンに侵入してきたらモルヒネで自殺しようと思われていたのですが、ヒトラーが自殺したと聞いてモルヒネをトイレに流した。そのとき、大変な解放感を味わったと語っておられました。私がお会いしたときイギリス・ロスチャイルド家は7代目で、ロード（卿）ですからイギリスの貴族にもなっていました。それでもユダヤ人ということに関して身を乗り出して語る。この会見以来、私はユダヤ人というのは宗教なのか、人種なのかという問いかけを自分の中で持ち始めました。

エリヤフ　ユダヤ人とは、ユダヤ人として生まれた者、あるいはユダヤ教に改宗した者のことです。

日本の天皇

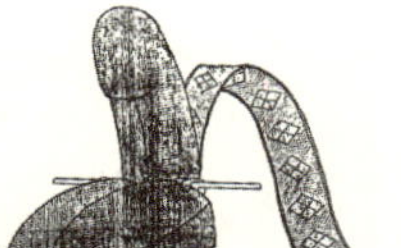

［マクレオドの注釈］
（上）（右下）天皇の冠。イスラエルの（ヨセフの）紋章ユニコーンが見られる。天皇、皇后どちらの冠にも、ソロモン宮殿の遺跡で発見された紋章がついている。
（左下）さばきの冠（天皇は神道の祭儀においてこれをかぶる。）
［出典：『日本固有文明の謎はユダヤで解ける』ノーマン・マクレオド、久保有政著］

日本の皇后

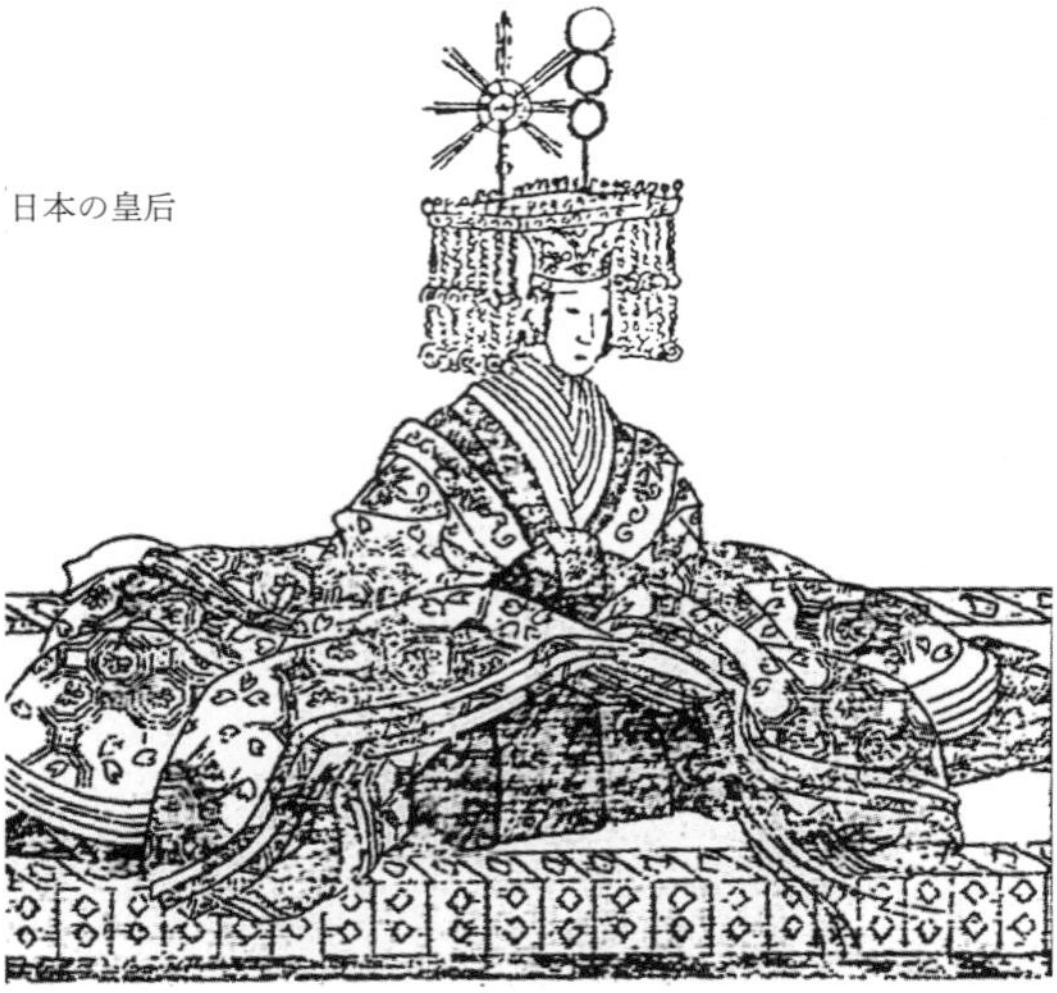

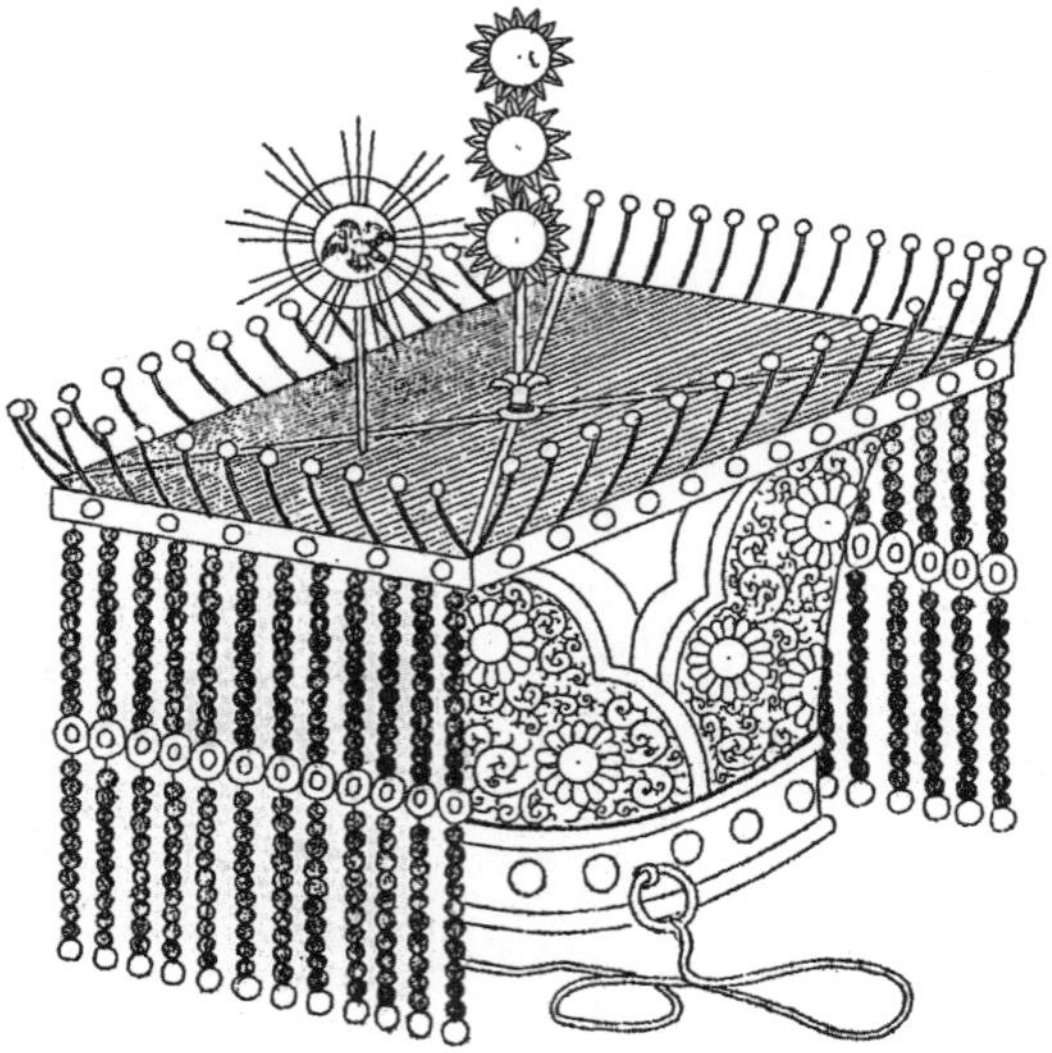

［マクレオドの注釈］
日本の皇后の冠は一部、聖書に述べられているユダヤの王冠に似ている。前ページの天皇の２種の冠と合わせ、イスラエルの三王冠か？　ユダヤ人もまた３種の王冠を持っていた。
［出典：『日本固有文明の謎はユダヤで解ける』ノーマン・マクレオド、久保有政著］

しかし、ユダヤ人であっても神の御旨《みむね》を行うという点で、より完璧なユダヤ人もいれば、それほど完璧ではないにしろユダヤ人である者もいます。

ユダヤの戒律を守らなくともユダヤ人になり得ます。

ニューヨークにいるハシディズムの人たちは、イスラエルには神の教えであるトーラーが十分にはないと批判していますが、それは正しくありません。

エルサレムには世界で一番トーラーがあります。

今日《こんにち》のイスラエルにおいてはトーラーが豊かにあります。

しかしイスラエルには、ユダヤの戒律を守らない人々がいるといって、彼らは怒ってイスラエルへ行きたがらないのです。

ニューヨークにおいてもユダヤ教の戒律を守っていないユダヤ人もいます。

ダビデ　ユダヤ人とは家族です。

グロス　論争の内容はこうです。

現在のイスラエルは救いのときのものであるか否か、というものです。

ニューヨークにおけるユダヤ人は、救いのとき、すなわちメシア来臨のときには、ユダヤ教的にみてすべてがすばらしいものでなければならないと信じています。ユダヤ教の観点からすると現在のイスラエルはそれほどすべてのユダヤ教の戒律や神の教えであるトーラーをきちんと守っていないので、彼らはイスラエルへ行きたがらないのです。

ダビデ　ユダヤ人とは、３７００年前に始まった一つの家族です。だれでもこの家族に連なった者は家族なのです。

エリヤフ　今日の十支族においても、私たちはミャンマーから１０００人のマナセ族を（イスラエルへ）連れてきましたが、それでもユダヤ教への改宗はしなければならないことなので全員が改宗をしました〔［訳注］『失われたイスラエル10支族』ラビ・エリヤフ・アビハイル著　鵬一輝訳　学研／１８６頁にインド＝ミャンマー（旧ビルマ）国境地域のシンルン族（マナセ族）について書かれています〕。

イスラエルの民から何年も離れて生きてきた人々が一体どのくらいいるか、私たちには正確にはわかりません。十支族の子孫かと思っても、もしかするとそうかもしれませんが、そうでないかもしれません。

１００％そうなのか、あるいは１００％ではないのかといった問題もありますから、その問題をさけるために改宗するのです。

中丸　世界には数多くのユダヤ人が離散していますが、あなた方の役割は彼らを帰還させることですか。

エリヤフ　私たちは、そのような人々がイスラエルへ戻れるように支援しています。

中丸　日本にもユダヤ人がいるかもしれません。

エリヤフ　もちろんです。私は神道に関係のある人々にユダヤのルーツがあると信じています。し

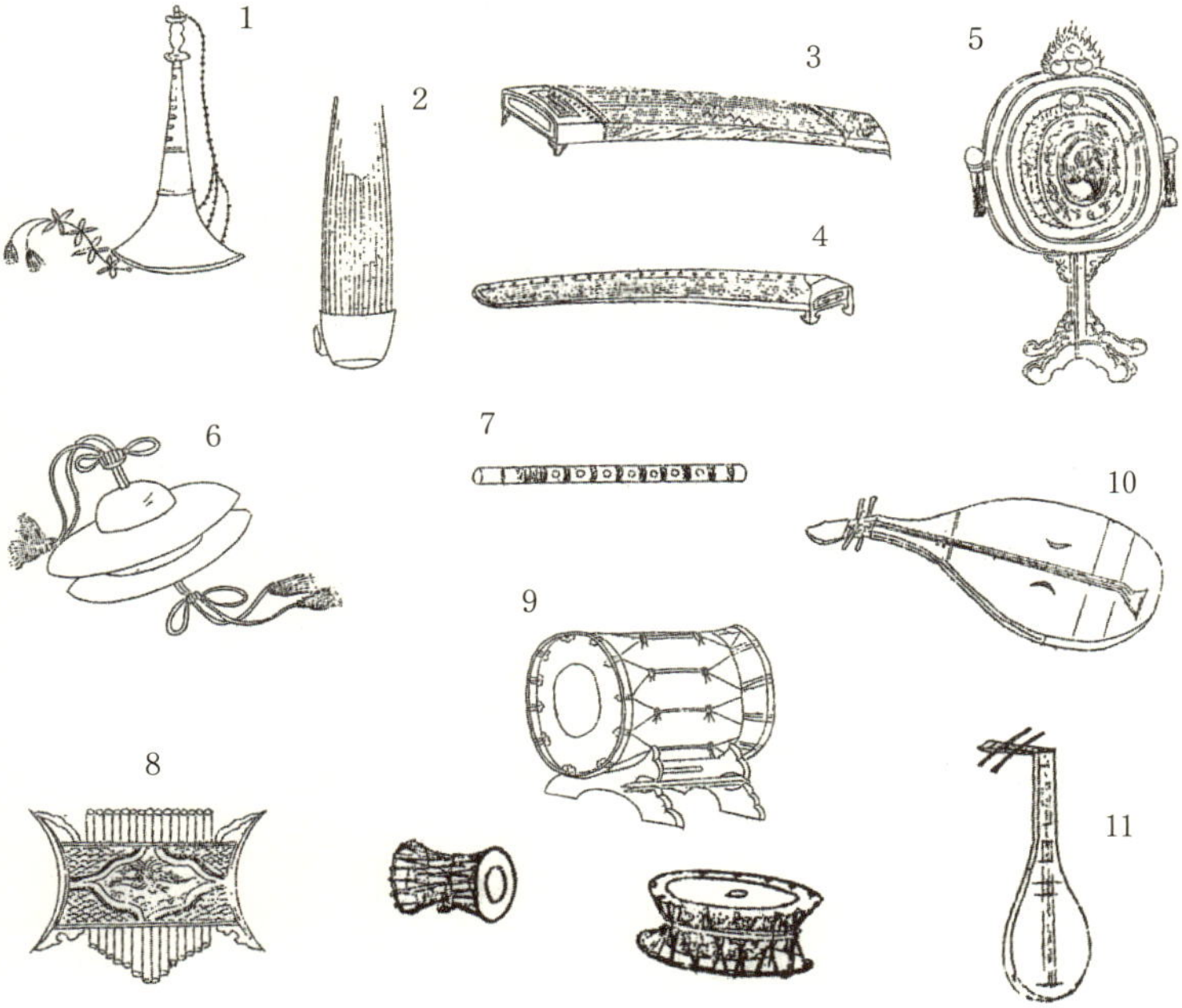

日本の雅楽等で使われている楽器

（1）ラッパ。（2）笙《しょう》。口を下部につけて吹く。その起源は口琴（ジューズ・ハープ Jew's Harp）とも言われる。ジューズ・ハープは、ユダヤ人を介してヨーロッパに広まったという説のある楽器。（3）琴（マクレオドは、「アッシリアのハープ」に似ているという）。（4）十字琴。（5）太鼓。（6）シンバル。（7）横笛、あるいは篳篥《ひちりき》。篳篥は日本古来の楽器で、形も音も、トルコやアルメニアで今も吹かれている「メイ」や「ドゥドゥク」という楽器によく似ている。シルクロードのどこかの国で生まれ、中国を経由して日本に伝えられたと考えられている。（8）ハーモニカ。（9）太鼓。(10) 琵琶《びわ》（マクレオドは、「ユダヤのビオラ」と注釈している）。正倉院には、飛鳥時代に伝わった琵琶が残っているが、これにはラクダの絵が描かれていることから、中近東や中央アジアが故郷だと言われている。(11) 琵琶（マクレオドは、「ユダヤの小型鉄ハープ——英国で使われているものにも似ている」と注釈している）。

これらの楽器は、旧約聖書の次の記述を想起させる。「ダビデは、レビ人の長たちに命じて、詠唱者であるその兄弟たちを任務に就かせ、琴、竪琴、シンバルなどの楽器を奏で、声を張り上げ、喜び祝うようにさせた。……青銅のシンバルを鳴らし、琴をアラモト調で奏で、竪琴を第八調で奏でて歌を導いた。……ラッパを吹き鳴らした」（歴代誌上15章16～24節）

［出典：『日本固有文明の謎はユダヤで解ける』ノーマン・マクレオド、久保有政著］

日本の紋章、武具、牛車。これらには、ユダヤとのつながりを思わせるものが多いと言われる。
［出典：『日本固有文明の謎はユダヤで解ける』ノーマン・マクレオド、久保有政著］

かしそれでも、それが本当にルーツかどうかを知るためにはモチベーションが必要です。彼らにユダヤ教の印があるということはよくききました。これは重要なことであり（旧約）聖書にも書かれていることです。十支族にはユダヤの印があり、それによって私たちが彼らを知り、彼らも自らのことを知るのです。しかし、そうであっても、最終的に彼らは改宗する必要があります。なぜなら私たちは一人一人について100％そうかはわかりませんし、彼らはユダヤ教の慣例法規を知らないということが、あとで問題になるかもしれません。

中丸　イスラエルの失われた十支族の末裔《まつえい》といわれる人たちは、結構人数が多いですよね。少しみただけでも800万人や600万人、300万人とか何百万人という単位でいます。

エリヤフ　私たちは、神が世界中に離散させたユダヤ人がいることを知っています。

中丸　どのくらいと想像していますか。

エリヤフ　西のほうにいるユダヤ人は、世界情勢の問題に携わるという役割があります。又、東のほうにいるユダヤ人は人々の心や人格の問題に携わるという役割があります。彼らは東のほうにいて、十支族もまた普通は東のほうにいます。ユダ族とベニヤミン族の（南朝）ユダ王国のユダヤ人は、西のほうにいます。

ですから私たちは、これらの役割にはとても重要なことがあると信じています。たとえば私たちは、日本人は実直であり、優れた道徳心があると思います。これには、ユダヤ人が東のほうへ離散したことによる何らかの影響があると思います。彼らはいろいろな地域に影響を及ぼしており、日本人もこの影響を一部受けているのです。

ダビデ ユダヤ人は自らの役割は、全人類がよりよい人間になれるように手助けをすることだとみなしています。

ですから、ユダヤ人が離散していること自体は、よいことではないのですが、彼らが、ディアスポラ（離散）して様々な地域へたどりついたからには何か意味があります。それはそのことを通してすべての人々に、よりよい人になるための影響を与えるためだったのです。

中丸 北から南まで日本のほとんどの地域を訪れたのですが、これまでに日本中で、優れた魂（人格）を持った人々を見ました。

グロス 優れた魂（人格）は、何もユダヤ人のためだけにあるわけではありません。ユダヤ人が世界に離散しているのは、世界を立て直す手助けをするためなのですが、これは、何もほかの人がユダヤ人になるためではなく、すべての人が一つの家族となり一つの神を信仰するためなのです。ユダヤ人は伝道師（ミッショナリー）ではありません。なぜなら、ユダヤ人になりたい人は、改宗によりユダヤ人になることができ、ユダヤ人になりたくない人はそれでもよいからです。

ダビデ 私たちは、どなたかがユダヤ人になりたいのなら、その理由は、その方にユダヤの魂があるからであり、どなたかがユダヤ人になりたくないのならば、それはその方にユダヤではない魂があるからで、それもまた、全くもってそれでよろしいのです。

その方はユダヤ人でなくとも立派な人となることができるのです。

唐の時代の中国に来ていた外国使節の絵。
「おそらくユダヤ人」とラビ・トケイヤー。

シルクロードをラクダに乗ってやって来たユダヤ人行商の人形（中国・北京の博物館で）。

トーラーを朗読する開封のユダヤ人（1722年、ドメンジ神父によるスケッチ）。

開封のシナゴーグ（18世紀の絵をもとに作った模型）。

〔出典：『日本・ユダヤ封印の古代史』ラビ・マーヴィン・トケイヤー著　久保有政訳〕

開封のユダヤ人（1919年）。

ミャンマー（旧ビルマ）のシンルン族（メナシェ族）がイスラエルのマナセ族出身であることを伝えるイスラエルの新聞（Jewish World, June 5 －11, 1998）。右端は、エルサレムにあるイスラエル十支族研究機関アミシャーブのラビ・アビハイル。

ペイオト（両耳の前の髪）は、イスラエル人特有の風習である。写真はイェメンのユダヤ人（1905年）。
〔出典：『日本・ユダヤ封印の古代史』ラビ・マーヴィン・トケイヤー著　久保有政訳〕

エリヤフ　ここで一つお話しをしたいのは、あるとき、私のもとを訪れ、「私はユダヤ人になりたいのです」といった日本人がいました。その後、私が初めて日本を訪れた1985年には、彼は、「私は、ユダヤ教のすべての戒律を守れないと思うのでやはり改宗はできませんが、ノアの七つの戒律（異邦人も最低守るべき戒律）は、守ります」といいました。そのとき、彼に、私たちは何も強制しようとは思っていないことと、もしユダヤ人になれないと思うのならそれでもよく、神があるいは彼を助けてくださるかもしれないし、そうでないかもしれないが、彼にはそれでいいのですよといいました。

十支族のほとんどはイスラエルの東のほうに離散していきました。その人たちは精神的な影響を各民族に与えています。日本にもその影響がかなり残っていると思います。人間の精神的なものを向上させるものを、失われた十支族が向かった東のほうで、特に日本の民族に発見します。

中丸　非常に多いです。私は太陽の会や国際問題研究会を立ち上げ、ミニコミ誌も毎月出して、今、北海道から宮古島まで全国を講演して歩いていますが、至るところでその影響を見ます。

グロス　ユダヤ人には、精神を向上させる役目だけではなくて、世界をよりよくする、民族をもう一遍揺り起こすというか、間違ったことをもう一遍修正する役目もあると思います。それがやがて信仰、一つの神を崇拝することに通じていきます。しかし、私たちはユダヤ人になることを強制はしません。ユダヤ人になりたい人だけを迎え、その改宗を手伝います。

ユダヤの神はたった一つだけ
——日本は八百万《やおよろず》の神々の上に、唯一の宇宙創造神アメノミナカヌシがいる

中丸　私が霊的体験を経てわからせていただいた一つの大きなコンセプトがあります。宇宙創造神は形もなく見えない愛のエネルギーですが、神に非常に近い存在として、エルランティという存在がいます。その存在は、モーセのときはヤハウェと名乗って導き、イエス・キリストのときはエホバ、イスラム教のときはアラー、お釈迦様のときはブラフマンと名乗って導きました。モーセ様もキリストもお釈迦様もだれも「私は神だ」といっていません。宇宙創造神がいらっしゃるというコンセプトです。それぞれの宗教で本当に宇宙創造神を信じて、宇宙創造神の一部分が自分たちの良心の輝きとして心の中心、魂にあるということをわからせていただきました。

私は世界186カ国を歩いて、いろいろな宗教の場で「平和の基調講演」をしてくださいといわれましたが、全人類が宇宙創造神の一部分を分け御魂としていただいている、だれもが直接に神の子だというコンセプトを私自身は持っていますので、どの宗教も本当にそれを実践している人たちには違和感を覚えませんでした。きょうこういうお話をしていても違和感は覚えません。ユダヤ教

の人たちは真に神を信じて生きたいと思っている。私もそのように信じてやっていきます。

エリヤフ　私たちはすべての人が唯一の神だけを知ることができれば、より良かったと思います。本当の神ではないほかの神を拝むことは禁じられたことなので、そこには問題があります。私たちの立場としては、あくまでも唯一神だけが神なのです。

中丸　私も同じコンセプトです。

グロス　しかし日本人の神がいますよね。

ダビデ　いや、それは神ではないようですよ。家族に属しているようです。

中丸　たしかに日本にはいろいろな神がいます。日本人は「神」という言葉を宇宙創造神という意味で使っていません。たとえば菅原道真《すがわらのみちざね》という人物を天神として祀った神社がありますが、日本人がそこにお参りするのは、道真が学問に非常にすぐれていたので、そういう人格にあやかって自分も勉強ができるようになりたい、試験に受かりたいという程度です。天神とはいうものの、それが本物の神であるという発想は日本人にはありません。

ダビデ　それらは霊ですか。

グロス　いや、私たちがスリホット（[訳注] 赦罪の祈り：断食日や被災のとき、また大贖罪日《しょくざいび》の前の1カ月間、罪の赦《ゆる》しを乞う祈り）の祈りのときにしていることと同じようなことについて話しているようです。

ダビデ　いや、すでに亡くなった人たちについてお話ししています。

通訳　すでに亡くなった偉大な人物で、のちに神々と呼ばれた人々についてお話ししています。

ダビデ　それらは霊のことですね。

グロス　では人々は、彼らの魂が神に話してくださるように彼らに祈るのですね。……あっ、わかりました。つまり神がいて、神に仕える僕等《しもべら》がいるということですね。なぜなら、もし神がいるなら、それはただ一つの神のみです。ほかに神々がいるのなら、それはもう神ではありません。

エリヤフ　私たちは一つの支配者に祈ります。支配者に仕える天使には祈りません。

中丸　私も同じです。

エリヤフ　世界でも常にそのようですが、私たちがお話ししているのは、神は私たちに「あなたはわたしのほかに、なにものをも神としてはならない」（[訳注] 出エジプト記20：3（十戒の中の第一戒））といっています。ほかに神はいないのです。（神は）一つなのです。

草花を生長させてくださる天使がおります。けれども、この天使を拝んではいけないのです。私たちは天使を礼拝致しません。神を礼拝しているのです。

この世界にあるものはすべて神が造り、命を与え、魂と霊とすべてのものを与えたのです。すべては神が造り、毎日このようにしているのです。ですからほかのものを礼拝してはいけないのです。

グロス　私たちは総支配人に祈るのであって、その従業員に祈るのではありません。

中丸　はい、宇宙創造神は一つです。ただ一つの宇宙創造神を神道ではアメノミナカヌシといいます。

神はなぜ、イスラエルの民を十二の支族に分けたのか、そして十の支族をかくしたのか
――そこに最大の秘密がある！

エリヤフ　なぜ神はイスラエルの民を十二支族に分けたのか。私はこの主題について50年研究をし、自分自身に問うています。さらに、神はなぜ十二支族の中の十支族を離散させたのか。中丸先生はどう思われますか。

中丸　十二支族があるのはユダヤだけですよね。

エリヤフ　はい。ヤコブの息子たちです。ヤコブの息子たちがイスラエルの人々の基であり、またそれは聖《きよ》いのです。十二という数字もまた聖いのです。では、その理由は何でしょうか？

神はなぜそれらの支族を造ったのでしょうか。もし彼らが2800年近くもの間、共にいないのならば、それはなぜでしょうか。

歴史の中で彼らはほとんど離散していますが、それならば、なぜ神は彼らを造ったのでしょうか。これはイスラエルの民に関することであり、ジャングルの中のたわいない出来事ではないのです。これはイスラエルの民、聖なる民に関することなのです。

グロス　質問はこうです。もし十二支族あるのならば、なぜ神は十二支族の内の十支族を2800年もの間、隠されたのでしょうか。

中丸　ヤコブにはレアとラケルという二人の妻がいて、それぞれに息子がいました。また、レアとラケルにはそれぞれ侍女がいて、ヤコブは妻の侍女との間にも息子をもうけ、ヤコブの息子たちが十二支族になった。自分たちの民族のルーツとして自分たちでそのように決めたのかなと私は思ったのです。

イスラエルの十二支族は、北のイスラエル王国と南のユダ王国、それぞれ十支族と二支族に分かれ、南のベニヤミン族とユダ族の二支族は残りましたが、北はアッシリアに滅ぼされ、十支族が一緒に捕囚としてアッシリアに連れ去られ、捕囚を解かれたときに、それぞれがそこから帰らないで消えた。だから「失われた十支族」というのですが、自分たちのイスラエル王国が滅ぼされたため帰るところがなかったのではないでしょうか。

エリヤフ　帰ることができなかったのです。なぜなら彼らは異民族に同化してしまったからです。

グロス　物理的に帰る場所がなかったということですね。

エリヤフ　それはさほど問題にはなりません。なぜなら私たちにとって、12という数字は聖なる数字です。詩篇（旧約聖書）においては彼らのことについて「シヴテイヤー」「主《しゅ》の部族」と書かれています。神がただ何かの罰やそのようなもののためだけに、彼らをお造りになられたとは考えられません（[訳注] 旧約聖書　詩篇122：4「もろもろの部族すなわち主の部族が、そこに上《のぼ》っ

［マクレオドの注釈］
日本で発見されたアッシリアまたユダヤの古代遺物。スミス＆キットー聖書事典を参照。日本の皇室の紋章（十六菊花紋）は、ソロモン王の宮殿遺跡、およびユダヤのちょうちんにあった紋章に由来する。

［出典：『日本固有文明の謎はユダヤで解ける』ノーマン・マクレオド、久保有政著］

シュメール／古代メソポタミアとエジプトを繋ぐ十六菊花紋

バビロニアの遺跡イシュタル門に描かれたライオン像と十六菊花紋。

アッシリアの黄金神盃に印された菊花紋。

エジプトの王墓から出土した青銅器の菊花紋。

［出典：『ガイアの法則』千賀一生著］

て来る。主の御名に感謝することは、イスラエルのおきてである」)。
近代では600万人のユダヤ人がホロコーストで亡くなりました。神さまは正義やあわれみなしに物事を行うでしょうか。このようなことは、どのように理解すればよいのでしょうか。

ホロコーストは、イスラエルへの帰還のために、
神が仕組まれたものではないでしょうか、そして十支族をかくしたことも……

中丸　東の国にすばらしい島があるという預言はなかったでしょうか。
エリヤフ　「シオンの東」についての預言はあります(［訳注］イザヤ書43：5「わたしは東からあなたの子孫を連れ帰り」、イザヤ書49：12「見よ、遠くから来る。見よ、人々が……シニムの地(中国)から来る」)。
グロス　海の島々からの帰還についての預言のことかもしれません(［訳注］イザヤ書11：11「その日、主は再び手を伸べて、その民の残れる者をアッシリヤ、エジプト、パテロス、エチオピヤ、エラム、シナル、ハマテ及び海沿いの国々からあがなわれる」(原書では海の島々となっています))。
エリヤフ　十支族には重要な役割があるのですが、私たちはこれがどのように重要なのかということとが見えないので、どれほど重要なのかということが理解できずにいるのです。

彼らは東洋の全体に影響を及ぼしました。東洋には何十億もの人がいます。何十億です。これは西洋のようではありません。インドだけでも西洋の全体があるようなものです。

十支族が東洋にいて、世界のすべての物質や質量に対して影響を与えたのです。彼らが影響を与えたのです。これは情緒の面でもしかりです。

つまり、ダビデたちも申しましたように、十支族は世界を修復するために来たのです。彼らはイスラエルというよりも世界を矯正し、修復しているのです。ユダとベニヤミンもまた、精神面において修復しています。なぜなら彼らが世界にイスラム教やキリスト教の土台を与えたのであり、これらは人々をメシアへと、あるいは救いへと備える何かとなったのです。

これは重要なことです。それらの宗教は真実ではありませんが、真実へ近付けているのです。出エジプトして荒野で亡くなった世代と、ホロコーストで亡くなった世代はまた別のお話です。

そこにある目的は、イスラエルへの帰還です。ねらいはイスラエルの国に価値をおくことです。

そのためにホロコーストがあったのであり、ホロコーストの後に今や私たちは活気にあふれ、聖書の教えが豊かにある、700万人もの人口がある国を見ています。それは世界にとっても大きなことです。

これはホロコーストがあったからこそここのようにあるのであり、もしホロコーストがなければ、ユダヤ人は古い世界にいつづけたことでしょう。トルコにさえもユダヤ人がいます。ホロコーストの意味を私はこのようにとらえています。

つまり、神は世界の物質や質量を修復するために彼らを造られたのです。このことが、イスラエルの民の中の十支族にも与えられた役割です。これは重要な役割なのです。そしてこの役割は歴史の中につづいています。

ユダヤ人もまた2800年もの間離散していて、このことには重要な役割があります。今や世界は、救いへの用意が整っています。世界が、救いへの備えができるように、私たちは手助けをしたのです。

まだ話は尽きないのですが、この辺にしておきます。

三井、三菱、住友などの日本の財閥は、ユダヤ人がルーツ、そして「3」に隠された秘密とは？

中丸　ユダヤの人たちがいろいろなところに来て大きな影響力を及ぼしたことは、私が少しずつ調べていく中でもわかりました。日本の財閥、三井《みつい》、三菱《みつびし》、住友《すみとも》は、もとはみんなユダヤ人です。私はそれを全部調べました。たとえば三井家は三重県の海岸から来て、松阪に到着したのではないかと思います。松阪には三井の本家が残っています。

神社の鳥居は普通二本柱ですが、京都太秦《うずまさ》の「蚕《かいこ》の社《やしろ》」（木嶋坐天照御魂神社《このしまにますあまてらすみたまじんじゃ》）に三本柱の鳥居があります。それは古代ユダヤに関係があることがわかりました。東京にもいろいろ資料や記録がありますが、私は三井家のことを調べる中で、一番詳しい人を呼んできて、直感的に「今、稲荷神社は全国にありますが、もともとの稲荷神社は三井家に関係があるのですか」ときいたら、「それは三井家がつくりました」といっていました。ですから、完全に秦氏です。

エリヤフ　数字に関係することは、すでにユダヤ教にもあることです。「3」とはユダヤ教ではとても重要な数字です。アブラハム・イサク・ヤコブで3人ですね。アブラハムは、テーゼ（正）、イサクは、アンチ・テーゼ（反）、ヤコブは、シン・テーゼ（合）です。

すべては一つにまとまっています。いつくしみと裁きとあわれみ。三つあります。聖書は、モーセ五書（トーラー）と預言書と諸書。イスラエルの民は、祭司とレビ人《びと》とイスラエル人《びと》といったように、すべてが三つです。そのようなわけで、柱が三本あるとなると、私たちはすぐに理解するのです。

しかしそうはいっても、神の御座には四本の脚があります。なぜなら、アブラハム、イサク、ヤコブとダビデもいるからです。

昨日、私はあるユダヤ人の方とご一緒したのですが、彼はイスラエルでハイテク産業に携わっていて、日本で多くの機械を生産しています。彼は世界的にもハイテク産業の実力者であり、日本の

聖書と日本神話との類似

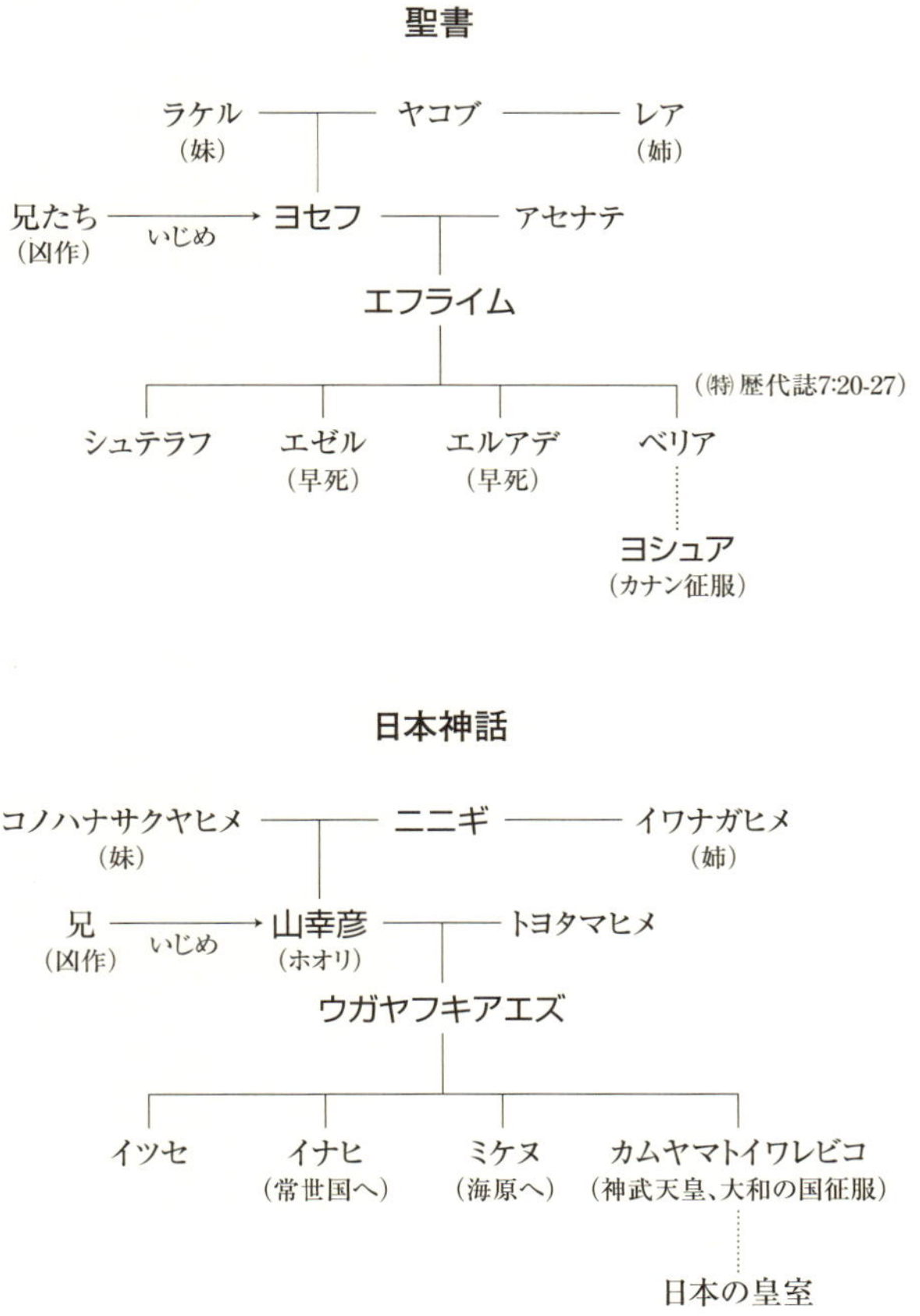

日本の皇室の系図と聖書のエフライムの系図とは、骨子は瓜二つである。これは、皇室の起源がエフライム族の王家であることを示すのか？

［出典：『日本固有文明の謎はユダヤで解ける』ノーマン・マクレオド、久保有政著］

（上）蚕《かいこ》の社《やしろ》（京都市右京区太秦《うずまさ》）秦氏の神社。三位一体神信仰のシンボルである「三柱《みはしら》鳥居《とりい》」がある。
（下）広隆寺（京都市右京区太秦）。秦氏の寺。今は仏教の寺になっているが、昔は「太秦寺」「大秦寺」といった。大秦寺は、中国では景教の寺を意味した。広隆寺には国宝に指定された有名なミロク像が保管されているが、その右手の形は独特で、中国の景教徒たちが使った三位一体信仰のシンボルと同じである。

［出典：『日本固有文明の謎はユダヤで解ける』ノーマン・マクレオド、久保有政著］

様々な地域を訪れています。ホロコーストを経験した哀れなユダヤ人たちが、世界で行っていることをご覧ください。これはイスラエルの中でも尋常ではないことです。ほかにも多くのことがありますが、これは一例です。

グロス　中丸先生の著書の中には、いわゆる「アンダーワールド《裏社会》」と呼ばれている事柄についてお書きになられているようですが、これはどのような内容なのでしょうか。

中丸　世界１８６カ国を歩いたときに、闇の権力者たちがいることを発見しました。最初は知りませんでしたが、ロックフェラーやロスチャイルド、アメリカ大統領にも会って、そのうちにマスコミが全部コントロールされていることがわかってきて、一握りの闇の権力者たちの存在がわかったのです。そのことも書きますし、国際政治の分析もしますし、精神世界、霊的なものについても書いています。

グロス　一つご説明します。イスラエルの民、つまり十支族は世界へ離散し、世界に影響を与えるという役割を与えられたのだとすれば、ユダヤ人のことを「世界に影響を与えようとしている者」と考えるのは、自然なことといえませんか。もっとも、「影響を与える」といっても、否定的な側面からではないのですよ。

　反ユダヤ主義は、根強いものがありますからね。

中丸　私の著書の中には、『明治天皇の孫が語る闇の世界とユダヤ』とか、売らんがために、私がいっていることと全く反対のタイトルをつけているものもあります。私はユダヤの人たちのバックグラウンドを説明し、それを賞賛しているのに、内容と全然違うタイトルをつけられて迷惑しています。

エリヤフ　私は日本には基本的に反ユダヤ主義はないと思っています。もっとも、日本にさえも『シオン長老の議定書』の本があるようですが。

グロス　（英語で）"The Protocols of the Learned Elders of Zion"

エリヤフ　これはナチスの本です。ヒットラーのものです。しかし日本では、この本は好まれているようです。それはヒットラーがユダヤ人を敵対視するほど、ユダヤ人は偉大な民なのだと見ているからです。彼らはユダヤ人はとても重要な民だといって、この本を買うのです。ユダヤ人はけしからんと思って買っているわけではありません。

第二次世界大戦時にユダヤ人避難民が神戸に着いたとき、港には「神の民の人々がやってきた」と書かれていたそうです（[訳注]親イスラエルのホーリネス教会関係者の献身があったようです。『イスラエルVSアラブ　誤解と真実』ニアイースト・リポート編　滝川義人訳　ミルトス　318頁）。

日本の領事代理（杉原千畝《ちうね》）はユダヤ人へ日本へのビザを与え、のちにイスラエルへ渡れるようにしました。これはとても大きなことです。彼はユダヤ人を助け、リトアニアからのビザを与えました。

第二次世界大戦のときに、ハルビンにあるラビがいました。ハルビンは今日の中国の一部ですが、当時は日本がつくった満州国の中にありました。ある晩、このラビの所に皇族（［訳注］直訳では帝《みかど》の家族の皇子といっています）がいらっしゃって、このようにお話しになりました。「これからお話しすることは、秘密にしてください。このことはあなたが生きている限り、どなたにもお話ししてはいけません」と。ラビが承知すると、このようにつづけました。「私は聖書やミシュナー（［訳注］2世紀末にラビ・ユダ・ハ・ナシーが口伝により、律法から宗教生活に関する規則を六篇に編集したもの。後にタルムードの基となる）や、グマラー（［訳注］タルムードの中でミシュナー本文に注釈を加えた部分）を学びました。そして今私は、天皇家から妻をめとろうとしています。しかし私は、その方が彼女自身の家族の純潔さを守ってほしいと思います。つきましては、妻となる方のもとに秘密を守ってくださるユダヤ人女性をおくってくださり、彼女に教育をさせてくださ い」と。

このような経緯により、このラビは満州のハルビンから、その方を教育してくださるユダヤ人女性を日本へおくられたそうです。

たった一つの神で、世界を結ぶことの難しさをどう克服したらよいのか
――特にユダヤ教とイスラム教の断絶について

グロス　あなたの宗教は何ですか。

中丸　それは全能の神です。私はすばらしい体験をしています。私がその体験をしてからは、全能の神を信じているので、どの宗教かいうことが難しくなりました。なぜなら、創造主そのものを信じ、その道にともなった行いをしている人ならば、彼らがそのことを信じている限り、私はどのような宗教的な方とも、とても心地よく過ごせるからです。

グロス　ユダヤ教が世界に影響を与えるといっても、それは何も他の人をユダヤ人にするためではなく、全世界に一つの神を信じさせるためなのです。

中丸　私も同じです。ほかの宗教でも宇宙創造神を信じてちゃんとした生活をしている人たちならば、全然違和感は覚えません。やがて世界もそうなると思います。そうしたら宗教戦争は要《い》りません。

グロス　我々のユダヤ教には掟《おきて》というものがあります。それは、そのような平和が世界に実現する

ために必要なことです。そのためには、私たちが呼ぶところの「ノアの七つの戒律」をすべての人が信じることです。つまりそれは、ノアの子たち（全人類）がどのように振るまうべきかを示したものです。

中丸　現在の世の中は、キリストが生まれてから2000年、お釈迦様が生まれてから2500年、イスラム教ができてから1500年ぐらいたっています。イスラム教対キリスト教とか宗教の名で戦争が行われていて、宗教が宗教ではなくなってきています。そうした中で宇宙創造神は一つというコンセプトはすごく大切です。今こそこのコンセプトが必要とされているわけですから、私たちがこのようにお話ししていることはとても意味があると思います。

グロス　たとえ神が一つであっても、それぞれが信じていることが一番重要だと考えているために争いとなってしまっています。

エリヤフ　イスラム教徒は、神が彼らに何をすべきか語りかけたといっていますが、それは正しくはありません。神は彼らに何も語ってはいません。マホメットはある日突然預言者となりました。イスラム教徒は残酷だといわれますが、それは、ユダヤ人を殺すことやキリスト教徒を世界から一掃するなどのすべてのことを行うには、十分な理由にはなりません。彼らはまた、それらのことを神の名によって行っているのです。しかし神が彼らに語られたわけではありません。

そのようなわけで、もし一つの神があり、私が先ほどお話ししたように神は三つの事柄を与えるのですが、神がそのうちの一つのトーラー（掟、戒律・教え／モーセ五書）を与え、そのトーラーが真実ならば、私たちには信頼すべきものがあるのです。
それからシナイ山には数百万人もの人が立ち合いました。ある日突然、ある人が「私はメシア（救世主）です」とか「私は神です」といったわけではありません。イスラムの問題はそこにあるのです。

中丸　マホメットはメッセンジャーである七大天使の一人から神様の言葉をきき、それを書いたと一般の日本人は理解しています。マホメットは「自分が神だ」といったこともないと思います。

エリヤフ　彼らはもちろんそのようにお話しすることでしょう。彼らは、神がマホメットに「あなたは預言者です」とお告げになったというような伝承をいうことでしょう。

グロス　イスラム教の場合、もしあなたがイスラム教徒でないならば、生きる価値はありません。キリスト教でもそうでした。あなたがキリスト教徒でないならば、生きる価値はないのです。このことをどのようにご説明なさいますか。

中丸　クリスチャンにしても、ムスリム、ユダヤ教徒にしても、それぞれいい人もいれば変な人もいると思います。一つの国、一つの民族の宗教のあり方というよりも、宗教を信じている一人一人が愛であり光のエネルギーである宇宙創造神を信じて、その一部分が分け御魂、つまり良心の輝きとして私たち人間のだれの心の中にもあることをきちっと理解する、これをきちっと生きているかどうかによると思います。

グロス　しかしだれが、良い人かどうかを決めるのでしょうか。

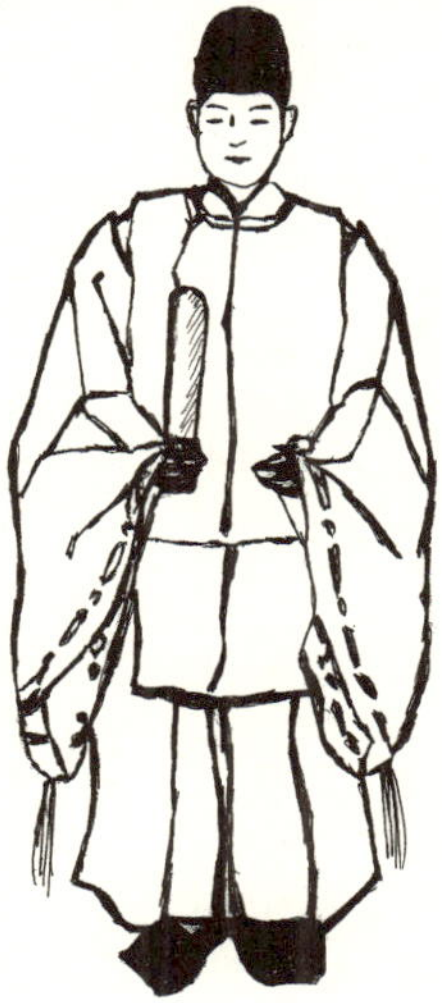

神道の神官の服

白い衣を着、雅楽を奏でるイスラエルの一般祭司たち（レビ族）の想像模型（アムステルダムの聖書博物館）。実際はこのほかに「房」と「亜麻布のエポデ」を身に着けていた。
「房」については新約聖書に、長血の女がイエスの衣の「房」にさわったという記事がある（マタイ9：20）。またパリサイ派ユダヤ人は衣の「房」を長くしていたとも記されている（マタイ23：5）。

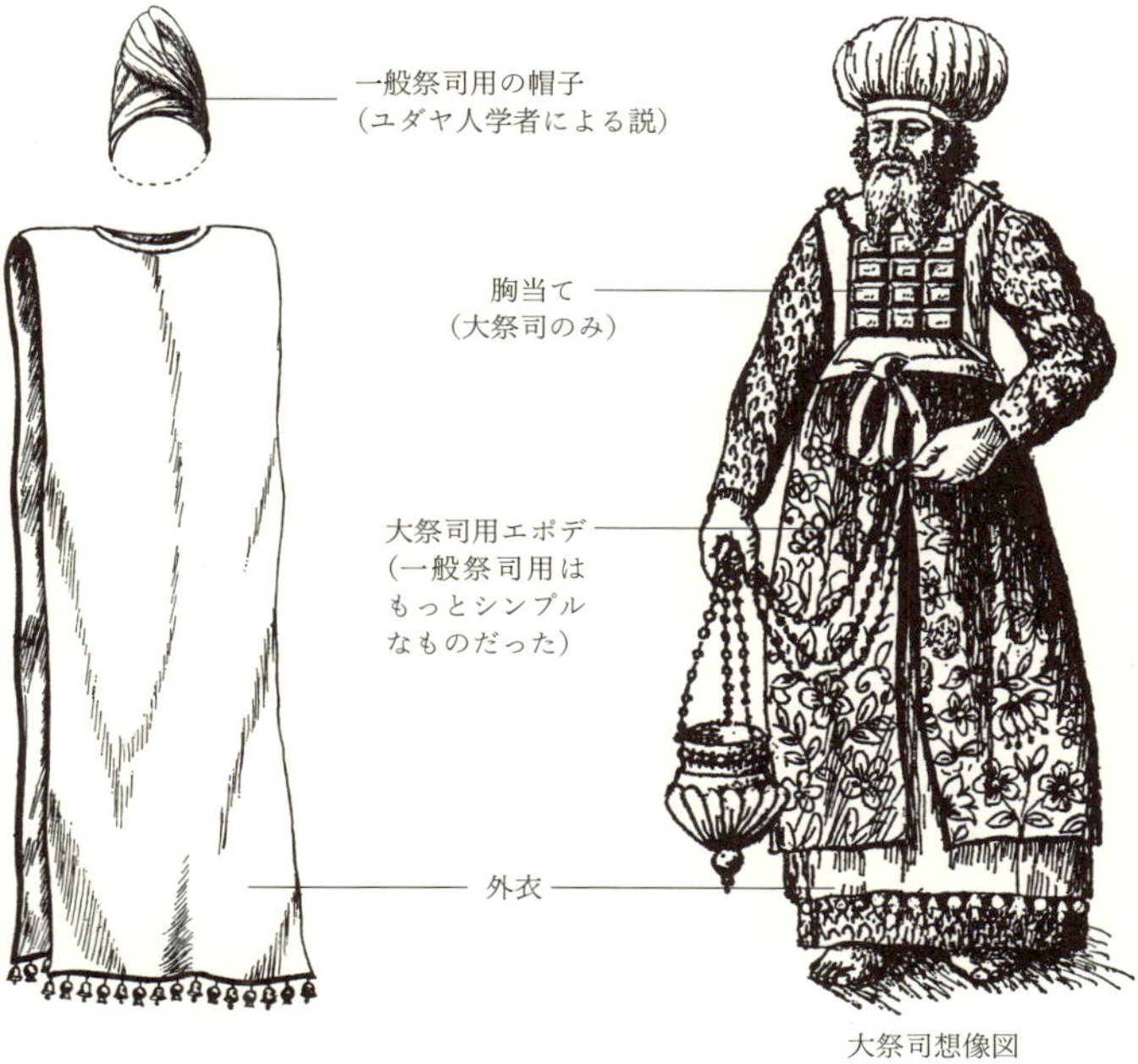

大祭司想像図

〔出典：『日本・ユダヤ封印の古代史』ラビ・マーヴィン・トケイヤー著　久保有政訳〕

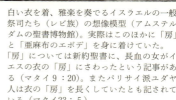

イスラエルの契約の箱。

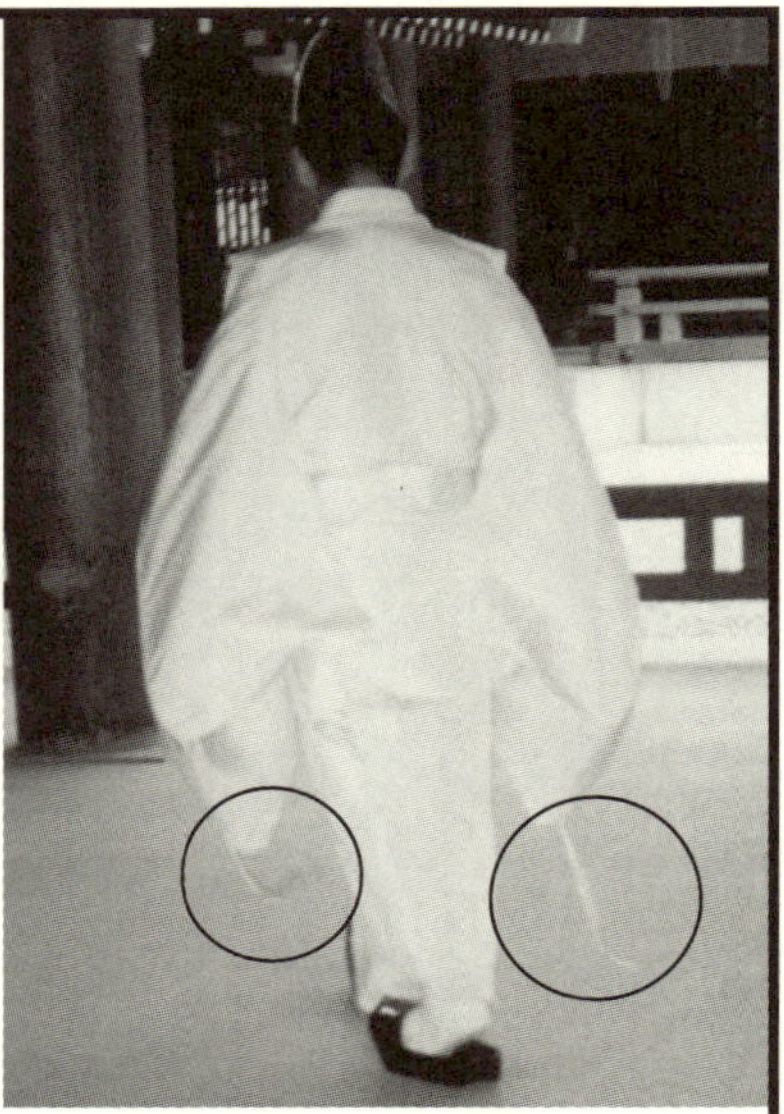

神道の神官の衣の房 Photo:Marvin Tokayer

御神輿。栃木県日光市・二荒山神社では、かつぐ人々は白い祭司服を着用し、御神輿は金でおおわれている。（© 芳賀杏子／HAGA LIBRARY）

〔出典：『日本・ユダヤ封印の古代史』ラビ・マーヴィン・トケイヤー著　久保有政訳〕

エリヤフ　彼らはイスラム教だから良い人なのではなく、イスラム教徒であっても彼らは良い人なのです。これには違いがあります。

イスラム教が彼に良い人になるように教えているから彼は良い人なのではありません。彼が良くなりたいので彼は良い人なのです。イスラム教徒であっても、良くなりたいがために過激な道に進まず、良い人になることはあり得ることです。良いイスラム教徒はいます。キリスト教徒にも良い人は大勢います。なぜなら彼らは、良い人になるように教育されたからです。

しかしそれは、キリスト教が彼らを十分に教えたからではありません。もしかするとキリスト教ではそれほど顕著ではないかもしれませんが、ホロコーストで600万人ものユダヤ人が殺されたときローマ法王が（虐殺を）やめるようにいうとか、非難するとかしてもよいのに、何も言及しなかったことは信じ難いことです。

中丸　エマニュエル・カント（ドイツの哲学者）は「この世の中には驚嘆して余りあるものが二つある。一つは宇宙の法則、もう一つは心の道徳法則である」といっています。どんなに悪党で牢獄に入っていても自分の良心は痛む。これが神と通じている人間の良心の輝きです。人間には判断できないというのは、それが曇ってしまっているからです。きちっと心の浄化をしている人たちだと、ちゃんとわかるのです。

エリヤフ　宗教と教育という二つの重要な事柄があります。宗教と教育が良い人になるように教えるならば、大抵の場合それは役立ちます。もし父親が良い人であって息子がそれを見るならば、彼もまた良い人になります。

しかしその人が悪い人だとしたら、それは天からのものではありません。神は良い人になるか悪い人になるかの選択を与えられたのであり、強制したのではありません。

イスラム教には（アラビア語で）「クーローミンアッラー」という、すべては神様から来たものだということばがあります。自分には何も非がないかのように、善も悪もすべては神から来たものだということです。そのようなわけですから、彼らの場合はキリスト教の場合よりも難しいものがあります。

ユダヤ教は、聖書にはこのように書いていると教えています。

わたし（神）はあなたの前に善と悪とを置いた。あなたは命を選びなさい。良い道を歩みなさい、と（［訳注］申命記30：19「わたしは、きょう、天と地を呼んであなたがたに対する証人とする。わたしは命と死及び祝福とのろいをあなたの前に置いた。あなたは命を選ばなければならない。そうすればあなたとあなたの子孫は生きながらえることができるであろう」）。

選択肢は二つあり、聖書は悪い道には行かないようにと教えています。なぜなら神は、人々を家畜のようにしたくはないからです。人は家畜に対し、「あなたはなぜこのようなことをするのですか」ということはできません。家畜には選ぶ余地がありませんから。

人は選ぶことができ、それは神がそのようにお造りになりました。そうでなければ人にはすべてが与えられてしまい、自ら何かを用意するという必要がなくなってしまいます。そうなると人であることの意味が失われます。

グロス　もしすべての人が、それぞれ自らの心に何かを決めることができるとすれば、何のために宗教が必要なのでしょうか。

中丸　モーセ様が生まれてから3000年以上、キリストが生まれてから2000年以上、お釈迦様が生まれてから2500年、マホメットからは1500年たっています。その間に人間の知と意が宗教をかなり難しい哲学のようにしてしまっている部分もあると思います。私は霊的な体験をし、宇宙創造神は光であり愛のエネルギーであり、その一部分を私たち人間はだれもが良心の輝きとしていただいている、さらに、だれもが神の子であるということをわからせていただきました。これはあらゆる宗教とイデオロギーを超えた21世紀の霊性の目覚めだと思います。

自分にうそのつけない光った心を曇らせないようにする。それを人は恨みを持ったり、憎しみを持ったりして曇らせているから、人間として判断できなくなってしまっている。心の浄化によって、一人の人間として神の光をそのまま受けて発現できるような心の状態にしていこうという運動が、2012年12月22日を目指しての人間復興の動きなのです。それ以降は地球そのものが銀河系宇宙のフォトンベルトに入っていきます。

グロス　私は度々《たびたび》同じことをおたずねしておりますが、中丸先生は霊的な光を受けて人々に教えるための運動を行うということですが、それはどのようになさるのですか。だれかのもとへ行き、「私は光を受けたので、あなた方もこのようにしてください」といったとします。何をすべきだというのでしょうか。

ダビデ　「正しい行いとは何ですか」とおたずねした方がよいかもしれません。

エリヤフ　聖書（トーラー）なしでは、正しい行いはありません。

グロス　しなければならないことをどのようにするのですか。

中丸　それは宗教ではなくて一つのルネサンス運動です。

今の地球は人間同士が戦争して殺し合っている、とんでもない不良の星です。しかし、それがいよいよ神の意思に従って優良の星に入っていきます。2012年に向けて新しい文明の時代が始まります。

そこで、マスコミが一切伝えない不良の星の真実、今、世界で行われている実際の国際政治も含めて世界情勢の真実を大衆に伝えていきたい。また、精神的なものとして心の浄化を訴えています。

グロス　キリスト教やイスラム教もすでにそのことをしています。それらとはどのような違いがありますか。

中丸　私はほかの運動については知りません。彼らが何をやっているか知りません。私は自分の霊的体験を通して、自分で感ずるままに行動しています。私は国際政治を学び、世界186カ国に行って200人余りの世界のリーダーに会いました。その体験をもとにして、国際政治の真実を伝え、精神世界としては、本当に人間らしい生活ができる世の中をつくっていこうということで、人々が落ち込んだり、不幸せな感じになっているときに心を浄化するやり方を教えています。その意味で

イスラエル十二支族の紋章

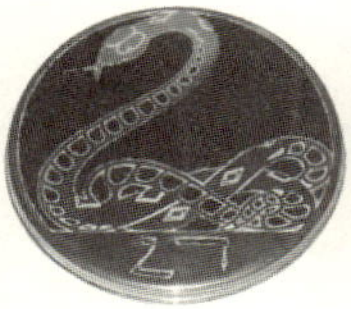

ダン（まむし）

ナフタリ（雌鹿）

ガド（宿営）

アシェル（オリーブの木）

ヨセフ（マナセとエフライムも）（野牛）

ベニヤミン（狼）

ルベン（まんだらげ）

シメオン（剣と盾または城）

レビ（胸当てまたはウリムとトンミム）

ユダ（獅子）

イッサカル（ろばまたは月と星）

セブルン（舟）

東京・渋谷のシナゴーグに飾られた十二支族の紋章。創世記49章や申命記33章に基づく想像図であり、シナゴーグによって若干デザインや内容が異なる。ダビデの星が描かれたものもあるが、これは17世紀以降につけ加えられたものである。ヨセフの部族の紋章はユニコーン（一角獣）である。また、ユダの紋章はライオン（獅子）である。ノーマン・マクレオドが明治初頭に描き写させた日本の皇室の紋章（215ページ）と比較するとき、日本とユダヤの不可思議な因縁を感じざるを得ない。

〔出典：『日本・ユダヤ封印の古代史』ラビ・マーヴィン・トケイヤー著　久保有政訳〕

神社の手水舎。Photo: Yoshiko VanMeter

ユダヤの手水舎（エルサレム嘆きの壁の前）。
Photo: Makoto Yasuda

古代イスラエル神殿の洗盤。

〔出典：『日本・ユダヤ封印の古代史』ラビ・マーヴィン・トケイヤー著　久保有政訳〕

人間復興《スピリチユアル・ルネツサンス》の運動です。

ダビデ　道徳的な運動ですね。彼女は宗教を求めているのではありませんよ。人間的な道徳を求めているのです。

グロス　では、それを宗教とは呼ばないでおきましょう。仮にりんごでも何でもいいです。しかし、すべてのりんごは、人々がよりよい人になり清い心を持つようにとか、神に近づくように教えようとしています。皆が同じようにしようとするのですが、ほかとはどのように違うのでしょうか。

エリヤフ　問題は、人は何が良くて何が悪いのか知ることができないことです。一般的なことを述べたとしても、それだけでは十分ではないでしょう。

アイヒマン（ナチス・ドイツの警察官僚）は、ヒットラーを助けてユダヤ人を殺しました。彼にとってはそれが善だった。彼は処刑されましたが、「アイヒマンは殺人者だが、我々は彼と同じではないので彼を処刑にする必要はない」というユダヤ人もいました。

私たちは何が真実で正しいのかわからないのです。私は宗教について語っているのではありませんが、私たち人間はすべてを知ることはできないのです。

このようなことは数多くあります。

何年か前までは、男女間の放縦《ほうじゆう》や暴力や性的な事柄はそれほどありませんでした。しかし今日では、全ヨーロッパ、全アメリカ、すべての近代社会は問題に直面しています。すべての人は良い心をもっています。しかし良い心を持つ一方で、悪い衝動が出るのです。人には衝動があるので、悪いことをしてしまうのです。

グロス 人にはだれがどのように振る舞うべきかをいう必要があります。なぜなら、人は自分だけでは決められないからです。良い心はそれだけでは十分ではありません。

マホメットは、非イスラム教徒を廃絶せよといったわけではありませんが、そのようなことが行われています。

エリヤフ いや、彼はそういいました。

グロス コーランではいっていません。

エリヤフ コーランでなくとも彼はいっています。

グロス イエスもまた良いことだけをするようにいいました。しかし、キリスト教徒がこれほど多くの人々を殺したのはどういうことでしょうか。

では人は、どのようにして決めるのでしょうか。だれが決めるのでしょうか。

このようなわけで、私たちはこれは教育によるものだというのです。

エリヤフ しかし今日では、教育者たちにもわからないのです。それが問題です。

グロス ですからユダヤ教は、そのために真実があるといっているのです。そしてその真実とは、神から来ています。ほかの人はだれも、何が真実で何が真実でないかを決められません。それは人間だからです。歴史の中では人間が、何が真実で何が真実でないかということを決めてきました。そしてそのことが原因で、多くの困難があるのです。

宗教を超えて、一つの神、宇宙創造神のもと人々が集うその道は、人間復興《スピリチュアル・ルネッサンス》しかないと私（中丸）は思うのです

中丸　いろいろな宗教を見ていても、神に祈るだけで心を浄化できるのかというと必ずしもそうではなく、宗教団体に入りながら苦しんでいる人が結構多いのです。その意味で、私の体験としては、個人として悲しい人、大変な人、一人一人の心をどのように浄化するか。大きく分けて四つぐらいのタイプがあるとしたら、カルマも、心の状態、心の持ち方によって、過去からつながっているものもあるし、今生でつくるものもあります。それも含めてどうやって取り除いていくのか、それを皆さんに教えて一緒にやっています。

私の講演を聞くことでバラバラだった家族が仲よくまとまってきたり、鬱《うつ》病のようになっていた人たちが一回の講演だけで生き生きとして目を輝かせて帰ったり、「光を入れてください」といって杖をついて来た人に、「そんなことが私にできるのかしら」と思いながら光を一分かそこら入れるだけで、その人が杖を捨てて歩いていってしまうとか、そういったことがどんどん起こっています。ですから、心を浄化して、宇宙の神の心、光をそのまま受けて本当に幸せに人間らしく生きて

いく。それが意識改革であり、私はそれをお手伝いしています。宗教でも何でもありません。
1976年に霊的体験をするまで、私はマスコミでものすごく忙しく働いていました。日本に帰ってくれば一日5回ぐらい講演をして、テレビにも毎週、番組を持っていましたし、週刊誌も男性誌と女性誌に同時に書き、本も何冊も出していました。しかし、霊的体験以降はそれをピタッとやめました。21世紀は日本から人間復興の動きが出てくる。それまでに自分の心を浄化しようと思ったのです。

直接宇宙とも、UFOともコミュニケーションをとれる心、あるいは地底の中にも文明がありますから、その人たちともコミュニケーションをとれる心、あの世といわれるところにいる人たちともコミュニケーションをとれるような心をつくらなければということで、私は三十数年間ずっとマスコミを離れて心を浄化する生活を続け、今日まで来ました。今は太陽の会、国際問題研究会という会を主宰しています。私の本を読むなどして会に集まってくださる人たちと活動しています。

エリヤフ 私が申し上げなければならないことは、中丸先生は良いかたで、良いことを多く望まれていますが、永遠に生きられるわけではありません。ある日、何もおできにならなくなる日がおとずれるでしょう。

世界には数多くのすばらしい方々がいらっしゃいます。彼らには熱心な支持者がおり、著書があり、何千人もの人々がそれを学んでいるのですが、それだけでは十分ではありません。人は、本やほかのすべてのことと真実が、その人と共になければやっていけないのです。

モーセはきわめて偉大な人物でしたが、彼が律法（トーラー）を与えたときには、人々は（金《きん》の）子牛（［訳注］偶像　出エジプト記32：4）を作ったのです。

人生には問題がつきものです。人が何かをするということは、簡単なことではありません。私は、あなたがなさっていることはすばらしいことだと思いますが、永遠に生きられるわけではないのです。もし、教育するための本があるならば、その創作は良いことでしょう。しかしそれも永遠に良いものではありません。問題は、教育が必要だということです。真実と教育が必要なのです。これら二つのことが教育者には必要です。

中丸　私はもう40冊書いています。

エリヤフ　それは良いことです。ただ、それ以上に本を書かれた人も多くいらっしゃいますが、それでも世界には全然影響力を与えていないこともあります。

中丸　私は、まず日本人が変わることを願っています。2012年、日本人の10分の1の心に平和が宿っていれば、日本は一気に変わります。日本からまず始めようと思っています。今、一冊の本を英語、フランス語、スペイン語、ドイツ語の4カ国語に翻訳してあります。まだ出版はしていませんが、お読みになりたければお見せできます。

エリヤフ　日本人から始められるのであれば、それはすばらしいことですね。

私にも『ユダヤ教』と題した小さな本があります。人々がユダヤ人になりたい、あるいは回心したい、良くなりたいと思うときに学べるもので、ほとんどすべての主要な言語に訳されています。

英語、フランス語、スペイン語、日本語その他主要な言語です。しかし私は、本があるだけでは十分ではないことを知っています。また、本は一人一人へ届くものでもありません。

ですから、まずは本がありその本が人々へ届かなければなりません。それから、その本が本当に良いものだと信じる教育者が必要です。そうして初めて、それが役立つのかもしれないという可能性がでてきます。しかしそうであっても、常に正しい道を歩まなければ役に立ちません。時間もまた問題です。特に私のような年齢に達すると、です。人々が始めるだけでは十分ではないのです。

グロス　何もおこりません。

通訳　より先に始めなければなりませんね。

エリヤフ　始めることは大事なことです。しかし、それがすぐに全世界への決まった回答になるとは考えないことです。私たちの著書も、日本人にとっては役立つかもしれません。

私たちもユダヤ教の本を世界各国語に訳しています。日本語でも中国語でも少し出ています。離散しているユダヤ人について書いたもの（『失われたイスラエル10支族』学研）は先生もすでにお読みだと思いますが、その本とは別に『ユダヤ教――基礎ユダヤ思想と実践入門』というタイトルの本もあります。

中丸　ぜひ読ませていただきたいと思います。

エリヤフ　持っておりますので差し上げます。

２０１２年と時の終焉、聖書のゴグとマゴグのシンクロニシティ

中丸　マスコミは何もいっていませんが、太陽系は2万6000年に1回、銀河系宇宙の光の粒子の帯、フォトンベルトに入ります。それが今回は2012年12月22日です。

ダビデ　何がおこるのですか。どなたがそのことについてお話ししていますか。

中丸　「2012」（ソニーピクチャーズ　2010年公開）という映画もうできています。世界がガタガタになるというふうにちょっとオーバーに描いてありますけれども。

グロス　その日付の出所、根拠はあるのですか。

中丸　宇宙的なこともありますし、マヤのカレンダーは2012年12月22日で終わっています。それ以降はありませんから、みんなは「そこで世の中は終わりなのか」というけれども、そうではなくて、そこからは新しい文明が始まると私は考えています。

ダビデ／グロス　それはだれが最初にいい出したのでしょうか。

中丸　スタンレーという博士を初め、アメリカなどのいろいろな天文学者。NASAもフォトンベルトをちゃんと見て、そういうものが存在することをつかんでいます。

グロス　２０１２年に世界が変わるということですか。

エリヤフ　ほかのことを述べている研究論文もあります。

グロス　では、２０１２年をお待ちしてみましょう。

中丸　でも、ちゃんと用意して待たないと。ただ待っているだけではちょっと大変です。名刺をいただけたら、英語で書かれた本のリストをeメールでお送りします。

エリヤフ　聖書には新しい世界がどのようになるかが書かれています。あなたはどのようになるかをご存じですか。全世界が、エルサレムが原因でイスラエルに戦争をしかけてきます。そのときに世界の大変動がおこります。神が戦います。これは聖書に書かれています。そして私は聖書を信じます。それはエゼキエル書の38章と39章に書かれています。38章全体、39章の始めは重要ですが、39章全体もそうです。その次にゼカリヤ書12章、11章、ゼカリヤ書12章は全章ではなく数節です。

中丸　それはハルマゲドン、つまりハルメギドのことではありませんか。

エリヤフ　ゴグとマゴグです（［訳注］エゼキエル38：2の引用だと「マゴグの地のゴグ」です。ヘブライ語でゴグとマゴグ gog《ゴグ》 u《ウ》 magog《マゴグ》 というと、世界でいう「ハルマゲドン」と同じことをさしています）。

中丸　割と近いうちに起こるのではないですか。

エリヤフ　はい、私たちはそれに近づいています。なぜなら私たちは、全世界がエルサレムのためにイスラエルに対立していることを見ているからです。

中丸　おそらく2012年の前ではないかと私は思います。私は国際政治を勉強していますし、いろいろな国に行きます。最近では北朝鮮に行って、この間、帰ってきたばかりですが、ユダヤ人が北朝鮮に随分出入りしているそうです。今、北朝鮮に来る外国人で一番多いのはユダヤ人だといっていました。

もし聖書にあるようにそうした戦争が起こった場合、イスラエルという国はなくなってしまうかもしれないということで、満州の吉林省、そこは朝鮮族がいるところですが、そこにユダヤ人を移す計画が進んでいるようです。中国の中に北海銀行という銀行までつくっています。かつて第二次世界大戦の最中にも、河豚《ふぐ》作戦といって、ユダヤ難民を満州に移住させ、日本が負けたときは天皇家を満州に移す計画がありました。それと同じことを今、イスラエルはやろうとしているわけです。

グロス　なぜユダヤ人が中国で革命をおこすのですか。河豚作戦についてはマーヴィン・トケイヤー先生が書かれています（The Fugu Plan）。

中丸　河豚作戦は私が話したかもしれません。満州の朝鮮族のいる地域に現在のユダヤ人が移るというのは、トケイヤーさんはいっていないと思います。

エリヤフ　かつて2000年にも、世界にはいろんな大きな出来事が起こるであろうと思われてきましたが、それらのことは起こりませんでした。私たちが見る所によると、聖書に書かれている大抵のことは起こっています。そのようなわけで、私はほかの何よりも聖書に書かれていることを信じているのです。今日イスラエルにあるすべての事柄はすべて（聖書に）書かれています。

グロス　２０００年になったとき、私たちみんながどのように恐れたかを覚えていますか。

中丸　ユダヤ人が北朝鮮に随分行ったり来たりして、いざというときはユダヤ人を吉林省に移そうという計画を現在、進めているのと同時に、イスラエルのネタニヤフ首相がアメリカに行きました。イラン爆撃について、アメリカのオバマさんはちゅうちょしていますが、ネタニヤフ首相は「アメリカが反対しても我々はやります」といって、ギリシャ方面に向けて、イランまでの１６００キロを想定した演習も全部済ませています。イランも演習を済ませていますから、２０１２年の前、２年以内にいつ起こってもおかしくない状態です。皆さんこういうことは感じていますか。

エリヤフ　エゼキエル書には、イスラエルには原子爆弾は落ちずにイランに落ちると書かれています。イスラエルに起こってほしいと彼らが願っているそのことは、イランに起こるのです。

しかし、私たちは預言者ではないですし、私たちが考える事柄から（何かを導き出して）何かを知ることはできないのです。私たちはこのことも聖書から学びました。預言書に書かれている事柄については、預言者自身は知っているのです。なぜなら神が彼らに語られたからです。しかし私たちは預言者ではありません。

それから預言書に書かれていることを私たちは理解しますが、それらがいつ起こるかについてはわかりません。

中丸　現実にイスラエルのネタニヤフ首相がアメリカに行って、「アメリカが反対しても我々はイランを攻撃します」といっています。私は国際政治を専門として、その分析を皆さんに語る者として、少なくとも今、世界ではそうしたことが心配されているということをお伝えしておきたいと思いました。

エリヤフ　ネタニヤフがそのようにいったとしても、そのようになるわけではありません。彼にはいっても実行しなかったことが数多くあります。

中丸　そうあってほしいです。

グロス　有名な聖書の一節があります。

「人の心には多くの計画がある。しかしただ主《しゅ》の、み旨《むね》だけが堅《かた》く立つ」（［訳注］旧約聖書　箴言《しんげん》19：21）

通訳　「み旨《むね》」とは何ですか。

グロス　人は多くのことを考えることができますが、神の望みだけが成るということです。

ゴグの戦いのあとにメシア（救世主）が現れ、新しい世界が始まる
――エゼキエル書の預言はどのように世界に反映されるか!?

エリヤフ　私たちの伝承によると、私たちの歴史の始まりである（出エジプトの際の）エジプトか

らの救いと、私たちが理解するところの今日における最後の救いは、相似しております。

エジプトで行われたすべての不思議な奇跡には、四つの神聖な目的がありました。最も重要な目的は、世界に神を知らしめることでした。これは神のなせる業《わざ》であり、(イスラエルの)神こそが真の神であり、その神こそが世界を支配している力だということを世界に知らしめることでした。

聖書には何度も、「エジプトびとはわたしが主であることを知るようになるであろう」(［訳注］出エジプト記7：5)とか「異邦人はわたしが主であることを知るようになるであろう」と書かれています。

この、「知る」という点については、エジプトのみならずイスラエルの地にいたほかの民も含まれます。

「エドムの族長らは、おどろき、モアブの首長らは、わななき、カナンの住民らは、みな溶け去った」(［訳注］出エジプト記15：15)。

エジプトで、エジプトびとの軍隊のすべてが海(紅海)に飲み込まれたという出来事は、当時の近隣世界すべての人が耳にしました。このことは、当時のユダヤ人が信仰を保つ上でも重要なこととなりました。

二つ目の目的もとても重要なのですが、それは、エジプトにいたユダヤ人も同じように、神を知るようになるためでした。このことは、エジプトを脱出する場面で3回にわたって記述されています。

三つ目の目的は、出エジプト記の11章7節後半に書かれています。

「これによって主がエジプトびととイスラエルびととの間を区別されるのを、あなたがたは知るであろう」。

イスラエルの民は選びの民であり、神の長子です。つまり、神にとって長男のようなものです。エジプトびとに降り懸かったすべての災いは、イスラエルびとには何の害ももたらしませんでした。

四つ目の目的は、イスラエルの民を虐《しいた》げ、不当にあしらい、正義を持って扱わなかったエジプトに神が罰を与えるためでした。

今日における私たちの救いは、その終盤へと導かれており、その重要な局面であるゴグの戦いへ向かって進行しております。

中丸　ゴクの戦いですか。

エリヤフ　ゴグの戦いです。何のことだかおわかりですか。

グロス　「ハルマゲドン」のことです。

エリヤフ　「ハルマゲドン」とはいわないでください。

グロス　メギドの戦いのことです。

エリヤフ　私がお話ししているのはメギドの戦いのことではありません。

グロス　しかし、そう呼ばれているのです。

エリヤフ　私はそのようには呼んでおりません。

ダビデ　それはエルサレムを懸けての戦いです。メギドを懸けてではありません。

エリヤフ　まずいくつか聖書から繙《ひもと》いてみますと、エゼキエル書の38章から、この終末戦争でどの民族が私たちと敵対するのかを見ることができます。

聖書には、今日私たちが知っている民族名とは違う、すでに馴染みが無くなってしまった名前が使われているので、どの民族かは大まかにしかわかりません。

私たちに敵対してくる主な民族は、ヘレニズム文化（［訳注］直訳ではギリシャの文化）を持った民族だといえるでしょう。

世界大戦時のイギリスの首相であったチャーチルが、良いことを述べています。チャーチルは、世界には、全世界に影響を与えた二つの民があると述べました。ギリシャは世界の美術や、芸術、スポーツ等の様々なことに影響を与え、イスラエルは世界の精神的な分野に影響を与えたと。

実際にキリスト教やイスラム教、ユダヤ教、世界のすべての精神的なものはイスラエルから出ています。

私がエゼキエル書から理解するのは、この戦争を企てるのは、ヘレニズム文化を継承している人々だということです。この文化には注目すべき二、三の勢力があります。

まず始めにドイツの事柄があります。聖書にはドイツとは書かれていませんが、タルムード（［訳注］ユダヤ教口伝律法の総称。特に、本文ミシュナーと注解グマラーを指し、生活・宗教・道徳に関する律法の集大成）やタルグミム（［訳注］アラム語やギリシャ語等に訳された旧約聖書等）ではそのようにいわれています。聖書では、ドイツはゴメルと呼ばれています。

その次に重要となってくる民族はトルコです。ベトガルマがトルコのことです。現在、トルコはイスラム教の社会や中東全体の中で、ある程度の地位を築いています。ベトガルマでは、過去と同じ問題が現在でもくり返されています。

三番目の民族は、おそらく聖書の中でとても重要となるのですが、パラス、今のイランです。

しかし、実のところは、この三つの民族だけではなく、全世界がイスラエルに敵対しています。

エゼキエル書の第38章8節には、世の終わり、つまり私たちの（この）時代の最後に起こる事柄が書かれています（［訳注］「多くの日の後、あなたは集められ、終わりの年にあなたは戦いから回復された地、すなわち多くの民の中から、人々が集められた地に向かい、久しく荒れすたれたイスラエルの山々に向かって進む。その人々は国々から導き出されて、みな安らかに住んでいる」エゼキエル書38：8）。

つまり、ゴグの戦いの後には、今とは違う、メシア（［訳注］（王・祭司として）油を注がれた者、救世主）の新しい世界が始まるのだと私たちは理解しております。このことは、タルムードの中のサンヘドリン（［訳注］法廷、古代ユダヤの自治組織）の項に、ゴグのときにメシアが現れると書かれていることに関係しています。

しかし、最後の戦いでは、かつて神がエジプトでモーセに、「あなたは何もする必要はない、わたしが行う」といわれたときのようになります。

モーセは興味深いことをこの節で述べています。「主があなたがたのために戦われるから、あなたがたは黙《もく》していなさい」（[訳注] 出エジプト記14：14）。神があなたがたのために戦われるから、あなたがたは黙って何もせずにいなさいということです。

中丸　それは聖書に書かれていることですか。

エリヤフ　はい、出エジプト記に書かれています。

ゼカリヤ書にも同じことが書かれているのをみることができます。

「そのとき、主は出てきて、いくさの日にみずから戦われるときのように、それらの国びとと戦われる」（[訳注] ゼカリヤ書14：3）。

かつてエジプトと戦われたときのように、神は、イスラエルの民を攻撃する異邦の民と戦われるのです。

ゼカリヤ書第12章には主の託宣が述べられ、「見よ、わたしはエルサレムを、その周囲にあるすべての民をよろめかす杯にしようとしている」（[訳注] ゼカリヤ書12：2）と書かれています。

「よろめかす杯」とは毒の入った杯のようなもので、「その周囲にあるすべての民」とは周囲にあるイスラム圏のことです。彼らは災いの杯を飲みます。オバデヤ書にあるように（[訳注] オバデヤ書1：16「あなたがたがわが聖なる山で飲んだように、周囲のもろもろの民も飲む。すなわち彼らは飲んでよろめき、かつてなかったようになる」）。彼らはこの災いを受けて死んでしまいます。

つづいて「その日には、わたしはエルサレムをすべての民に対して重い石とする」(〔訳注〕ゼカリヤ書12：3前半)とあります。

そしてこれらすべての民はエルサレムへやってきて、イスラエルの民と対立するのです。これらのすべてのことが、彼らの背中にのしかかる重い石のようになるのです。

「これを持ち上げるものはみな大傷を受ける」(〔訳注〕ゼカリヤ書12：3後半)。これに触れるものはだれでも、この石を持っているものがだれであっても、この石がそれらの人々の体に何かをするのです。

グロス　それは傷のようなものです。

エリヤフ　つまり、象徴的に彼らもみな苦しむのです。

通訳　そのようなことがゼカリヤ書に書かれているのですか。

エリヤフ／ダビデ　(お二人同時に)ゼカリヤ書第12章に書かれています。

エリヤフ　第12章1節と2節です。

通訳　聖書を最初に読んだほうがわかりやすいかと思います。「エルサレムの救いと浄化」ということで、「イスラエルについての主の言葉。天を広げ、地の基《もとい》を置き、人の霊をその内に造られる主はいわれる。『見よ、わたしはエルサレムを、周囲のすべての民をよろめかす杯とする。エルサレムと同様、ユダにも包囲の陣が敷かれる。その日、わたしはエルサレムをあらゆる民にとって重い石とする。それを持ち上げようとする者は皆、深い傷を負う。地のあらゆる国々が、エルサレムに向かって集まって来よう』その日には、と主はいわれる。『わたしは打って出て、馬をすべてうろたえさせ、馬に乗る者はすべて狂わせる。わたしはユダの上に目を開いて、諸国の馬をことごとく撃ち、目を見えなくさせる』」(［訳注］ゼカリヤ書12：1〜4)。

エリヤフ この後の14章にも、あることが書かれています。それは、エルサレムに関して異邦人の側につくユダヤ人も現れ、イスラエルに敵対すると書かれています。ユダもまたエルサレムと戦います。

第14章の14節です。今聖書を持っていないのが残念です。(［訳注］「ユダもまた、エルサレムに敵して戦う。その周囲のすべての国びとの財宝、すなわち金銀、衣服などが、はなはだ多く集められる」)。

中丸 ラビさんたちがいっているのは、エジプトからのが1回目の救いですね。今度はユダヤというイスラエルの地にいられなくなって、第2の救いというか解放、それがおそらく2012年12月22日の前に起こるのだと思うのです。だから、そのことを「ハルマゲドン」と称しているのではないでしょうか。

エリヤフ 私たちはその時期についてはわかりません。しかし私たちは、この件に関しては前進しつつあります。

今日に至るまでアメリカは、エルサレムに関して常に私たちとは反対の立場をとっています。彼らも重荷を負ってはいますが、彼らは(イスラエル)国民のあらゆる事情に関して、私たちに反対しております。

しかし、この戦争を行う者として二つの勢力があります。

まず初めにイスラム教が、ヨーロッパ、つまりＥＵのキリスト教の社会を引き連れ、ゴグの戦いを企てることでしょう。

それからヘレニズム（［訳注］直訳だとギリシャ）とイスラエルとの戦いです。そしてこれらすべてはエルサレムに起因します。

面白いことに、イスラム教のコーラン全体を通して、一度たりともエルサレムという言葉は出てきません。しかし彼らは、マホメットが夢の中でエルサレムから昇天したといっています。

ですから、エルサレムはイスラム教にとって、最も神聖な都市といっても過言ではないほどです。

彼らはメッカに向かって祈りを捧げているのですが、それにもかかわらず、彼らにとってエルサレムはメッカよりも重要なのです。彼らは、エルサレムに関することならば、ジハード（聖戦）やあらゆることをする用意があるのです。彼らが譲歩できないでいるこのことは、大きな問題なのです。

キリスト教もしかりです。エルサレムを巡っての戦争のために、何度も十字軍がエルサレムにやってきました。

このようなわけですから、国連やＥＵは、すべてにおいてイスラエル国民やエルサレムに反対していくことでしょう。そしてそれがゴグの戦いなのです。

エルサレムをアラブ人に与えてしまおうとするユダヤ人左派——このユダヤの兄弟たちから、私たちは戦争を仕掛けられているのです！

エリヤフ　もう一つ、困ったことに、今日顕著になりつつあることですが、エルサレムに関して異邦人と手を組み、イスラエルに敵対するユダヤ人がいます。私たちは今現在、どのようなユダヤ人がそうかを知っています。それはユダヤ人の中にいる左派の人々で、彼らは私たちがアラブ人へ土地を譲らないことに対して辛抱できないでいます。

左派の人々が、ユダヤ人に敵対して戦うことを正義だと考える理由には、二つのことが挙げられます。

一つは、彼らは、「私たちはユニバーサル（普遍的）でなければならない」と考えていることです。

では、信仰の篤《あつ》いユダヤ人はどのように考えているのでしょうか。彼らにしても、「私たちはユニバーサル（普遍的）です」と考えています。しかしそれは、普遍的な信仰と宗教といった、全世界が神を知る上での視点からいっているのです。それが宗教的なユダヤ人が考えることです。

左派のユダヤ人のいうユニバーサル（普遍性）とは、世界からユダヤ人がいなくなることを容認し、すべてを統一する必要性のことです。彼らはユダヤ人ではなく、ユニバーサルな、何か普遍的な人間になるのだといっています。

二つめに、「シャローム」という言葉が挙げられます。「シャローム」という言葉は、ヘブライ語では重要なことばです。人と人が会えば「シャローム」といいます。

「シャローム」と挨拶するもう一つの民族がいます。今、覚えていれば興味深かったのですが、どの民族だったかは忘れてしまいました。

中丸　日本の古都・平安京はまさにその意味で名付けられたものといわれています。

エリヤフ　そうですね。ともかく私たちは常に「シャローム」といって挨拶します。

ヘブライ語では「シャローム」から二つの重要なことを理解することができます。

「シャローム」には、「戦争ではない、戦争が起こらない（つまり日本語での平和）」という意味があります。

二つめには、「シャローム」は「シャレーム、シレムート」といった、「完全な、不足のない」という意味があります。

一つめの理由から、ユダヤの左派の人々にとってのシャローム、平和は、アラブ人と戦うことではなく、戦争をせずにイスラルの国を与えて、与えて、すべてを与えてしまうことなのです。

しかし信仰の篤いユダヤ人にとってシャローム、平和とは「完全であること」です。つまり、すべてが完全になれば、戦争は起こりません。世界は完全な状態になるのです。

しかし、ユダヤ人の中の左派の人々は、正しい教育を受けておらず、間違っているので、私たちと戦おうとするのです。これがゴグの戦いに関して私たちが抱えている問題です。私たちの兄弟の一部である彼らもまた、私たちに戦争を仕掛けるということは大変辛《つら》いことです。

ゴグの戦い（ハルマゲドン）で、起こること——天地の揺れ、暗黒の三日間とは？

エリヤフ　この戦争に効力を持たせ、世界の情勢や信仰のあり方を変える様々なことが、この戦争の前に起こります。

戦争の前に世界は三日間の暗闇に見舞われます。それは、まったくの暗黒のようです。ヨエル書に「(主の大いなる恐るべき日が来る前に、) 太陽は暗くなり、月は血に変わる」(［訳注］2：31後半) と記されています。

つまり世界中が、テレビやラジオや報道機関を通して、全世界がイスラエルに対しての戦争の準備をしていることを知ることでしょう。この戦争では、イスラエルを敵国とみなして、艦船等もやってきます。

全世界がこれから起ころうとする大きなことを知り、ここに神のなさる何かがあることを見るでしょう。

太陽や月は天上でのことです。人間の及ぶところではありません。これは神のなせる業です。そしてそのあとで神は、世界がこの信仰へ至るようにと、エジプトで行われたようなすべての奇跡の数々を行われるのです。

そのときに起こる最も大きな出来事は、主に、エゼキエル書の第38章と第39章に書かれていて、この章のほとんどがゴグの戦いについて割《さ》かれております。また、ヨエル書第4章にもそのことが記述されております。そこには「天も地もふるい動く」（［訳注］ヨエル書4：16半ば）と書かれています。天と地のすべてがとても大きくふるい動かされます。ふるい動くとは何のことでしょうか。地震のことです。世界中が地震で揺れ動くのです。

ニュージーランドの人々は、その出来事を見るでしょう。なぜなら彼らは、彼らのいるそのところで、すべてのものが揺れるのを感じるからです。

残念ながら、日本はもちろんのことです。日本にはよく地震がありますが、その地震は非常に特別なものとなるでしょう。

以上がまず初めに挙げられる重要なことです。これは、ゴグの戦いについて語るすべての章で語られ、神のなさる事柄だということを思い起こさせています。

二つめは、湾岸戦争で起こったようなことが起こります。湾岸戦争では、多くの国民が参加し、お互いのことをよく知らなかったために、誰と戦っているのかわからなくなり、時々同士討ちしてしまうということが起こりました。

エゼキエル書にはこのように書かれています。「すべての人のつるぎは、その兄弟へ向けられる」(［訳注］エゼキエル書38：21後半)。

もう一つ付け加えますと、大きな疫病が起こります。

エゼキエル書には、デベル（疫病）とあり、ゼカリヤ書にはマゲファー（災い）とあります。

マゲファーとはつまり……

ダビデ　多くの人がかかる大きな病気のことです。

エリヤフ　死を招く伝染病のことです。

もう一つ、ヨシュアの時代に起きた興味深いことがあります。それは、イスラエルの地ベテホロンでヨシュアの戦いがあったときに、敵の頭上に大きな石が天から降ってきたことです。

通訳　それはどこに書かれていますか。

エリヤフ　ヨシュア記の第10章です。

(［訳注］「彼らがイスラエルの前から逃げ走って、ベテ・ホロンの下り坂をおりていたとき、主は天から彼らの上に大石を降らし、アゼカにいたるまでそうされたので、多くの人が死んだ。イスラエルの人々がつるぎをもって殺したよりも、雹《ひょう》に打たれて死んだもののほうが多かった」ヨシュア記10：11)。

通訳　戦争の前の3日間の暗闇についておっしゃいましたが……。

エリヤフ　それはエジプトで起こりましたが、ここでも起こります。

「太陽は暗くなり、月は血に変わる」（[訳注] ヨエル書2：31後半）。

中丸　今、世界大戦が起こる前に3日間、世の中が暗くなるといったでしょう。それが2012年12月22日から72時間、3日間、科学的に見て、フォトンベルトのヌルというところを通るときに、電磁波がものすごく強いのです。そのために電気もつかなくなる。太陽も見えないし、月も見えないし、星も見えない。真っ暗になる。

エリヤフ　私は同じ見解でないことをお許しください。私は聖書がいっていることを申し上げているのです。

中丸　2012年12月22日からフォトンベルトに、光子の帯に入っていくときに、電磁波がすごく強いから、3日間、真っ暗な世界が来るということがありますから、いろんなお話を伺っていると、ちょうどそういうタイミングにはあり得る話だと思います。地震とかいろいろなものも全部、聖書のとおりだと思います。

エリヤフ　ゼカリヤ書の第14章には、疫病のことについて記されています。

中丸　ちょっとおききしたいのは、さっきサンヘドリン（[訳注] 古代のユダヤ自治組織）とおっしゃったでしょう。それはどういう立場ですか。今どこに存在しますか。ヨーロッパのどこか地下にあるんですか。それとも、イスラエルの中にあるのですか。

グロス　サンヘドリンは、今は存在しません。
中丸　でも、その人たちは現在でも存在しているという説もあるんです。
エリヤフ　ある人々が、サンヘドリンに似たものを作りましたが、それはたいしたものではありません。古代イスラエルのサンヘドリンは最も偉大な人々でした。
中丸　似たようなものとは、どういうものですか。
エリヤフ　今、サンヘドリンを作る必要性を唱えて、サンヘドリンのようなものを作っているグループはあります。彼らは集会を開いたり決議をしたりいろいろと行っているようですが、それほどのものではないようです。
中丸　それはどこにありますか。イスラエル国内にあるのですか。
エリヤフ　イスラエルにあります。
グロス　エルサレムにあります。
　小さく始めて、それを大きく成長させようと考えている人々はいます。彼らはそれが大きなものではないことを知りつつ、小さなものから始めているのです。
中丸　政治的には、あまり影響はないということですか。
エリヤフ　影響はしていません。これは真剣なものではないからです。
　イスラエルがエジプトから脱出したとき、聖書の初めのほうに、私たちが今日《こんにち》「民数記」と呼ぶ本がありますが、その中で、神様がモーセに70人の長老を選び、彼らをイスラエルの長とするようにいわれました。

サンヘドリンの選びにしても簡単なことではありません。

私たちは、ゴグの戦いの際には預言者らも存在するようになると信じています。メシアご自身も預言者ではあるのですが、そのほかにも預言者らが存在するようになります。これらのことは簡単なことではありません。これらのことは特別なことであって、預言の力によって、人々のことやサンヘドリンについて決定したりする必要があり、私たちには、これらのことが正確にはどのように行われるかは知るよしもありません。しかし、サンヘドリンはきっと存在するようになるでしょう。なぜならば、これこそがトーラー、聖書によるイスラエルの民の法律の力であるからです。

ダビデ　それは法律だけではありません。すべての議決や執行にも及びます。

中丸　左派のグループがワンワールドを目指しているとおっしゃったけれども、その人たちは、アメリカにもかなりいるんじゃないですか。

エリヤフ　彼らは、悩みの種を蒔《ま》くことのできるどこにでもいます。イスラエル国内にも多くいますし、国外にも使者がいます。彼らはいろんなところへ出かけて行っては、アメリカや国連などと共にイスラエルに敵対することを語るのです。

中丸　ラビは、アメリカはいつもイスラエルのいうことに反対するとおっしゃったけれども、世間一般の人は、今日までアメリカだけがイスラエルのいっていることを肯定して、支持してきた。そういう中で今オバマさんはちょっと距離を置き始めている。世間はそういうふうにとっているけれども、どうですか。

エリヤフ　そうですね。しかし、まったく良かったということは一度もありませんでした。つまり、イスラエルが考えていることとまったく同じようにアメリカが考えることはありませんでした。

ブッシュの時代にしても、ユダとサマリアのヨルダン川西岸地区の入植に関してはすでに反対のことを語っていました。なぜならば、実のところ、異邦人が要求しているのはエルサレムだけではなく、イスラエル国家のすべてなのです。彼らはイスラエルの国がイスラエルの民のものになることには同意していないのです。

キリスト教には理由《わけ》があります。あるキリスト教徒たちによると、キリスト教ができてからは、神はイスラエルの民を捨てられたとされています。しかしそれは間違っています。現に今日、彼らはこのことが間違っていることを見ています。

同じことがイスラエルの国について詩篇第83章に書かれています。「彼らはいいました、『われらは神の牧場を獲て、我らの所有にしよう』と」（［訳注］詩篇83：12。ヘブライ語の原典では詩篇83：13）。

異邦人は、自分たちのためにヤコブとイスラエルの地を獲《え》ようといっています。ヤコブの牧場を自分たちのものとして継ごうというわけです。

エゼキエル書の第35章にもまた、イスラエルの地を取って自分たちのものにしようといっている箇所があります。つまり、私が申し上げたいのは、ここに、イスラエルの地がユダヤ人のものになって欲しくないと思う異邦人の問題があるのです（［訳注］エゼキエル書35：10「あなたはいう、『これらの二つの民、二つの国はわれわれのもの、われわれはこれを獲よう』と。しかし主はそこにおられる」）。

世界に反ユダヤ主義があり、ユダヤ人を望まない人々がいるのと同様に、イスラエル国家に対する反ユダヤ主義があり、彼らが求めているのは、イスラエル国家にユダヤ人をいさせないことです。このようなわけで、今日イスラム教徒は、イスラエルの地の一部を受け取り、一部を私たちに分けて平和をもたらすということができずにいるのです。彼らはすべてを要求しているので、私たちの分はないのです。

左派の人々は彼らに対してこういいます。「すべてを私たちのものに、すべてをアラブ人のものに、すべてをみんなのものにしましょう。しかし、ユダヤ人は抜きにしましょう」と。

また、今イスラム教徒もそのようにいっています……。

中丸　エルサレムはイスラム教徒に属しているのですか。

エリヤフ　エルサレムは彼らのものではありませんが、彼らは「エルサレムは常に私たちのものだった」といい、キリスト教徒も常にエルサレムを欲しがっています。

グロス　イスラム教徒は何一つ譲ることができないのです。

エリヤフ　彼らには譲歩ができません。このようなわけで、彼らとは平和をもたらすことができないでいるのです。

このことではハマス（［訳注］イスラム原理主義の過激派）は真実を語っています。アブマゼン（［訳注］アッバス議長）は真実を語ってはいません。なぜならば、アラブ人はハマスと同じように考えており、アブマゼンと同じようには考えていないからです。

グロス　彼らが「ここは少しだけこのようにしましょう」ですとか、「このようにしてください」というのは、すべて本当のことではありません。彼らは、本当は、イスラエルの地のすべてを求めていて、ユダヤ人がイスラエルの地にいることを望んではいないからです。

エリヤフ　ユダヤ人にとってとても神聖な書物にゾハル、光輝の書（［訳注］2世紀にラビ・シモン・バル・ヨハイが書いたと伝えられる聖書注解でユダヤ教神秘主義の代表的書物）があり、それはカバラー（［訳注］ユダヤ教神秘主義の一つで、旧約聖書の神秘的解釈に基づく密教的な神知学と世界観）の本でもありますが、この中に面白いことが書かれています。聖書は、パラシャー（［訳注］週ごとに読む聖書の箇所）で区切られております。出エジプト記のヴァエラーと呼ばれる段落（6章2節～9章35節）のパラシャーについて、ゾハルの解説の最後にはこうあります。「イスラエルの民が離散の地からイスラエルへ帰還しようとするときには、イスラム教徒が妨害することでしょう。彼らはユダヤ人をイスラエルにいさせたくないので、常に悩ませるようなことをするでしょう」と。ゾハルのこの箇所には、別の興味深いことも書かれています。それは、アブラハムの息子であるイシュマエルが割礼を行ったので、アラブ人にも、イスラエルの地において私たちの妨害をするのか何かしらの権利があるのだということです。

ハモン・ゴグの谷――ゴグのとき、エルサレムにいるユダヤ人に何が起こるか⁉

エリヤフ　では、先ほど話し始めた件に戻ります。その、地が激しく揺らぐ大地震が起こるとき、エルサレムにいるユダヤ人には何が起こるのでしょうか。これらのことはすべて、エルサレムに近い山々で起こります。そこにゴグがあります。ゴグはそのすべての軍隊と共に、エルサレムの隣にある、おそらくユダの山々にあるのですが、その大地震のときにはゴグのすべての軍隊が滅ぼされます。そして、エゼキエル書によると、彼らを7カ月かけてトラックでもって土に埋め、そこにハモン・ゴグの谷と呼ばれる谷ができます。

グロス　そして、戦争で亡くなったすべての人から地をきれいにするのです（［訳注］エゼキエル書39：11、12「その日、わたしはイスラエルのうちに、墓地をゴグに与える。これは旅びとの谷にあって海の東にある。これは旅びとを妨げる。そこにゴグとその民衆をうめるからである。これをハモン・ゴグの谷と名づける。イスラエルの家はこれを埋めて、地を清めるために七カ月を費やす」）。

エリヤフ　次に、これはエゼキエル書ではなく詩篇に書かれているのですが、同じときにとても強い東風が吹き、イスラエルやエルサレムへ敵対してやってくる、ゴグの兵隊が乗っているすべての船が、この風によって滅ぼされます。

この篇の最後には、エルサレムのやぐらを数えなさいといっています。やぐらは地が揺れると倒れますが、すべてが完全にその場所に残っているから数えてみるようにと書かれてあります（［訳注］詩篇48：12～14「シオンのまわりを歩き、あまねくめぐって、そのやぐらを数え、その城壁に心をとめ、もろもろの宮殿をしらべよ。これはあなたがたが後の代に語り伝えるためである。これこそ神であり、世々かぎりなくわれらの神であって、とこしえにわれらを導かれるであろう」）。

このことから、神が異邦人と戦われるということを理解することができます。

ヨエル書の第4章には、ここでもまた「天も地もふるい動く。しかし主はその民の避け所、イスラエルの人々のとりでである」（［訳注］ヘブライ語の原典ではヨエル書4：16、日本語訳等の他の言語の聖書ではヨエル書3：16）とあります。天と地がふるえ、神がその民を守られ、イスラエルの民の力強いとりでとなられるということです。

これは詩篇の第46章にもみることができます。詩篇第46章の最初のほうに同じ考えを読むことができます。

神がイスラエルの民を守られるので、彼らは恐れません。

「このゆえに、たとい地は変わり、山は海の真中に移るとも、われらは恐れない。たとえその水が鳴りとどろき、あわだつとも」（詩篇46：2～3前半）そしてすべての山々が揺れ動いて震えても、

山伏

フィラクテリー

ショーファール

天狗。左手にあるのは虎の巻（トーラー）。

〔出典：『日本・ユダヤ封印の古代史』ラビ・マーヴィン・トケイヤー著　久保有政訳〕

ユダヤの仮庵の祭の仮庵 Photo: Yoshiko VanMeter

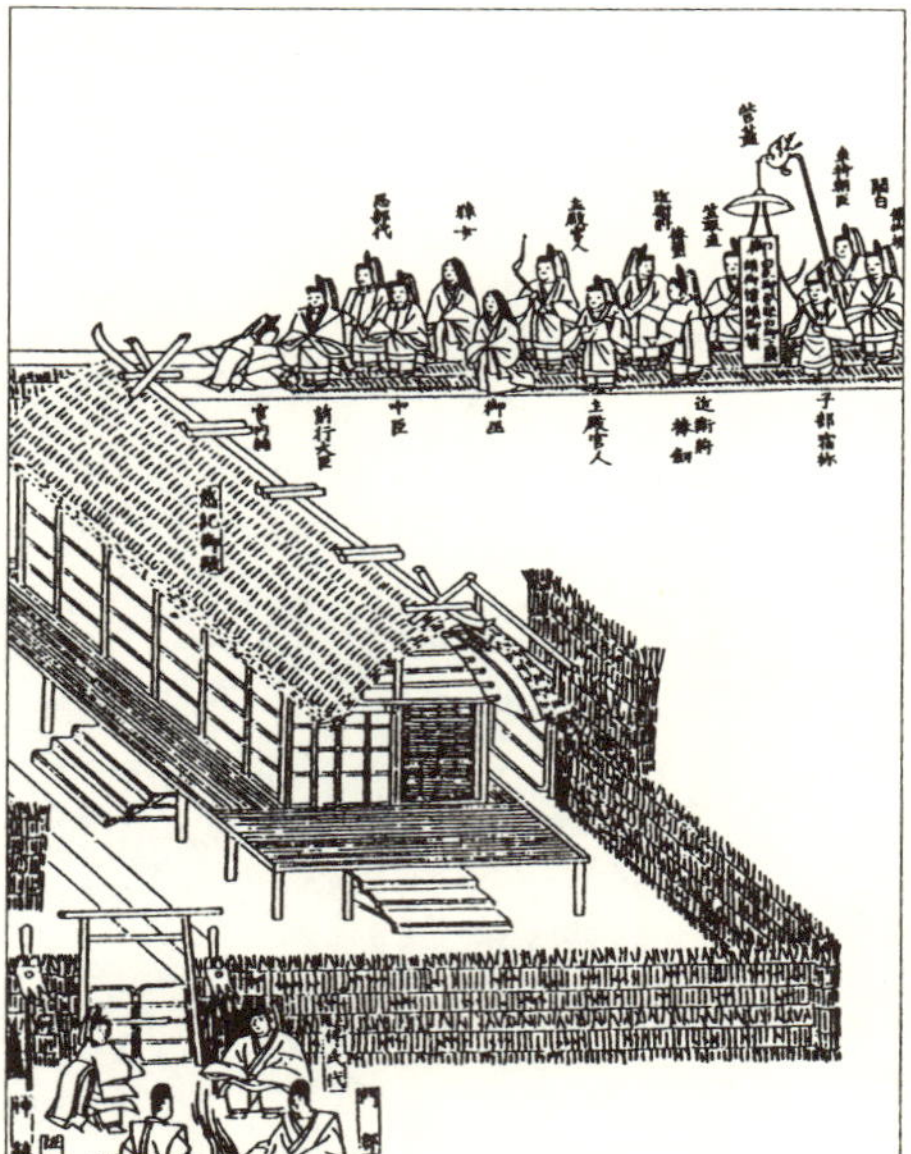

大嘗祭の際の仮庵（貞享４年－1687年の図、『古事類苑』より）
〔出典：『日本・ユダヤ封印の古代史』ラビ・マーヴィン・トケイヤー著　久保有政訳〕

私たちは恐れない（［訳注］詩篇46：1〜3「神はわれらの避け所、また力である。悩めるときのいと近き助けである。このゆえに、たとい地は変わり、山は海の真中に移るとも、われらは恐れない。たといその水が鳴りとどろき、あわだつとも、その騒ぎによって山は震え動くとも、われらは恐れない」）。

先ほど読まれましたゼカリヤ書の第14章にも、神が全地の王となられることが書かれています。神が異邦人と戦われるすべての出来事を通して、神が全地の王となられます。「主は全地の王となられる。その日には、主はただひとり、その名一つのみとなる」（ゼカリヤ書14：9）。

ここではすでに、とても重要な二つのことをみることができます。神が、すべての異邦人が神を知るようにしてくださるということ。そして全世界において神は一つとなります。神は一つだという、神を知る知識に世界は満たされます。

それから、すべての異邦人が私たちを招くというようなことが起こるのは、さらにあとになります。

これこそ信仰の上で重要なことです。神は一つであり、その名は一つであるということです。これはすべてのユダヤ人が一日に何度も唱えております。

もう一つ、興味深いことが起こります。それは、ゼカリヤ書の最後に書かれており、息子のダビデが昨日の講演で話したことにも関係するのですが、物質の世界、つまり自然が変わります。

馬はユダヤ人にとっては穢《けが》れた家畜（食べてはいけない動物）です。馬の頸には時折、鈴をつけますが、ゼカリヤ書第14章には、「その日には、馬の鈴の上に『主に聖なる者』と、しるすのである」(［訳注］ゼカリヤ書14：20)と書かれています。

この、馬の鈴が神にとって神聖なものになるということは、重要なことです。つまり、物質の世界が、穢れたものでさえも、大祭司の額に「主に聖なる者」と書いた札がおかれていたように、神聖なものとなる状況がくるのです。山伏《やまぶし》が額に丸い黒い箱をつけるように、古代イスラエルの大祭司の額には「主に聖なる者」と書かれた札がおかれていました。

また、エルサレムで食事に使われるなべは、すべて神にとって神聖なものとなるのです(［訳注］ゼカリヤ書14：21前半「エルサレム及びユダのすべてのなべは、万軍の主に対して聖なるものとなり、すべての犠牲をささげる者は来てこれを取り、その中で犠牲の肉を煮ることができる」)。

このように世界が変わります。それはゴグの戦いによって変わります。つまり、ゴグの戦いには、全世界を変えるという、神聖で重要な目的があります。

しかし、ドイツや他の国々のように、イスラエルをとてもひどく扱った民族がいますが、もし再び自我を現すなら、神がこのような民族を滅ぼすことでしょう。

なぜならば、神は、エジプトで行われたように、不義をもってイスラエルを虐げた者に対して罰を与えられるからです。

ダビデ　ベトガルマ、トルコ人もそうですね。

エリヤフ　そうです。トルコ人もまた、私たちがイスラエルへ来たときに多くの災難をもたらしましたが、今も再びいろんな船などでもって私たちを悩ませています。これは理解しがたいことです。トルコの大統領も……。彼らもまた、彼らの罰を受けるためにゴグの戦いの中にいるのです。

これまでに、エジプトでの出来事と同じように、四つの事柄があることをみて参りました。

一つめは、全世界が神こそがまことの神であるということを知るようになるということです。「そしてわたしはわたしの大いなることと、わたしの聖なることとを、多くの国民の目に示す」（[訳注] エゼキエル書38：23前半）。

二つめは、イスラエルの民が神を知るということ。このことは、エゼキエル書第39章22節に書かれています（[訳注]「この日から後、イスラエルの家はわたしが彼らの神、主であることをさとるようになる」）。ゴグの戦いを見て、ユダヤ人も神を知ることになります。今まで神を知らなかった者たちも知るようになるのです。

三つめに、ヨエル書と詩篇から先ほども申し上げましたが、神がイスラエルとエジプトを区別したので、エジプトびとは罰を受けましたが、イスラエルびとは何の罰も受けませんでした。イスラエルの民はエジプトで無害でありました。ここでも同じことがいえます。

そして最後に、四つめに、ゴグの戦いにて行われることは、創世記に書かれていることと関係してきます。創世記には、神がアブラハムにいったことが書かれています。「あなたの子孫は他の国に旅びととなって、その人々に仕え、四百年の間、苦しむでしょう。しかし、わたしは彼らが仕えたその国民をさばきます」（[訳注] 創世記15：13後半、14）。神は、イスラエルを虐げるエジプトびとや異邦人に罰を与えるということです。
これは、今の時代においてもそうです。歴史の中でイスラエルを虐げた異邦人はいずれその罰を受けることでしょう。私たちを残酷に扱ったドイツも罰を受けることでしょう。おそらく私たちを過去においても現在においても悪く扱っているトルコもまた、罰を受けることでしょう。私たちは彼らに悪いことはしませんでした。
まだまだほかの民族もあります。
また、私たちに対してよくしてくださった日本人には、おそらく良いことがあるでしょう。
久保（有政）先生が今日、私たちのためにある方々を招いてくださいました。その方々は、戦時中、日本人がユダヤ人を助ける為に何を行ったかを私たちに語ってくださいます。神はこのようなことを知っておられます。

グロス　これは聖書の真理です。

中丸　今おっしゃっている旧約聖書のこういうものは、神様の文章として非常に高いエネルギーを持っておりますので、今おっしゃったことは全部理解しています。

エリヤフ　これはわたしが申し上げていることではありません。聖書を読み上げただけのことです。

中丸　わかります。神の書として、高いエネルギーのものとして信じております。

グロス　よく着目すると、これは聖書の真理なのです。それは年代学や年代学上の真理ではありません。これは永遠の真実なのです。

ゴグの戦い、第三次世界大戦のあと、イスラエルはどうなっていくか⁉

中丸　今ネタニヤフ首相がアメリカのオバマさんのところに行って、イランが核を一生懸命やっているので、イスラエルはやられるのではないかという気持ちがありますね。だから、「たとえアメリカが反対しても、我々は先制攻撃としてイランを爆撃します」といいに行っているんですね。バイデンさんという副大統領はイスラエルを支持している。だから、ある意味では、そういうことが第三次世界大戦、あるいはゴグの戦いといってもいいですが、そのきっかけになっていくのではないか。国際政治を分析する者として、おっしゃっているようなことが起こってくると私も信じています。それがきっかけになるのではないかという感じは持っています。

エリヤフ　ゴグの戦いはアメリカから始まるのではありません。これは、全世界がそうするのです。イスラム教徒がヨーロッパやEUと共に戦争を行い、全世界が私たちと敵対します。すべての国が積極的というわけではありません。一部は消極的に、また、一部は積極的にそうします。

ダビデ　東洋でも同じことがいえます。

エリヤフ　東洋でも同じです。もっとも、日本や中国のことではなく、イスラム圏の東洋のことですが。

中丸　私は、アメリカが起こすとはいっていません。ネタニヤフさんはイスラエルの人だから、彼が、イランに対して先制攻撃でもしますよと、そうしたら、イランも受けて立ってやりますという感じで中東大動乱になる。そうなると、中国も黙っていないし、ソ連も黙っていない。ヨーロッパもということで、おっしゃる形にはなっていくと思います。

エリヤフ　全世界がそうです。なぜならゴグの戦いは、全世界を変えなければならないからです。（アメリカではなく）神が全世界の王なのです。そしていずれにしても神が全世界をなりたたせているのです。

中丸　そのときに、さっきおっしゃっている中で、ユダヤ人の第一の救済がエジプトからだとすると、今度起こる世界大戦によって、今いるその土地からもイスラエルは出ていかざるを得ない。その出ていく先はどこと聖書には書いてありますか。それとも、それは未定ですか。どう思っていらっしゃるか。第三次世界大戦のあと、ハルマゲドンのあとですね。

エリヤフ　イスラエルの国がなくなることはありません。

ダビデ　ユダヤ人はイスラエルから出て行きません。

エリヤフ　それどころか、世界中で祖国へ帰らないユダヤ人は一人たりともいなくなるでしょう。すべてのユダヤ人は、イスラエルの民から遠く離れたところにいるようなことはないでしょう。また、かつてはユダヤ人であったというような人々も、そのユダヤの魂とともにイスラエルの地へ帰ってくるでしょう。つまり、イスラエルの失われた十支族の帰還です。
聖書には海沿いの国々（［訳注］日本語の聖書には「海沿いの国々」、原典の直訳だと海の島々）について書かれていますので、もしかすると日本の人々やその周辺の地域の人々がイスラエルの民を助けて、その兄弟である十支族をイスラエルの地へ帰還させるのかもしれません。

ダビデ　イスラエルとエルサレムはゴグの戦いの際には守られます。

エリヤフ　それはもちろん守られますとも。

ダビデ　彼女はそうは思ってはいらっしゃらないようなので、おっしゃってください。

エリヤフ　神はイスラエル国民とイスラエル国家を守られ、世界中のユダヤ人はみな祖国へ帰ってきます。すべてのユダヤの魂が帰ってきます。

中丸　私は、イスラエルという国は存在するけれども、中東のあの土地を離れて、どこかに行く可能性があるんじゃないかなと思うの。だから、今のイスラエル政府は、もし中東にいられなくなったら、満州の吉林省に移そうと思っている。

通訳　中丸先生はもしかすると左派の人々からこれをおききになられたのかもしれませんが、左派はほかの地にイスラエルの国をつくろうとしているそうです。

ダビデ　左派は（ユダヤ教の）戒律を守りませんし、聖書についても知りません。

エリヤフ　彼らはイスラエルの民の敵と共に歩んでいるので生き残ることはないでしょう。そのようになります。

ダビデ　彼らは聖書を知らないのです。

中丸　そうすると、皆さんの考えでは、どんなにイスラエルが攻められても、あの土地に残る。また、最後に第三神殿（将来建てられるユダヤ教神殿）をエルサレムに建てるという計画もありますね。

第三神殿とメシア――一つの神について、異邦人のすべての人々は、ユダヤ人に対して聖書の教えを乞うようになるでしょう！

エリヤフ　第三神殿には二つの可能性があります。

イスラエルの民がメシアと預言者らと共にその建物を建てるか、あるいは、他の私たちの伝承によるように、神殿が天から降りてくるので私たちはその門をつけるだけのどちらかです。

ダビデ　エゼキエル書にそのすべての計画が書かれております。

中丸　ユダヤの人たちは、イエスはメシアではないと考えているわけですので、メシアが今度初めておりてくる。そのメシアに対するイメージは何かありますか。

エリヤフ　確信していえることは、預言において、メシアは概《おおむ》ねモーセのような偉大な人物ですが、全世界を導くので、モーセを上回っています。

グロス　（通訳者のバックでエリヤフ氏に）メシアが何をするのかをお話しされてはいかがですか。

エリヤフ　（グロス氏に）それは次の質問がそうならお答えしましょう。

中丸　ワンワールド、ワンゴッド、そのときが来るでしょう。私も、2012年以降、そういう世界が順々につくられていくことを信じています。

エリヤフ　時についてお話しすることは、あまりよろしいことではありません。私たちが時を定めるのではありません。それは神がなさることだからです。

私たちにとって重要なのは、私たちがこのような計画に沿って前進していることを見ることができることです。

それは来年そのようになるかもしれません。また半年後にそうなるかもしれません。2年後か3年後かもしれません。私たちにはわからないのです。

もう一つ、これから起こることについて人々はたずねますが、何百万人ものユダヤ人や十支族はどこに入るのでしょうか。どこにそのような場所ができるのでしょうか。

それは預言を通して、すでに聖書に、神はアブラハムにイスラエルの国はエジプトからイラクのユーフラテス川までになるといわれたと書かれています（［訳注］創世記15：18「その日、主はアブラムと契約を結んでいわれた、『わたしはこの地をあなたの子孫に与える。エジプトの川から、かの大川ユーフラテスまで』」）。

もしかすると、これよりも広い範囲になるかもしれません。なぜならば、タルムードの中のグマラー（［訳注］タルムードの中でミシュナー部分に注釈を加えた部分）には、アラビア半島やほかのとても大きな領域になるかもしれないとあるからです。

しかし、エルサレムは、そのすべてが神聖なのですが、その影響は、シリアのダマスカスに至るイスラエルの全国に及ぶことでしょう。これがエルサレムの影響です。それから、イスラエルの国の影響は全世界へ及ぶことでしょう。

また、お祈りを捧げるために毎月エルサレムを訪れないすべての異邦人は、思わしくない状況に置かれると書かれています。

ですから、世界のすべての人は新月ごとに、安息日ごとにエルサレムを訪れるのです（［訳注］イザヤ書66：23「『新月ごとに、安息日ごとに、すべての人はわが前に来て礼拝する』と主はいわれる」）。エルサレムはイスラエルのためだけではないのです。

このように、彼らは聖書の教えであるトーラーをきき、ユダヤ人からその教えを受けるためにエルサレムへ上るのです。

これは、彼らが聖書について知ろうとする際に起こるであろうことの一部なのです。

10人の人が一人のユダヤ人をつかまえ「『私たちに聖書を教えてください。私たちを教えてください。私たちと共にお座りください』というでしょう」ということが書かれています。これは、預言者のゼカリヤが述べていることです（［訳注］ゼカリヤ書8：23「万軍の主は、こう仰せられる。『その日には、もろもろの国のことばを話す民の中から十人の者が、ひとりのユダヤ人の衣のすそ

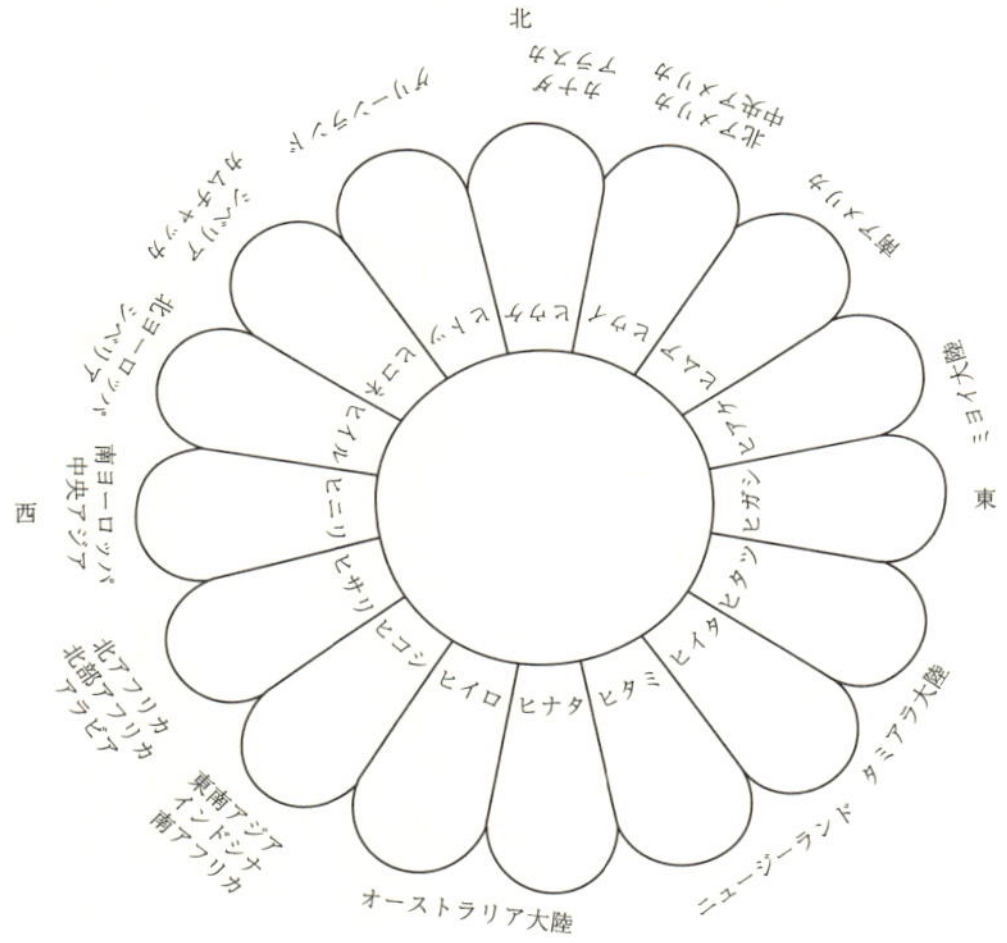

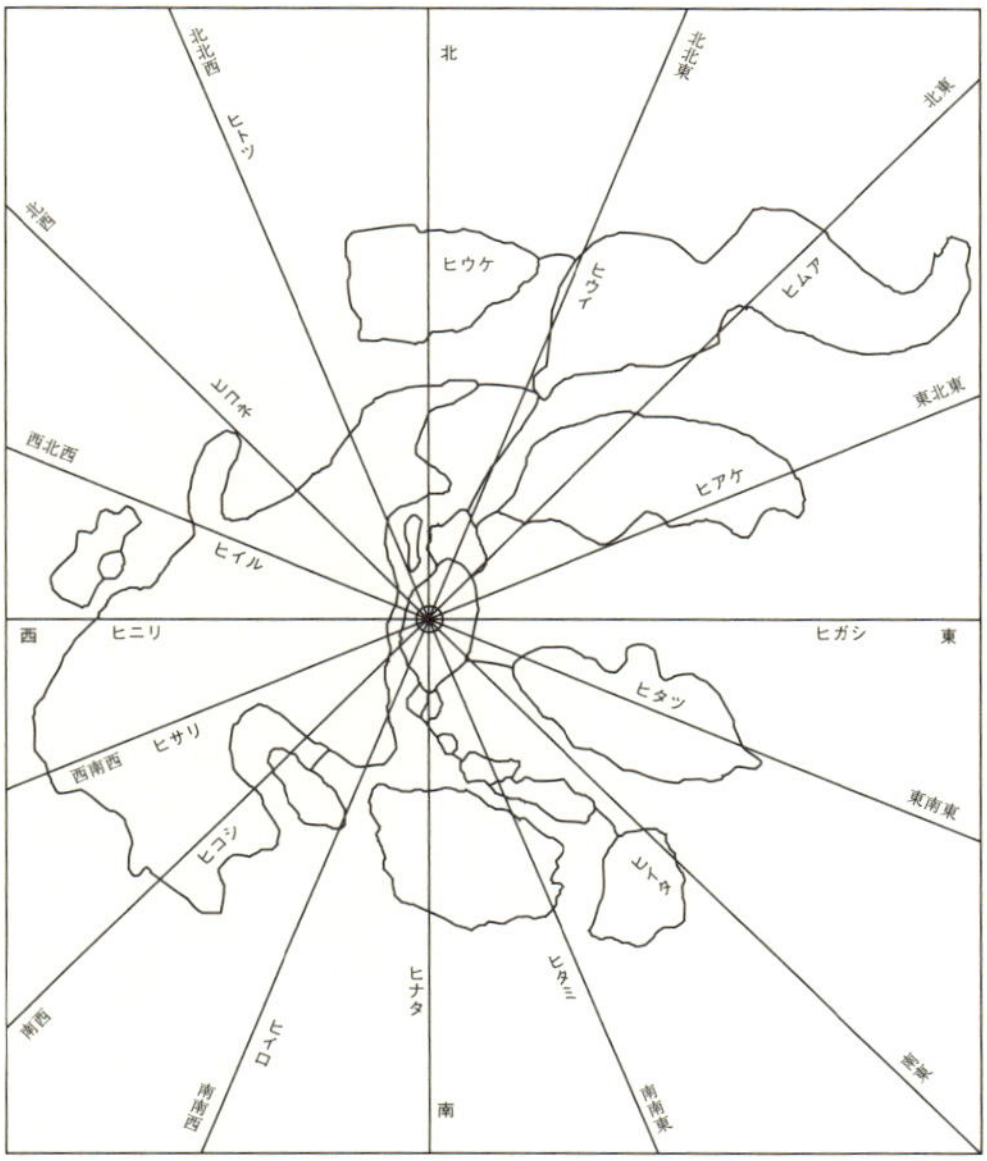

(上) 世界を菊花で表現した図
(下) 天皇は、日本を中心として世界を16方位に分割して神々を祀り、皇子を配置して統治させた(中心点は、飛騨の位山)。このことを表すのが十六菊花紋 (上) である。この紋章は、天皇家のシンボルであると同時に、世界を表現しているのだ。[出典:『[超図解] 竹内文書』高坂和導著]

収穫の束を左右上下に揺り動かすユダヤの風習。Photo: Yoshiko VanMeter

ヒソプ

お祓いの仕草はユダヤの風習によく似ている。(毎日新聞社提供)

〔出典：『日本・ユダヤ封印の古代史』ラビ・マーヴィン・トケイヤー著　久保有政訳〕

をつかまえて、『あなたがたと一緒に行こう。神があなたがたと共にいますことを聞いたから』という」)。

中丸　きょうは、聖なるお立場の皆さんから、そういうことを聖書に基づいておっしゃっていただくのは、私たちにとってとても参考になると思うんですね。

今回、そのお話を伺いながら私が思ったのは、日本に『竹内文書』というのがあるんです。それは偽書といわれているけれども、そうではない。私自身は宇宙ともコミュニケーションがとれますので。『竹内文書』に書いてある皇祖皇太神宮というのは8000年前に富山のほうにあって、今は茨城のほうに移っているんです。私はいろんなところで講演をするから、富山のほうに行ってみたときに、8000年前に私はここにおりてきて、今の日本みたいにやっぱり人々が神のこととかわからなくてとても苦労したなという、すごく心痛む思いも戻ってきた。

この地球自身が、もう6回ぐらい壊滅状態になっているのです。今回が7回目の最終ユートピア建設のときで、『竹内文書』によると、ずっと前から、「天皇」という言葉は使っていないけれども天皇家という組織があって、今でいうUFOみたいなものを使って全世界を回っていた。それが地殻変動とかそういうことで現在のような形になってしまって、過去はほとんど忘れられているけれども、あの『竹内文書』は、神功皇后に付き添って武内宿禰《たけのうちのすくね》という人がそばにいて、全部チャネリングというかメッセージで上から受けた文書なんです。

私は今、宇宙と交信したり何かして、多少違った名前とかあるけれども、大まかなところでそういうものは存在したというのがわかっている。それでわかったことは、日本の皇室もシリウスの星からUFOでおりてきた。イスラエルの人たちも、別の星からやっぱり神に選ばれた者としてアフリカのどこかにおりて、それがイスラエルの地まで行った。

両方の民族がここに来て、2012年、ハルマゲドンのあと、本当に調和して、和合して、そういうことをわかり合えて、お互いに協力して世界を立て直していく。それが本当の世界平和、神の心を生かして歩んでいく民としての世界、ワンワールド、ワンゴッド、そういうものがつくられていくんじゃないかなというイメージが、私の中にはあります。

通訳　省略して通訳いたします。

グロス　できれば省略なさらないでください。

通訳　これはかなり難しいです。彼女は8000年前に存在していました。

ダビデ　8000年前ですか。

グロス　輪廻においてですね。

通訳　来《きた》るべきゴグの戦いはこの地球にとってはすでに7回目となります。初めてのことではありません。すでに6回の人類滅亡がありました。

エリヤフ　彼女はなぜそう思われるのですか。

グロス　輪廻においてですね。

エリヤフ　彼女は実際にこのこともごらんになられたのですね。そうですか。しかし人類滅亡は、聖書にはかつて一度しかありません（［訳注］ノアの洪水時）。

通訳　そして、天からの神の声があり、星から二つの民が与えられました。その星から日本とイスラエルの民族が生まれました。このように、地球の民族は一つにならなければなりません。神もまた日本民族とイスラエル民族を選ばれました。二つの民は選ばれました。そして彼らはよい関係を築かなければなりません。このように、一つの神の世界が始まったのです。

エリヤフ　もう一つお伝えしたいことがありました。ゴグの戦いに加わらない三つの民族がありま す。私たち（ユダヤ）の重要な解説者の一人であるマルビンが述べていることです。それは、聖書を知らない民族です。キリスト教の民族ではありません。それは、聖書を知らない民族であり、彼らはゴグの戦いには参戦しません。そして彼らは十支族をイスラエルへ連れ戻す手助けをしてください ます。

それは神の奇跡や聖書といった、歴史の中で神を知ることのなかった民族です。

グロス　彼らは知らないのです。

エリヤフ　彼らは知らなかったのです。彼らは今知らないのではなく、歴史の中で聖書を知ることがなかったのです。これらの民族はメシアを助けるかのように十支族を連れ戻す手助けをするでしょう。

そこにはまた、海の島々（［訳注］日本語の聖書では「海沿いの国々」）についても書かれています。

つまり、日本のような人々もまた、この働きの協力者となることでしょう。
私の見解では、インドと中国と日本は、全世界が私たちに敵対するというゴグの戦いのカテゴリーには入っていません。

グロス　中国、日本、インドはゴグとマゴグの戦いには参戦しません。

ダビデ　彼らはイスラエルには敵対しません。

エリヤフ　マルビンが語ることから、私はこのようにゴグの戦いについて理解しています。彼は、インドには多くの偶像崇拝があったので、これらの民族は神を知らなかったのだといっています。

中丸　だから、2012年、文明の新しい夜明けが来たとき、イスラエルも東洋の人たちと一緒になって、また、今のような欧米の略奪的資本主義のやり方は終わりになっていく。そんなイメージがありますね。

エリヤフ　一緒になってではありません。イスラエルの民は特別な民なのです。
異邦人は、ユダヤ人から聖書を学ぶためにエルサレムへ来るようになるでしょう。すべての異邦人は、すでに聖書を知るようになってはいるのですが、一人一人がより深くトーラー、聖書の教えを受けようと望むようになるのです。エルサレムは世界の心臓ですから、彼らはエルサレムへ行かざるを得ないようになるのです。
私たちの民族は、祭司がいる民族です。そして、私たちは聖書に則《のっと》って、祭司へは私たちにできる限りのすべてを捧げます。

イザヤ書には、すべてのイスラエルの民は祭司となり、すべての異邦人は、イスラエルの民が聖書を学び、異邦人を教えることができるように、イスラエルの民を助けたいと望むようになることが書かれています（[訳注］イザヤ書61：5、6「外国人は立ってあなたがたの羊の群れを飼い、異邦人はあなたがたの畑を耕す者となり、ぶどうを作る者となる。しかし、あなたがたは主の祭司ととなえられ、われわれの神に仕える者と呼ばれ、もろもろの国の富を食べ、彼らの宝を得て喜ぶ」）。

ダビデ　（通訳者が通訳をしているバックで）すべての異邦人はイスラエルのようなものです。

グロス　いいえ、なぜですか。

ダビデ　私たちが祭司のようになるので、彼らはイスラエル人になるのです。

エリヤフ　（通訳者がひとまず通訳を終えたあとに）ご清聴を感謝します。

中丸　こういうことを聖なるお立場にいる皆さんからはっきりおききできるというのは、すごく貴重な機会ですから、とてもよく理解できました。本当に一緒にワンゴッド、ワンワールドを目指して学んでいきたいですね。

エリヤフ　エルサレムの私たちのところへぜひお越しください。

中丸　ぜひ伺いたいと思います。

UFO、宇宙人について
——聖書にも他の星の被造物が存在する可能性が書かれています！

中丸　ところで、私が1976年から霊的な体験をして、日本のマスコミを全部離れて、世界で心の浄化に励んで、いろいろ霊的体験をした結果、皆さんの聖書には書いてあるかどうかわからないけれども、UFOの存在、今、地球がどうなるかということで、たとえば宇宙連合というのがあるんです。そこにクエンティンさんという存在がいます。五次元の人です。ここは三次元ですね。その方とコンタクトして、呼べばすぐコミュニケーションがとれる。そういう方が神から依頼されてこの地球を宇宙から守ろうとしている。それと同時に、地底、地球の中にもものすごい文明があるのです。地底の人々、そことも私はコミュニケーションをとっています。アダマさんという聖なる人物とか、図書館長のミコスさんとか。

私は旧約聖書を全部読んだわけではないからわからないけれども、そういう存在に関しては、皆さんは理解されますか。それとも全然ノータッチかしら。現実に存在して、コミュニケーションしているから。

通訳　彼女はＵＦＯとコンタクトをお取りになっているとのことですが、皆さんはどう思われますか。

エリヤフ　ＵＦＯとはなんですか。

グロス　Ｕ．Ｆ．Ｏ．（ヘブライ語で）未確認飛行物体です。

ダビデ　（グロス氏の説明を受け）ああ、そうですか。

グロス　それはどちらからのＵＦＯですか。

ダビデ　聖書には……。

グロス　そのＵＦＯはどこからくるのですか。それはどちらからのものですか。

通訳　宇宙からです。

ダビデ　（グロス氏に対し）少し待ってください。

聖書の中にデボラの歌があり……。

中丸　デボラはユダヤ人を助けた女性ですね。

ダビデ　ＵＦＯについてですが、（聖書の）士師記に、預言者のデボラの歌（［訳注］士師記第５章の全章）があります。その中で、イスラエルの民が戦う箇所があり、そこに「メロズをのろえ」（［訳注］士師記５：23）と書かれています。

エリヤフ　「メロズをのろえ」。だいだいどんなことが書かれていますか。

グロス　「もろもろの星は天より下って戦い、その軌道をはなれてシセラと戦った」（［訳注］士師記5：20）。

ダビデ　（聖書やタルムードの）注解者は、メロズの星の民はイスラエルを助けに来なかったのでのろわれているといっています。つまり、私たちの文献には、この名の星が存在している可能性があり……。

グロス　メロズと呼ばれているのは……。しかし、メロズはここにもあります（［訳注］ヘブライ語の聖書のコンコルダンス（A NEW CONCORDANCE OF THE BIBLE / ABRAHAM EVEN-SHOSHAN）によると、メロズはカナンの地の北の町とある）。「主の使いは言った、『メロズをのろえ、激しくその民をのろえ、彼らはきて主を助けず、主を助けて勇士を攻めなかったからである』」（［訳注］士師記5：23）。

エリヤフ　（グロス氏が暗唱されている聖句の後半に一緒に加わる形で、後半をグロス氏と同時に暗唱）『主を助けて攻めなかったからである』」（［訳注］士師記5：23後半）。

ダビデ　その箇所について（聖書・タルムードの）注解者がどのようにいっているかをごらんになってください。その星の民は助けに来なかったといっています。つまり、私たちの文献には、他の星に住む被造物がいる可能性があるということです。

グロス　その説明は……。

ダビデ　（グロス氏に対し）よろしければ、お調べください。

エリヤフ　もしかするとラシー（［訳注］11世紀の聖書・タルムードの注解者、ラビ・シロモー・

イツハック）でさえもそのように述べているかもしれません。

ダビデ そうですよ。ラシーもいっています。

グロス （ダビデ氏に対して）あなたはどういうことが起こるか、本にどんなことが書かれるかを知っていますね。私たちもＵＦＯの存在を認めているなどということが書かれるのですよ。

ダビデ 書かれてもいいですよ。もしラシーがいっているのであれば、私たちもいっていいのですから。

グロス そうですね……。

エリヤフ 通常、私たちはそのようなことはいいませんが……。

中丸 デボラがＵＦＯらしきものに触れたということは信じられますね。私の過去世はデボラでした。皆さんが信じるかどうか。

ダビデ そうですか。

中丸 大分前ですよ。聖書の時代でしょうから、３０００年前。

グロス ああ、彼女は（今）デボラというわけではなく、デボラの時代にそうされたということですね。

中丸 かなり苦しいとき、イスラエル、ユダヤの民を助けたんです。

ダビデ ここにメロズという星に住む、ある者について書かれている（聖書の箇所の）一節があります。その者は、イスラエルの民を助けに来なかったのでよろしくないと書かれています。

エリヤフ　ほかにも助けにこなかった人々はいます。

ダビデ　その星の名はメロズです。

エリヤフ　これはもしかするとほかの意味のことばに訳されているのかもしれません。もしかすると注解者たちは間違えて訳しているのかもしれません。

グロス　その一節は星のことではないのです。その一節のあとにこう書かれています。「シセラの母は窓からながめ、格子窓から叫んでいった。『どうして彼の車の来るのがおそいのか。どうして彼の車の歩みがはかどらないのか』」（〔訳注〕士師記5：28）。

中丸　当時はＵＦＯのこともわかっていないから……モーセを川から拾って助けたプリンセスも私でした。

ダビデ　その後はどのようになりましたか。彼女の身に何が起きたかをご存じですか。

中丸　助けて、モーセと一緒に40年、宮殿を出て、ユダヤの人みんなと一緒に行ったのです。だから、今もモーセ様は私のところにしょっちゅう出てきて、大変なときはいろいろアドバイスして助けてくれます。

ダビデ　彼女は荒野にいたというのですね。

グロス　彼女はミリアムなのではないでしょうか。

ダビデ　それは少し違うでしょう。それでは彼女はユダヤ人だったのですね。しかし私たちの伝承によると、彼女はエジプトのプリンセスで、イスラエルの民に連なったのです。

中丸　あのときは、エジプト人のプリンセス。だから、モーセを助けて育てたじゃないですか。砂漠に出て40年の旅をするときに、宮殿を出て、モーセと一緒にパレスチナまで行ったんです。

エリヤフ　そのときの彼女のお名前は何でしたか？

中丸　名前はわからないけれども、あのときのプリンセス。

ダビデ　ユダヤの伝統で、その王女にはビティヤという名前がついています。

神（ヤー）の娘（バット）でビティヤです。私たちの伝承では彼女の名前はビティヤで、その名前は神の娘という意味です。

中丸　結局、モーセも宮殿に助けられたから、あれだけの力、天からの奇跡をいろいろ行った。彼が悟って出たときに、彼女も立場を捨てて一緒に出ているんですよ。それであの砂漠をずっと40年。だから、モーセ様は、あのときにお世話になりましたといって、自分が育ててもらったんだから、私にはすごいヘルプをしてくれています。私が祈ったり瞑想をしているときに、モーセ様はすごく助けてくれる。

私が講演するときに、霊視できる方は、こっちにモーセ様、こっちにアマテラスがいる姿をちゃんと見る。私の講演のＤＶＤとかビデオにははっきり映っている。霊視できる人はそれを見て、九州とかいろんな随分遠いところからも来ます。モーセ様はいつもあのときにお世話になったからと。それはそうでしょう。私は拾い上げて育てたわけですから。

だから、きょう皆さんからおききしたことを、本当にそうだと思っています。

ダビデ　彼女はイスラエルの民のどなたと結婚したかをご存じですか。彼女はイスラエルの民の内に家庭を築かれていたのですが、ご存じですか。

エリヤフ　彼女のご主人はどなたでしたか。

中丸　それは覚えていないですね。

エリヤフ　その伝承はよく知っていますので、その話の続きにご興味がありましたら、どうぞイスラエルへいらしてください。

中丸　ぜひききたいですね。夫はいたはずよね。自分の子どもとして育てたわけだから。

ダビデ　とても興味あるお話です。

中丸　いつもモーセ様は出てきて、今回もいろんなときに助けてくれました。心の浄化をきちっとすれば、心の中にどうやって世界平和にしていくかという設計図がきちっとあるから、そのとおりにやっていきなさいと。だから、これからは世界平和のシンポジウムもいろいろやっていくつもりです。それはイスラエルにも行ってやりたいと思います。

エリヤフ　イスラエルに来られたら、アマテラスの神様のことは話されないほうがいいと思います。

中丸　それはアマテラスは神様じゃないから、人間ですからね。

ニューヨークでも1989年に100カ国を集めて、第1回の世界平和のシンポジウムをしたんですよ。プラザホテルと国連のお部屋を一つ借りて。これからもいろんな国でやっていくので、イスラエルでもいつかやりたいと思います。

グロス　平和ということは、いいことです。

中丸　今一番大切なことじゃないですか。

三種の神器の一つ、八咫《やた》の鏡に刻まれた文字は本当にヘブライ語なのか⁉

編集　こちらが、先ほど話題になりました八咫《やた》の鏡の写しといわれているものです。

エリヤフ　はい、しかし、これはヘブライ語では書かれておりません。

こちらや、こちらもヘブライ語ではありません。

ダビデ　こちらは（ヘブライ文字の）「ヘイ」に似ております。

また、こちらは「ヴァーヴ」、そしてこちらは「ヘイ」に似ております。少しは似ております。類似点はあります。

エリヤフ　おそらくあとからどなたかが付け加えたものかもしれませんね。

久保有政　現代のヘブライ文字と古代のヘブライ文字、また、中近東で使われていたヘブライ文字と、シルクロード東方で使われていたヘブライ文字では形が若干違っていたこともあるのではないかと思いますが……。

ダビデ　はい、こちらはヘブライ語ではありません。……ああ、古代ヘブライ語で書かれているかどうかですね。

エリヤフ　ええ、それは古代ヘブライ語かどうかを見た上で違います。

ダビデ　しかし可能性はありますよ。

エリヤフ　私は古代ヘブライ語かどうかをお調べしました。

ダビデ　古代ヘブライ語では「ヴァーヴ」は実際にこのように書きます。

エリヤフ　はい、いくつかの似通っている点はありますが、概ね正確ではありません。

ダビデ　どうしてですか。可能性はありますよ。

エリヤフ　これらはもちろんのこと違いますし、こちらも違います。もしかするとこちらは……。

ダビデ　はい、こちらは違います。中央の円の中のこちらはもしかすると「ユード、ヘイ、ヴァーヴ、ヘイ」（[訳注] これはヤーウェやエホバとも読めるスペルです。ヤーウェ、エホバ、主なる神「有りて在る者」の意。ユダヤ人はこの名をみだりに唱えることを避けて代わりにアドナイ（主）、ハシェム（聖名）と発音します）かもしれません。

エリヤフ　こちらが唯一似ているところですが、全体的にみるとそうではありません。

ダビデ　古代ヘブライ語の可能性はあります。

通訳　彼らは離散した先で新しい文字を受け入れることを学んだ可能性があります。

ダビデ　そうかもしれません。

伊勢神宮に祀られる八咫の鏡の写し
矢野祐太朗氏が書写したもの。氏は神代文字のひとつ「ヒフ文字」であると思い書写したのだが、それでもヘブライ語に似ている。森有礼は、中央の文字をヘブライ語で「我在りて有る者」と読んだ。久保有政は「ヤハウェの光」というヘブライ語ととらえる方が正確だとしている。

竹内家に伝わる紋章。16枚の表菊と中心が八咫になっている32枚の裏菊。(『神代の万国史』より)

［出典：『日月神示 縄文サンクチュアリ【麻賀多神社編】中矢伸一、ジュード・カリヴァン著』］

ヘブル文字の変遷

日本語としては意味をなさない言葉も
ヘブル語では意味をなす

←――――（ヘブル語は右から左へ読む）

ヤマト　יה《ーヤ》 אמותו《トマ（ウ）》　（「ヤハウェの民」の意）
（彼の民）　（ヤハ）
（ヤハウェの短縮形）

アナニヤシ　אני《ナア》 נשא《サニ》　（私は結婚する）
（結婚する）　（私は）

ヤサカ　יה《ヤ》 סכה《カサ》　（神を見る：神に信頼を置く）
（見る）（ヤハ：ヤハウェ）

スメラミコト　שומרון《シヨムロン》 מלכותו《マークート》［サマリアの王（国）］
（彼の王国）　（サマリア）

ひい、ふう、みい、よお、いつ、むう、なな、やあ、ここの、とうぉ

היפה,《ハイアファア》 מי《ミ》 יוציאה;《ヨツイア》
（出すのか）　（誰が）（その美しいかた）

מה《マ》 נענה《ナーネ》 יקחנה《ヤカヘナ》 תבוא《タヴオ》
（彼女が来るため）（彼女を連れ出すため）（応答すべきか）（何を）

［誰がその美しいかた（女神）を出すのでしょう。彼女に出ていただくために、いかなる言葉をかけたらいいのでしょう］

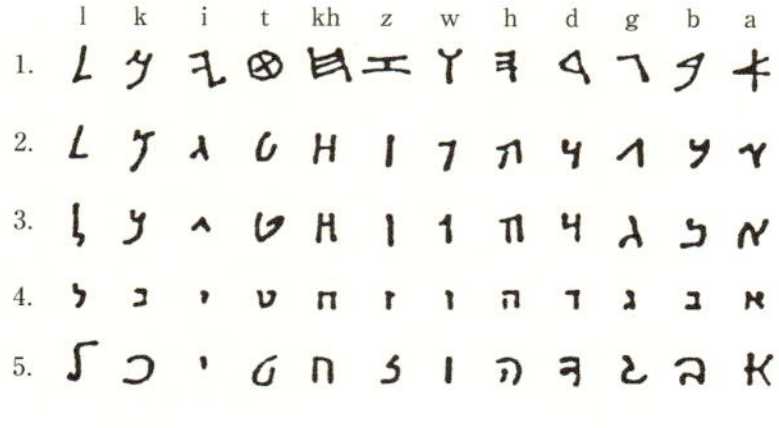

1. ヘブル・フェニキア：前８世紀
2. ヘブル・アラム：前６～４世紀
3. 死海文書：前１世紀頃
4. 現代活字体
5. 現代筆記体

［出典：『日本書紀と日本語のユダヤ起源』　ヨセフ・アイデルバーグ著　久保有政訳］

通訳　そして、ヘブライ語も少し変えたのかもしれません。

エリヤフ　そのようなことはありません。古代ヘブライ文字と通常のヘブライ文字、それからラシー（［訳注］11世紀の聖書・タルムードの注解者）や、私たちが書く、その類のようなものはありますが……。

ダビデ　こちらは、ヘブライ文字の可能性はあります。

エリヤフ　可能性はあるかもしれませんが……。

中丸　これを写した人は、パッと見た瞬間を思い出して書いているみたいですよ。そのものを正確に写したのではない。だから、多少はね。

グロス　その方は鏡の中にあるものをご覧になられた、記憶を引き出して本に記したのです。これは実写ではありません。

通訳　はい、記憶を引き出して写したものです。

エリヤフ　しかし、そうはいっても……。

グロス　もしかすると、記憶を通して写したもの自体が正しくなかったのかもしれません。

中丸　ところで、聖書の暗号のことは、みなさんは知っているのかしら。「モーセ五書」の中に聖書の暗号で私の名前が、ＮＡＫＡＭＡＲＵとか、ＫＡＯＲＵとか、国際問題研究所とか出ているんです。今、みなさんのも調べているんです。

ダビデ　文字を飛ばして読む研究のことですね。

エリヤフ　はい、そのことは存じ上げております。

通訳　これは、コンピューターを通して調べるのです。たとえば彼女のお名前は……。

ダビデ　中丸先生のお名前が現れるのですね。それは何節でしょうか。

中丸　聖書の中の「出エジプト記」だから、ちょうど私の過去世が一緒に歩いているときです。

ダビデ　出エジプト記ですね。

エリヤフ　何節か教えていただけますか。

（エリヤフ氏とダビデ氏がヘブライ語でのその箇所を読んでいらっしゃいます）。

中丸　イスラエルでもこのようなことをなさる方はいらっしゃるのですか。

ダビデ　はい、イスラエルでもこのようなことをなさる方は大勢いらっしゃいます。多くの書籍が出ております。

グロス　文字の飛ばし読み（聖書の暗号）ですね。

ダビデ　はい。

エリヤフ　すべての人が、自分のことを聖書の中にみつけることができます。

グロス　ある特定の整列にすればそうでしょう。

ダビデ　しかしかつては、コンピューターはなかったのですよ。

グロス　しかし、もし神が書かれたものなら……。

編集　聖書の暗号研究は、もとはイスラエルです。もうすぐエリヤフ先生についても結果が出ます。

Term	Translation	Skip	R Factor	(in Matrix)	Start	End
נקמרו	NAKAMARU	5048	-3.017	-1.345	Exodus Ch 7 V 2 Letter 23	Exodus Ch 19 V 18 Letter 30
קאורו	KAORU	7224	-3.534	-1.862	Genesis Ch 50 V 7 Letter 38	Exodus Ch 19 V 6 Letter 8
התרצז	Year 5697	12238	-2.317	-0.645	Genesis Ch 42 V 22 Letter 62	Exodus Ch 24 V 11 Letter 28
יגסיון	13 Sivan	-1452	-0.257	1.415	Genesis Ch 46 V 6 Letter 48	Genesis Ch 42 V 7 Letter 55
בינלאמי	International	-4332	-1.541	0.131	Exodus Ch 26 V 1 Letter 57	Exodus Ch 8 V 22 Letter 69
פרשה	affair n.	4315	-4.056	-2.384	Exodus Ch 9 V 8 Letter 63	Exodus Ch 16 V 32 Letter 66
מבקר	critic n.	738	-3.258	-1.586	Exodus Ch 12 V 18 Letter 17	Exodus Ch 13 V 9 Letter 41

The ELS reference is 721 characters between rows.
There are 7 displayed terms in the matrix.
The matrix starts at Genesis Ch 42 V 7 Letter 19 and ends at Exodus Ch 26 V 2 Letter 43.
The matrix spans 51999 characters of the surface text.
The matrix has 73 rows, is 87 columns wide and contains a total of 6351 characters.

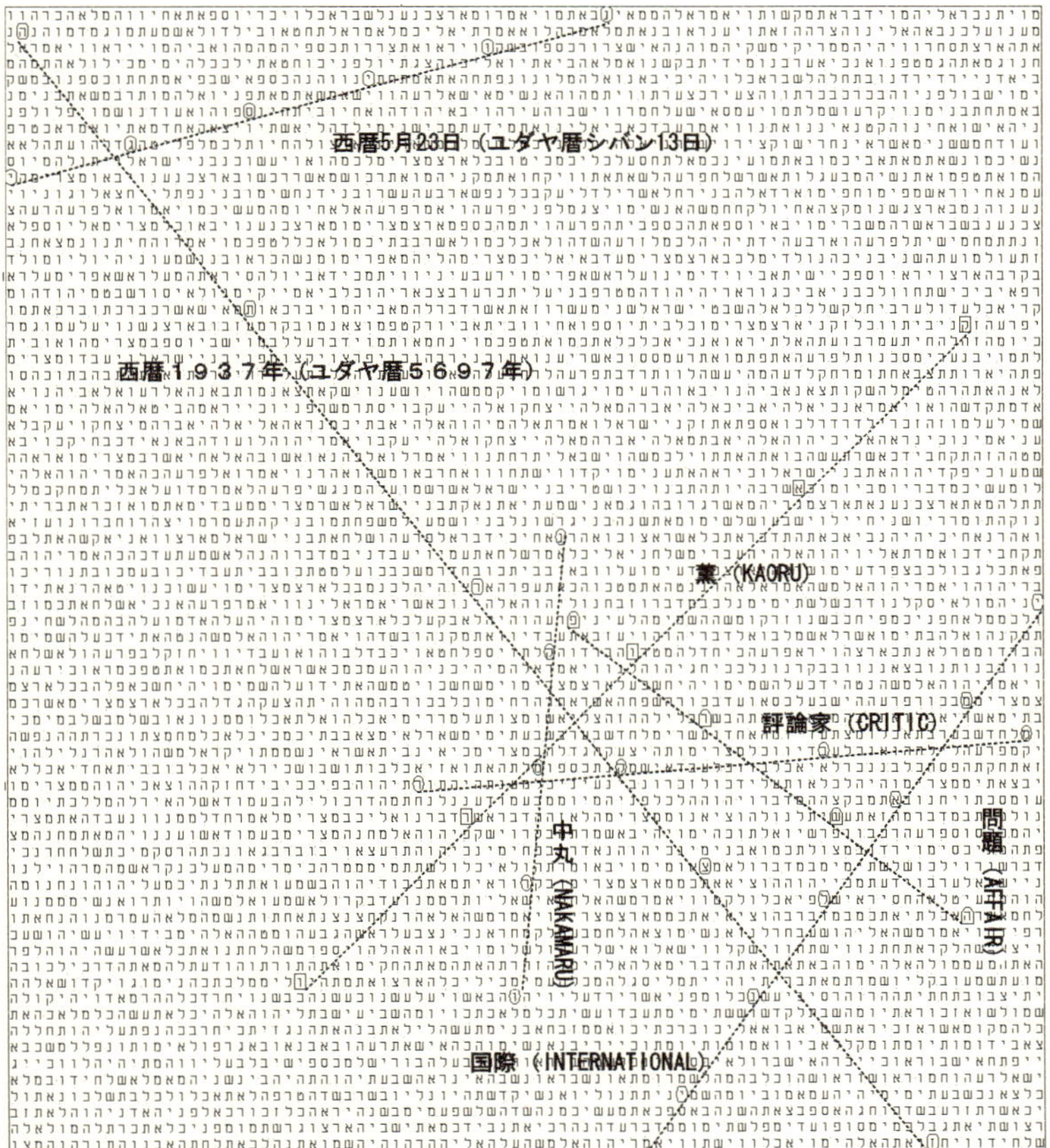

聖書の暗号（バイブルコード）に現れた中丸薫、国際問題評論家、生年月日〔検索：伊達巌〕

Term	Translation	Skip	R Factor		(in Matrix) Start	End
אביחיל	Avichail	-13265	-2.787	-0.237	Genesis Ch 47 V 9 Letter 34	Genesis Ch 5 V 15 Letter 29
דוד	David	4417	-5.150	-2.600	Genesis Ch 17 V 6 Letter 16	Genesis Ch 22 V 20 Letter 38
כהתשרי	25 Tishri	26535	-2.928	-0.378	Genesis Ch 1 V 30 Letter 68	Exodus Ch 35 V 30 Letter 12
התשכ	Year 5720	-48639	-5.390	-2.840	Leviticus Ch 18 V 17 Letter 52	Genesis Ch 19 V 28 Letter 31

The ELS reference is 4422 characters between rows.
There are 4 displayed terms in the matrix.
The matrix starts at Genesis Ch 1 V 30 Letter 63 and ends at Leviticus Ch 18 V 18 Letter 13.
The matrix spans 168058 characters of the surface text.
The matrix has 39 rows, is 22 columns wide and contains a total of 858 characters.

Term	Translation	Skip	R Factor		(in Matrix) Start	End	
מיכאל	Michael	-46727	-4.618	-2.321	Deuteronomy Ch 16 V 16 Letter 7	Exodus Ch 9 V 17 Letter 10	
גרוס	Gross	37407	-3.664	-1.367	Leviticus Ch 15 V 21 Letter 6	Deuteronomy Ch 16 V 16 Letter 74	
מחשב	computer n.	-18695	-4.741	-2.445	Numbers Ch 14 V 19 Letter 40	Leviticus Ch 11 V 10 Letter 59	
יגטבת	13 Tevet	-18697	-2.126	0.170	Leviticus Ch 26 V 34 Letter 37	Exodus Ch 21 V 27 Letter 16	
התשא	Year 5701	9350	-5.127	-2.830	Exodus Ch 9 V 16 Letter 14	Exodus Ch 28 V 4 Letter 66	Letter 59

The ELS reference is 9349 characters between rows.
There are 5 displayed terms in the matrix.
The matrix starts at Exodus Ch 9 V 15 Letter 34 and ends at Deuteronomy Ch 16 V 16 Letter 79.
The matrix spans 187053 characters of the surface text.
The matrix has 21 rows, is 73 columns wide and contains a total of 1533 characters.

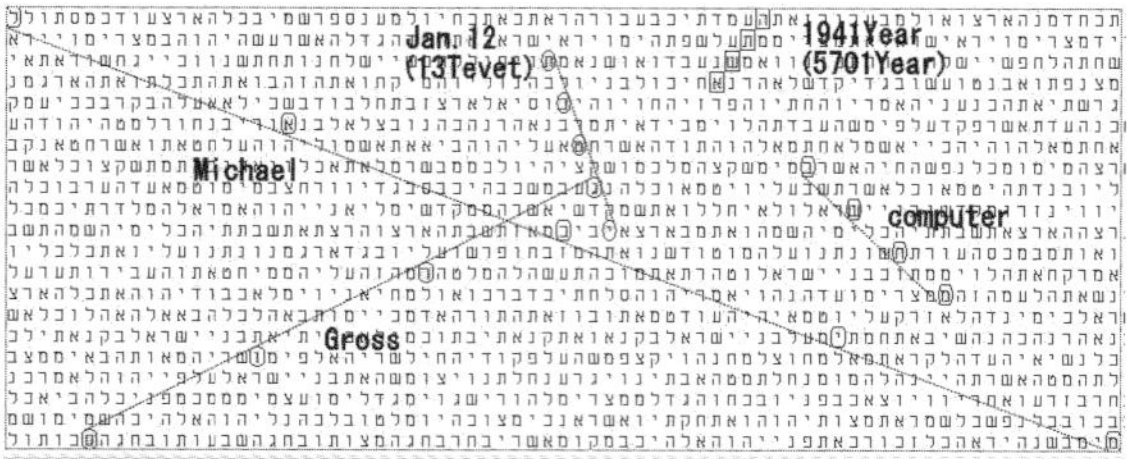

息子のダビデ・アビハイルさん（上）、スタッフのグロスさん（下）も、十支族のすぐ近くにその名や生年月日が記されていました。 〔検索：伊達巌〕

Term	Translation	Skip	R Factor		(in Matrix)	Start	End
השבטים	Tribes	5284	-1.594	0.326		Leviticus Ch 7 V 20 Letter 33	Leviticus Ch 23 V 4 Letter 33
עשרת	Ten	5300	-4.318	-2.399		Leviticus Ch 8 V 30 Letter 57	Leviticus Ch 17 V 7 Letter 54
אביחיל	Avichail	10582	-2.700	-0.781		Numbers Ch 7 V 39 Letter 20	Deuteronomy Ch 2 V 9 Letter 45
אליהו	Eliyahu	-7910	-4.437	-2.518		Numbers Ch 29 V 9 Letter 42	Numbers Ch 10 V 8 Letter 39
עמישב	Amishav	2641	-3.135	-1.216		Numbers Ch 10 V 7 Letter 17	Numbers Ch 16 V 13 Letter 19
התרצב	Year 5692		-2	0.562	2.481	Numbers Ch 10 V 8 Letter 28	Numbers Ch 10 V 8 Letter 20
טושבט	15 Shevat		23771	-2.071	-0.152	Leviticus Ch 1 V 9 Letter 23	Numbers Ch 29 V 11 Letter 21

The ELS reference is 2642 characters between rows.
There are 7 displayed terms in the matrix.
The matrix starts at Leviticus Ch 1 V 8 Letter 3 and ends at Deuteronomy Ch 2 V 9 Letter 55.
The matrix spans 111049 characters of the surface text.
The matrix has 43 rows, is 85 columns wide and contains a total of 3655 characters.

「失われた十支族」と「アミシャーブ」と共に現出したラビ・エリアフ・アビハイル氏の名前そして生年月日。〔検索：伊達巖〕

エリヤフ　どなたが調べてくださっていますか。

編集　日本人の伊達巌《だていわお》さんという人です。専門家で、『聖書の暗号《バイブルコード》は知っていた』（徳間書店）という本も書かれています。

ダビデ　そうですか。それは興味深いですね。

中丸　ところで、イスラエル民族は全体で十二支族からなっていましたが、そのうち南朝の二支族、ベニヤミンとユダも日本に来ていると思うんですが、どう思いますか。

エリヤフ　ユダ族とベニヤミン族についてですね。通常、捕囚民の中にほかの部族が混ざっていることはあり得ます。

なぜなら、アッシリア人がやって来たときは、今日のような身分証明書のない中、人々を連れ去りました。一つの部族の中から人々を連れ去りました。

もしかすると、同じ日にほかの部族の人がそこに居合わせたかもしれません。それか、エルサレムからそこに偶然来た人がいたかもしれません。ですから、１００％こうでしたということはできません。

しかし、ベニヤミン族とユダ族は、バビロンの王などにより離散の地へ捕らえ移され、後にローマによって捕囚されましたが、こちらは特別な物語なのです。

10支族については、それよりもずっと前の出来事でした。彼らは一度ではなく、何度も捕囚されました。私たちの伝承によると3度ありました。

中丸　古代イスラエル人は日本の神道、神社にかなり影響を与えている面が感じられるんですよ。そうすると、この十支族の中の人たちも、宗教的にそういう影響を与えたような感じはあるのかしら。たとえば神道の神社のつくりが、古代ユダヤのものとそっくり似ているとか。

エリヤフ　日本の神道の神社の中には、ユダヤのしるしがあります。

グロス　ユダヤのしるしですか。

ダビデ　日本の神道の中に、です。

エリヤフ　たとえば神道の神社には、エルサレムの神殿に似通ったところが多くあります。ですから、エルサレムの神殿に似ているので、ユダ族とベニヤミン族が日本の神道の神社を建てたのかもしれません。

十支族のほうもまた、エルサレムの神殿を知っていました。必ずしもユダ族とベニヤミン族が必要なのではありません。すべての支族もまた、エルサレムへは行っていたのです。

また、似ていたとしても、エルサレムにある神殿に１００％似ているというわけではありません。それは似てはいますが１００％ではありません。違いがあります。

神殿を見た人々が、神殿の絵を描いて、こちらへやって来てそれを建てたかというと、１００％そうではないでしょう。（何かがあったとしても）それは大体のことを覚えていた人々によるものなのでしょう。

中丸　あとは、たとえば中国のシルクロードを通ってきたような場合でも、中国にネストリアンつまり、中国語で景教徒という人々がいました。ユダヤ人でキリストが生まれる前に来た人たちとは別に、キリストが生まれてからキリストを信じたユダヤ人たちを称して、ネストリアンとか景教徒という。そういう人も来たと思うのですが、それはどういうふうに解釈しているのですか。

エリヤフ　みなさんはどうお考えですか。キリストが生まれたあと、キリスト教を信じたユダヤ人がいますが、彼らも捕囚されました。

ダビデ　最初のキリスト教徒は、まだ彼らがユダヤ人であったとき、ユダヤ人は彼らをイスラエルから追い出したので、彼らはシリアのダマスコへ行きました。彼らはそこにセンターを作りました。

エリヤフ　彼らは今インドに住んでいます。

グロス　彼らの一部はインドへ移りました。

すべてのキリスト教は、イエスの使徒たちによってできたのであって……。イエスの時代にはまだキリスト教という名称はありませんでした。

エリヤフ　まったく何もありませんでした。イエスは自身をキリスト教徒だとは主張しなかったといわれております。彼はキリスト教徒ではありませんでした。彼はユダヤ教徒でした。

（通訳のバックで）（ヘブライ語の）「ノツリーム」（「キリスト教徒」）という言葉は……。

（［訳注］ヘブライ語でキリスト教のことを「ナツルート」といい、キリスト教徒のことを「ノツリーム」といいます。彼らはこの言葉の由来について議論をしています。「キリスト」という言葉はギリシャ語で「油を注がれた者」という意味で、ヘブライ語ではメシアに相当する言葉です。

マクレオドが描かせていた日本の皇室の紋章を検討するアミシャーブの面々。うしろは、久保有政氏。

ここで生じている議論はヘブライ語の「キリスト教」を意味する「ナツルート」の言葉の由来が、一般的にわかりづらいために生じている議論だと思います。

ヘブライ語の同じ語源と見られる「ノツァール」は「創造される、生じる」という意味ですし、イエスが過ごしたナザレはヘブライ語では「ナツラート」といいます。また、「ネーツェル」の、「枝、若枝」や「子孫、末裔」という言葉とも同じ語源です。「ネーツェル」は、キリスト教でキリストの預言とされているイザヤ書11章1、2節にある言葉と同じものです。「エッサイの株から一つの芽が出、その枝から一つの若枝が生えて実を結び、その上に主の霊がとどまる」。

このような背景から、ユダヤ人であるエリヤフ氏たちにとっての論点は、歴史上、ヘブライ語でいつからキリスト教徒が「ノツリーム」と呼ばれるようになったかにより、いつからキリスト教徒がいたかをいうことができるという点にあるようです)。

中丸　キリストが生まれて、キリストを信じたユダヤ人がいました。メシアニック・ジューというい方もありますでしょう。

名前やゲマトリアが示す「人間の使命とは何か」——十支族をイスラエルに連れて帰るのが私（エリヤフ）の使命なのです！

エリヤフ　人の役割について、いくつかお話をしたいと思います。

これからお話しすることを通し、すべての人には役割があることをみていきたいと思います。しかし、すべての人が自分の役割を知っているわけではありません。

少なくともヘブライ語では、人の名前とその人の役割との間には関係があります。

人が自分の役割について考えるときに役に立つある方法があります。これから申し上げることは、あるラビがお書きになったことなのですが、「もしあなたが自分の役割を知りたいと思うなら、自分に必要な分よりもはるかに超えた金額を持っていると思いなさい。あなたに無限の富があるのだとしましょう。その富を使って、あなたは生きている間に何をしたいですか」。これが最初の質問です。

次に、もう一つのことを考えてください。「あなたの性質や性格の中で、そのことに合う役割は何でしょうか」。あなたはこのことについて考えなければなりません。

これから個人的なエピソードをお話しいたします。

私たちはかつて、イスラエルからインドの北にあるカシミール地方への派遣団として出発しました。私たちは男性三人、それからのちに女性二人が加わりました。それは１９８０年、アミシャーブの機関ができて5年後のことでした。それが最初の派遣団でした。ジャンムー・カシミール州の夏季の州都であるシュリーナガルという町に着き、ジャヒンギルというホテルに泊まりました。ホテルに入ったとき、派遣団の一人である友人が私に、「私たちは、またもや、１０８号室に泊まることになりましたが、このことはお気付きになられましたか」といいました。私は彼に、「１０８号室はほかにどこで泊まりましたか」とききました。すると彼は、「私たちはニューデリーのホテルでも、１０８号室に泊まりました」といいました。

それで私は、詩篇の１０８篇にどんなことが書かれているかを見なければならないと思いました。私は、本の最後に詩篇が書かれている祈禱書《きとうしよ》を持っているのですが、その祈禱書を開くとすぐに１０８篇が出てきました。パッと開くとちょうど１０８篇だったのです。そこに書かれていたのは、マナセ族が最初に（イスラエルに）帰ってくるということでした（［訳注］アミシャーブが帰還を手伝ったインド北東部やミャンマーのシンルン族はマナセ族の末裔）。本日お話ししたことです。

私はとても感激し、若い頃、兵士としてキブツ（［訳注］理想主義的な開拓者によって始められたイスラエル独自の農業共同体。資産を共有し、農工業生産、食堂、教育などすべてを集団で営む）にいた頃のことを思い出しました。それはエメック・ベイト・シャーンにある、ティラート・

ツビーという名のキブツでした。キブツでは、洋服を支給するにあたり、一人一人に番号を振るのですが、そのとき私の番号は108番でした。これは一体どういうことだろうと、私はこれらすべてのことに思いをめぐらせ、とても感激しました。

エルサレムへ帰り、再びミドラッシュ（［訳注］ユダヤ教賢者の聖書注解）とグマラー（［訳注］タルムードの中でミシュナー本文に注解を加えた部分）に書かれた詩篇のこの節を見ました。「ギルアデはわたしのもの、マナセもわたしのものである。エフライムはわたしのかぶと、」（［訳注］詩篇108：8前半（口語訳）。ヘブライ語の原典では詩篇108：9前半）

このそれぞれの言葉の最初の文字の数値を足すと、108になります。ヘブライ語では、文字は数字としても使われますので、言葉はつねに数値を持っています。

グロス／ダビデ　これをゲマトリア（数秘術）といいます。

エリヤフ　それから半年後、早朝4時に目が覚めまして、私の名前と私の携わっていることにはどんな関係があるのかを考え始めました。なぜなら、私が携わっていることは特別な題材だということを認識していたからです。

そして、「私には多くの名前がある。ヤコブ、ピンハス、エリヤフ、アビハイル……これでは考えるのも難しい」と思いました。

詩篇には、人の名前とその人の役割には関係があると書かれています。一人の人に付けられたそれぞれの名前は、それらの一つ一つの名前が天から与えられたものなのです。父親が与えただけではありません。父親や母親は名前をいいますが、それは天から与えられた名前なのです。「私のいろんな名前の中から何かを発見することは難しいが、しかし、私が携わっていることに関する名前ならばきっと、発見することができる」と思いました。なぜなら私が携わっていることは、イザヤ書にも書かれている、アッシリアの地において失われた人々に関することだからです。

通訳　それは何章ですか。

エリヤフ　イザヤ書第27章です。「その日、大いなるラッパが鳴りひびき、アッスリヤの地にある失われた者と、エジプトの地に追いやられた者とがきて、エルサレムの聖山で主を拝む」（イザヤ書27：13）。

私が『失われたイスラエル10支族』（学研）の本を書く前に、『アッシリアの地にある失われた者』という薄い本を書きました。なぜならそれが私の役割だからです。私たちは、アッシリアの地にある失われた十支族に従事しているからです。

（通訳者の日本語での通訳を聞いて、通訳者に対し）日本語でもゲマトリアというのですか。

通訳　はい、ゲマトリアといいます。

エリヤフ　いま、日本語の単語を一つ覚えました。

通訳　ああ、ゲマトリアは日本語ではありません。

エリヤフ　はい、わかります。日本人もゲマトリアという言葉を使うのですか。

通訳　ゲマトリアは何語ですか。

ダビデ　ギリシャ語です。

エリヤフ　はい、ギリシャ語ですね。

さて、私はどの名前がこの「アッスリヤの地にある失われた者」の108という数字に合うかを考え始めました。エリヤフ・アビハイルがそれに一番近いことを知りました。しかし、エリヤフ・アビハイルは114です。ということは、必要な数字より6多いわけです。

日本に来て驚いたことには、久保先生の「クボ」も、ヘブライ語のゲマトリアは114です。

この続きをお話しする前に、エリヤフという名前は新しい名前だということをお話しいたします。

私がこの話を知ったときはとても感激しました。私が2歳くらいのときに重い病気に罹《かか》っていたので、ラビに名前を変えるようにいわれたのです。

それは親戚のラビでして、エリヤフという名前も付け足すようにといわれました。ヤコブ・ピンハス・エリヤフと。

私は今、エリヤフという名前は私にとって新しい名前ではあるが、天も同意してのことだと理解しています。

私が子どもの頃、15歳半までの私の苗字はマルク（Mark）でした。エリヤフ・マルクでした。しかし私はマルクという名前は好きではありませんでしたので、のちに私はエリヤフ・アビハイルに改姓いたしました。

聖書には興味深いことがあります。聖書には、エリヤフの代わりに、「ヴァーヴ」という最後の母音が付かないエリヤが5回使われています（［訳注］原典のヘブライ語ではエリヤのことをエリヤフといいます）。

なぜ、「ヴァーヴ」が欠けているのでしょうか。ミドラッシュ（［訳注］ユダヤ教賢者の聖書注解）によると、聖書には「ヴァーヴ」が使われているヤコブが5回出てきます。本来ヤコブにはヴァーヴをつける必要はありません。聖書のどの箇所にも「ユード、アイン、クーフ、ベット」とありますが、5箇所だけに「ヴァーヴ」のついたヤコブが書かれています。そして「ヴァーヴ」の数字は6です。ヤコブはエリヤにこういいました。「あなたの名前は、『ヴァーヴ』が欠けていて未完成です。あなたの役割を全《まっと》うし、追いやられた者をイスラエルの民のもとに連れ戻すまでは、あなたの名前は完成されないままでしょう」と。このようなわけで、エリヤ・アビハイルなら１０８になるのです。

普通の人は、「エリヤ・アビハイル」の数字を含め、すべてのことが１０８になることは、統計学上あり得ないと考えることでしょう。しかし、これまでに見てきたすべてのことは、偶然ではありません。

私は、自分の携わっていることが、自分の性格によく合っていることを知っているだけでなく、聖書を通して１０８という数字が「エリヤフ・アビハイル」と関係していることを見ることができ、幸運だと思っています。

一つだけ注意を付け加えたいと思います。ゲマトリアの計算をする際の習慣として、時には全体を計算し、時には二つの段階に分けて計算をいたします。詳細の数字と全体の数字があるのです。つまり、エリヤフ・アビハイルの詳細の数字を計算しますと107になり、全体として計算しますと108になります。これが「プラティーム」と「クラル」、詳細と全体です。

グロス　彼らはこのような計算はなさらないと思いますよ。

エリヤフ　彼らが計算をなさるかどうかはわかりません。私はただ、どなたかがお調べになり、わからなかった場合に備えていっているのです。

グロス　では「コレル」の「含む」ときと、「ハセル」の「欠ける」ときもあることをお伝えしましょう。

エリヤフ　いいえ、必ずしも欠けることはないでしょう。それがカバラー（[訳注]ユダヤ神秘主義の一つで、旧約聖書の神秘的解釈に基づく密教的な神知学と世界観）というものです。時には「含む」が必要となり、その「含む」が詳細の中にあることがあり、時にはその「含む」の必要はないのです。

通訳　すみませんが、すべてを詳しくはわかりませんでした。

グロス　文字で構成された数字があるとしましょう。時にはそれはただの文字と数字だけなのですが、時にはそれぞれの文字を計算したあとに、名前を全体的に見るために、さらに1を加えます。

エリヤフ　つまり、すべてをまとめる際に、さらに1を足すのです。もし、あなたが107という数字を見つけたとすると、1を足すと108になります。つまり、これらは奥義に属することなのです。私たちはなぜあるときには107であり、あるときにはちょうど108になるのかわかりませんが、これはゲマトリアに属していることがらです。

以上です。私がお伝えしたかったのは、私の役割を始めたとき、私はこのメッセージをジャヒンギル・ホテルで受け取り、私の人生で起こったことのすべてがこれに関係してきたということなのです。

ご質問があればどうぞ。

中丸　つまり、あなたの役割は、十支族を連れて帰るということですね。

エリヤフ　はい、そして、それは私の職業ではないのです。このためにお金を頂いてはいません。私はずっと教師をしています。ラビであり教師です。聖書を教えるための様々なことをしています。

中丸　連れて帰ったあと、どういうふうにしたいと思っておられますか。

エリヤフ　まず、彼らが完全にユダヤ人になることです。昨日もお話ししたように、私たちは十支族のすべての人に改宗をさせています。ただしそれは、すでに今日のユダヤ人と変わらないカフカスに住む十支族の人々や、ある人々によると改宗はいらないといわれているエチオピア人以外についてのことです。

私たちはアシュケナジムのエチオピア人にも改宗をさせますが、スファラディムの人々はその必要はないといっています。

今までにお話ししたことの中で、何かご質問があればどうぞ。

サマリアから日本への道

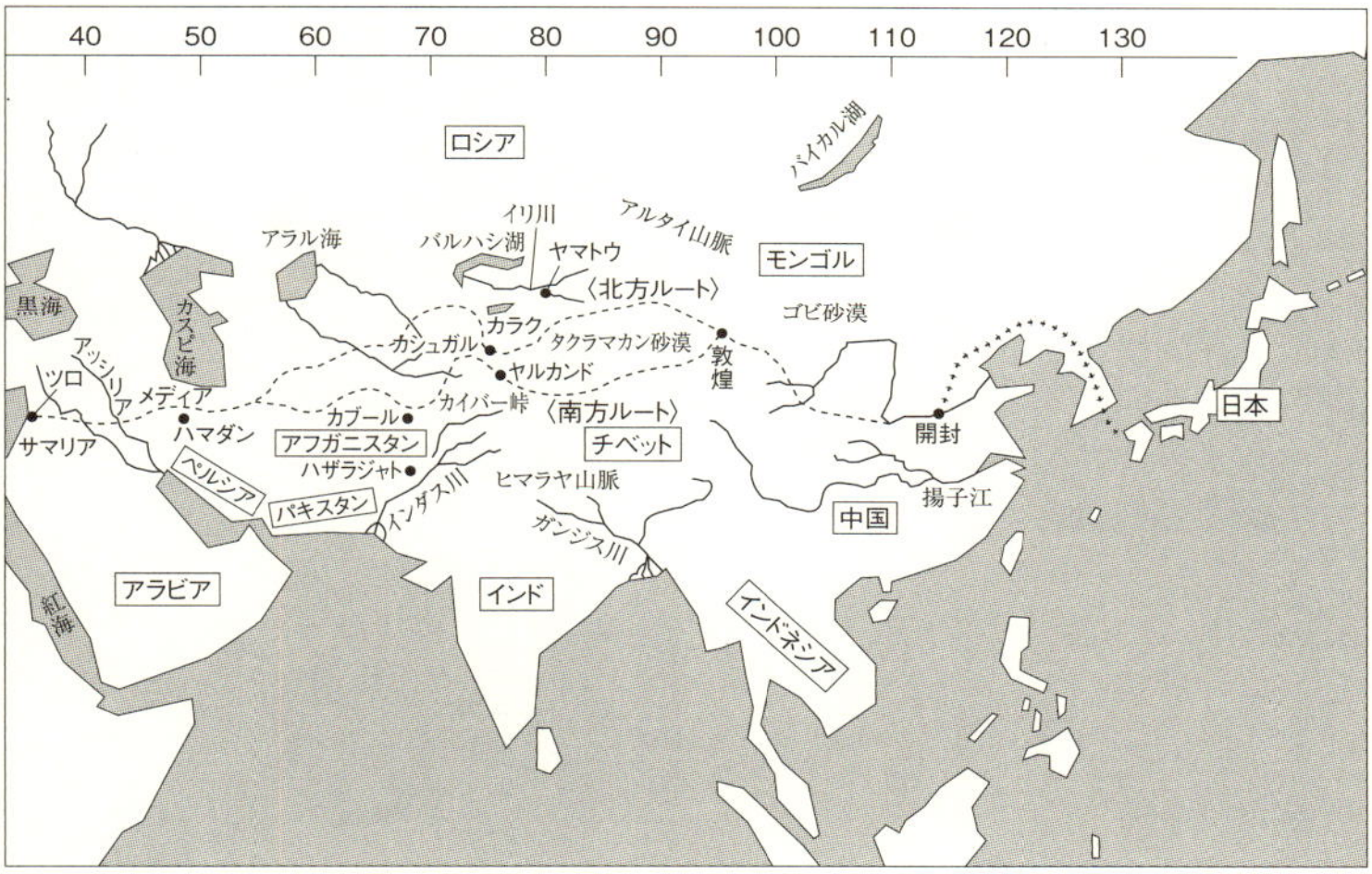

［マクレオドの注釈］
日本で発見された古代文字（神代文字)。ニネヴェ、バビロン、メディアの古代文字に似ている。日本ではこれは神代の秘文（ひふみ）と呼ばれている。

［出典：『日本固有文明の謎はユダヤで解ける』ノーマン・マクレオド、久保有政著］

1957年にアッシリヤのニムロド（カラ）で発見された、紀元前700年頃の貝殻に記されたアラム語。メナヘム、ハナネル、ナドバエルなど、セム的（イスラエル人的）な名前が記されており、この地域へのイスラエル十支族の捕囚を物語る。

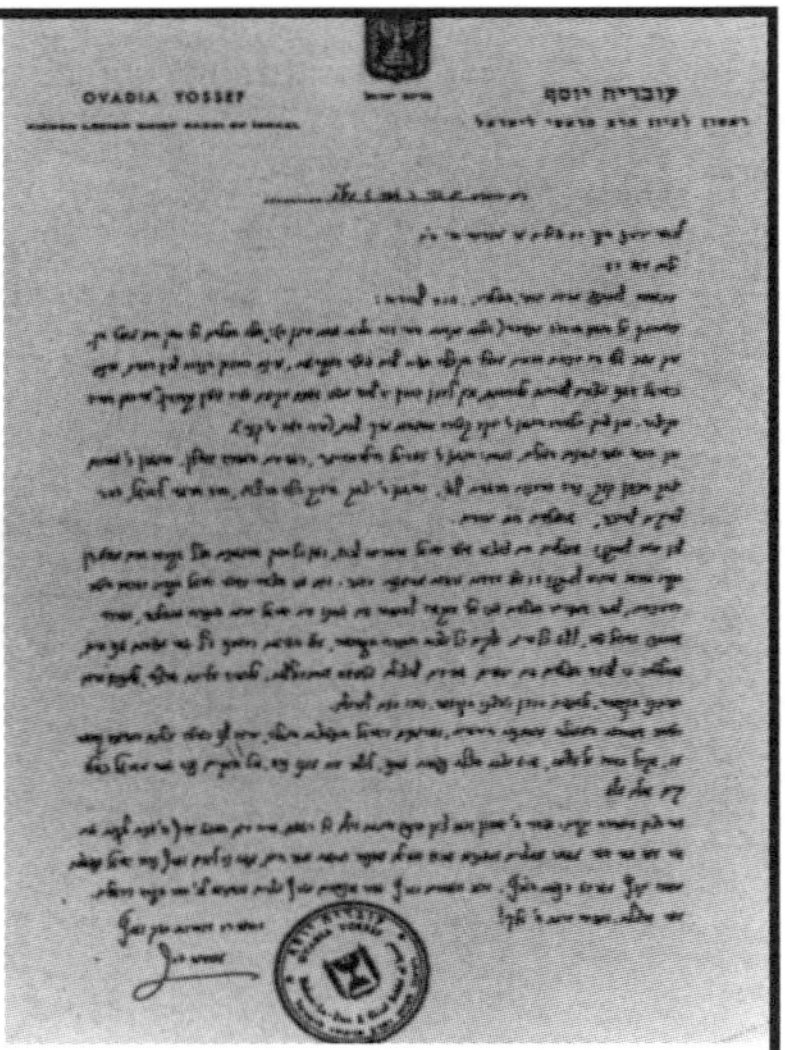

OVADIA YOSSEF

עובדיה יוסף

イスラエルのスファラディ・ユダヤ人の主席ラビ、オヴァディア・ヨセフは公式報告書で、エチオピア・ユダヤ人は疑いもなくダン族出身だと述べている（1973年エルサレム）。

10世紀にヒスダイ・イブン・シャプルトが、カザールの王ヨセフに、王はイスラエルのどの支族に属するのか尋ねている手紙。

キリスト教世界の伝説的王プレスター・ジョンも、イスラエルの失われた十支族について述べた。

〔出典：『日本・ユダヤ封印の古代史』ラビ・マーヴィン・トケイヤー著　久保有政訳〕

中丸　十支族をイスラエルへ帰すということですが、現代のイスラエルの国は小さすぎるので、中東のより大きな国をイメージされているのですか。

エリヤフ　それはアミシャーブに関係することではありません。アミシャーブは民族ではありません。昨晩の講演でもお話ししたのですが、私たちは何百万人や何千万人もの人々を連れて来ようとしているのではありません。私たちはメシアがお出でになるために、すべての支族から一部の人々、つまりそれぞれ象徴となるような基礎的な数だけを連れて行けば充分なのです。それがアミシャーブの役割です。

沖縄のユタ（占い師）、ノロ（神官）も十支族の流れかもしれない⁉

中丸　今までに何回か日本にもいらっしゃって、あちこち行かれたと思うのですが、日本の中の十支族のイメージは、どのくらいまでおわかりになったのですか。

エリヤフ　私も多くのことを語れるのですが、久保先生がお話しになられたほうがよいかと思います。なぜなら先生はすべての印をご存じで、私よりもよくご存じだからです。

グロス　先生はこのことについての著書をお書きになりました。

久保　アビハイル先生が3年前に来られたときに語られたことは、シルクロードにも十支族の子孫がたくさんいますけれども、神社というような形式は持っていない。しかし、日本には神社がある。その神社の構造とか、神官の服装とか、神道関係でユダヤの印と思われるものはたくさんあるとおっしゃっていたのです。それは日本にはかなり色濃くあって、シルクロードのほかのメナシェ族（シンルン族）とか、カシミールのイスラエル十支族の子孫とか、そういうところにはほとんど見られないものだけれども、日本にそういう特徴的なものがある。これはシルクロードをずっと見てこられて、感じておられることなんだろうなということは思いました。

中丸　ある意味では、ユダヤの昔には、結局、ああいう神社に類するものがあったわけでしょう。

久保　そうですね。

中丸　だから、人によっては、日本に来て、ユダヤ人の故郷に帰ったみたいな感じがするとおっしゃる人が、スペシャリストで何人かいますね。ある意味では、日本と合体すればいいんじゃないですか。

エリヤフ　私もそのことは非常に感じています。神社に行ったときに、非常にユダヤ的なものも感じました。私はイスラエルにシナゴーグを持っていて、会堂司も務めていますが、イスラエルに帰ってからそのことを文書に書いたら、信者の人から、そんなことはないと指摘されました。彼らはそういうかもしれないが、私は実際はユダヤと非常に深い関係があると思っています。

中丸　日本の中には『日月神示《ひつき》』という、ある意味では、上からおりてきたメッセージがある。その中にも、これから日本があらゆる国から攻められるという文書もあるのです。ユダヤもそうでしょう。その両方が終わったときに、場合によっては、ユダヤの人も日本の人も、みんな日本列島に住む可能性があるかもしれないですね。

エリヤフ　日本で戦争が起こるのですか。

中丸　私のメッセージではなくて、そういう神示をまとめた本があるのです。

エリヤフ　そのようなことについてはあまりお話しなさらないほうがよいかと思います。

中丸　戦争の可能性があるとすると、ユダヤ人も日本に住みに来る可能性があるかもしれませんね。

エリヤフ　ああ、それは昨日お話しなさいました。それは今私たちにとって重要なことではありません。

グロス　日本と北朝鮮のどちらですか。

中丸　そう、日本が全世界から攻め込まれる。イスラエルも攻められるわけでしょう。日本も同じように攻められる。

エリヤフ　私たちは、日本はそんなことはないと思っています。私たちは、聖書の言葉しか信じておりません。

中丸　わかります。それはそれで、そうだと思います。

エリヤフ　私たちはそんなふうにただ漠然と学ぶようなことはいたしません。そのような形では物事は上手くいきません。どなたかがナンセンスなことを本に書いたとしても、それも本になります。

そのような本があったとしても、私たちには聖書以外の本はありません。神の霊感により言葉を授かった賢者らはいます。神の霊感を受けた預言者や賢者はいます。そしてこのことはタルムード（［訳注］ユダヤ教口伝律法の総称。特に本文ミシュナーと注解グマラーを指し、生活・宗教・道徳に関する律法の集大成）やミドラッシュ（［訳注］ユダヤ教賢者の聖書注解）に書かれていますが、それは別のものです。

久保　ラビたち一行はこの会談のあと、京都に行って、その後、神戸へ行くんです。京都では籠《この》神社へ行きます。中丸先生も行かれましたか。

中丸　私もUFOにいわれて、籠神社、要するに、「天橋立《あまのはしだて》まで来てください」といわれて、「どうしてですか」といったら、「あなたがかつてアマテラスであったときに、そこに縁のあるものがたくさんあるから、来てください。UFOを見せながらメッセージを伝えます」と。

久保　籠神社の海部《あまべ》宮司にもお会いできると思うんですけれども、話が弾んでくれればいいなと思っています。籠神社の海部宮司は、日本の古代の神道は、昔から唯一の神を信じていたということを、先代宮司の代から書いているのです。神道は多神教のように見られているけれども、かつて『日本書紀』や『古事記』が書かれる前の神道は一神教であった。一つの神様を信ずる教えであったと。海部穀定《よしさだ》宮司という、今の宮司さんの前の代の方が分厚い本を書いているんですけれども、そこにはお一人の神を信ずる教えであったと書いてあるのです。

中丸　今だってそうでしょう。アメノミナカヌシといったら唯一絶対の神のことで、同じ創造神ですね。籠神社は丹波の近くですから。丹波王朝というのもあったわけですしね。

エリヤフ　久保先生とはもう長いおつき合いで、そのたびにユダヤのしるしについて久保先生から新しい情報をおききしていますので、またそういう話もいろいろしていただければと思います。

久保　今回、エリヤフご一行は沖縄にも行かれます。沖縄には昔から、たとえば「男はあばら骨が一本足りない」といういい方があるんですね。

中丸　イブがアダムのあばら骨から造られたという聖書の話ですね。ということは、クリスチャンの影響が強いのですか。

久保　かもしれないんですけれども、クリスチャンだけではないのです。

エリヤフ　「あばら骨」と訳されたヘブライ語の「ツェラ」は、「わき（腹）」とか「横」の意味もあり、肋骨や肩の骨をさします。

久保　沖縄では、その言葉は、男は女のことでは結構ばかなことをしてしまうという意味で使うのです。男は肋骨が一本足りないからそんなばかなことをするのだ、といういい方をするのです。また、男性は肋骨が一本足りないから、女性が補ってあげなければならない、という意味もあるそうです。

中丸　古代にユダヤの人が来て、その後からキリストを信じたユダヤの人たちが来て、追われて沖縄と北海道に行ってしまった。そういう意味では、ユダヤ人の子孫がかなり多いと思います。

久保　多いですね。また、沖縄にはユタ（占い師）とかノロといわれる人々がいます。ノロというのは沖縄の神官に当たります。祭祀をつかさどる方々ですけれども、元ユタの方にきいたら、ユタやノロは豚肉を食べないそうです。沖縄の一般の人は豚肉をたくさん食べますが、ノロとかそういう人たちは、豚肉を食べない。どうして食べないんですかといったら、豚肉は罪人《つみびと》の食べ物で穢《けが》れているからというのです。ユダヤ教と同じですね。

エリヤフ　ユタとノロというのは、どういう意味があるのでしょうか。

久保　ノロは沖縄の神社の神官です。ユタは占い師みたいなものです。

エリヤフ　もしかすると、それはある支族の名前なのではないでしょうか。

聖書には、豚を食べてはいけないと書かれています。

通訳　しかし、沖縄の一般の人々は日本のほかの地域の人々よりも豚肉を多く食べています。

エリヤフ　それは、豚肉が安いからです。お金がそれほどかからないからです。そこでは動物を見つけるのが難しいですから豚を飼っているのです。

中丸　どうしてこういう話になったかというと、きのういったように、古来のユダヤの人たちが来ていて、そのあとからキリストを信じたユダヤの人たちが来たときに、沖縄と北海道のほうに追ってしまったのです。だから、沖縄にはユダヤ系の人がかなり多いと思うのです。

エリヤフ　久保先生との出会いのことも、久保先生から中丸先生にお話ししていただければと思います。ちょっと忘れていることもありますので、最初のころのことを思い出させていただけませんか。

ノーマン・マクレオドが日本の皇室の紋章として、描き写させたものの一部拡大。本来、日本には存在しない左右のユニコーンとライオン像に注目。中央上部は天皇の王冠で、わかりにくいかもしれないが、やはりユニコーンが描かれている。王冠の下には、十六菊花紋と、12頭の獅子がいる(10頭の獅子と2頭の子獅子)。「これはイスラエルの12部族に由来するものか」とマクレオドは言う。ユニコーンはヨセフの部族の紋章として知られる。[出典:『日本固有文明の謎はユダヤで解ける』ノーマン・マクレオド著　久保有政訳]

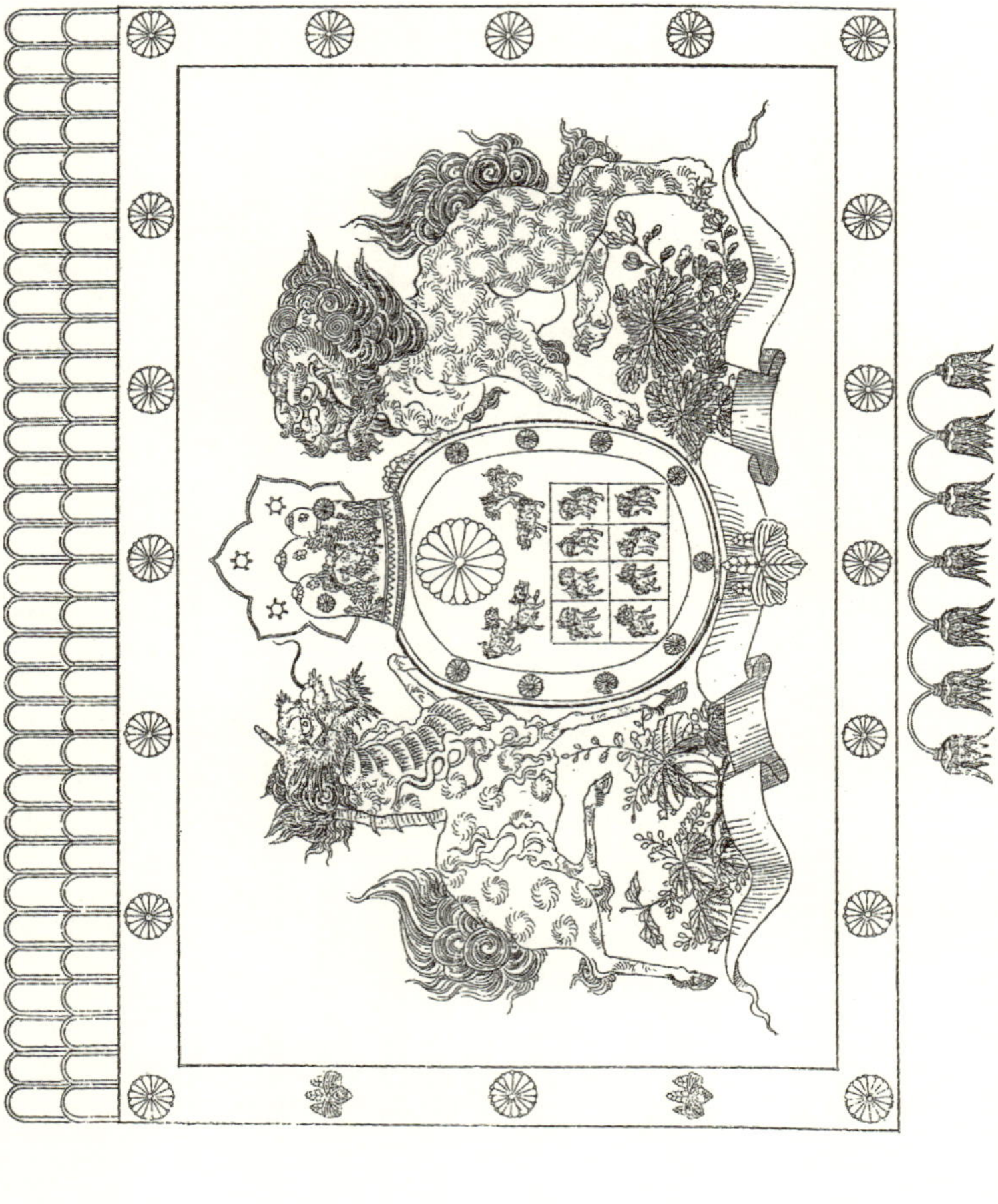

マクレオドはこの図柄を「イスラエルとユダの統一紋章」と解した。両側の動物は、右が獅子、左はユニコーン（一角獣）である。両者に挟まれた中央上部に天皇の王冠が描かれている。こうした獅子とユニコーンの組み合わせは、京都御所（旧皇居）や、太閤秀吉の宮殿の門にも見られる［『ソロモン宮殿の石と日本の皇室紋章』（スミス聖書事典）より］。

［出典：『日本固有文明の謎はユダヤで解ける』ノーマン・マクレオド、久保有政著］

久保　最初、エリヤフ先生のことを知ったのは、小石豊《こいしゆたか》先生の本を読んでいたときに、小石先生がエリヤフ先生にお会いしたということが書いてありました。14～15年以上前だと思います。

エリヤフ　それ以来、私たちはずっと小石先生と友情を続けております。

久保　小石先生からいろいろおききして、イスラエルの十支族を調査している機関がエルサレムにある、そこの長がエリヤフ先生であるということで、最初に写真を見たときは、すごくひげもじゃで、今もそうですけれども、すごい人だなと思っていました。

エリヤフ　1985年に日本に最初に来ました。

久保　そのときは、私は会っていないのです。

エリヤフ　その後は、3年前に来ました。

久保　そのとき、初めて実際にお会いして、優しい方だなと（笑い）。

エリヤフ　この関係も、天が与えてくださったのではないかと思っています。

久保　私もそう信じています。アミシャーブの働きは、神様のご計画の中にあると思います。

中丸　そうですね。十支族は日本にかなりの部分来ているでしょう。そう思いませんか。神道のそういう中にも入っているし、皇室の中にも入っているし、平氏とか源氏、徳川とか、みな入っていますよ。それと商人、財閥、三井、三菱、住友、そういうのも全部入っているし、調べれば調べるほど……。

編集　詳しい説明は久保先生がされると思うんですけれども、こういうのが皇室に伝わっている紋章にあるんです。これがちょうど12個（『日本固有文明の謎はユダヤで解ける』ノーマン・マクレオド／久保有政 徳間書店）21ページ参照）。こっちがユニコーンで、こっちが獅子。

中丸　これは菊の御紋ですね。

エリヤフ　菊の紋章は古代ユダヤのヘロデ王家の紋章と同じです。この本はどなたがお書きになったのですか。

編集　ノーマン・マクレオドです。

エリヤフ　（8つの動物をさして）これは8ですね。あと、12というのはこれですか。この8というのは、イスラエルをあらわしています。生まれて8日目に割礼するという数字もあらわしています。

久保　（獅子をさして）右側がライオンで、左側がユニコーン（一角獣）なのです。ユニコーンは聖書でエフライム族をあらわし、ライオンのほうはユダ族をあらわしています。

エリヤフ　この絵はどなたが描かれたか、わかりませんか。

編集　この絵は、名前はわからないですけれども、ノーマン・マクレオドが雇った日本人の絵描きさんですね。

久保　これは皇室に伝わっている絵です。

編集　その絵を描き写したんです。130年ぐらい前のことです。

エリヤフ　4匹の動物で戦車ができていると、「エゼキエル書」にあります。ライオンと、これはユニコーンですけれども、それから牛、鷲、人間、これは天皇。4つの生物によって。
これは皇室の中にあるのですか。

久保 伝わっていたものだということです。

エリヤフ 皇室の方は、みなさん、これをごらんになられているのですか。

中丸 皇室に伝わっているものをマクレオドさんがコピーしたのです。

エリヤフ これは写真ではありませんし、皇室の中のものは撮影禁止ですよね。正確なものではないので、はっきりしたことは申し上げられない。記憶で描かれた絵ですので、はっきりしたことはいえません。

久保 多分見ながら描いたと思うんです。

中丸 こういうのはイスラエルにはないんですか。この絵は全然関係ないの？

通訳 ユダヤ教は、肖像画とかそういうものは全く描かないのです。ですから、4つの動物の物語でパッと思いつくのは「エゼキエル書」とか、そういう形ですね。

中丸 こういう絵がイスラエルのどこかにあって、それを持ってきたわけじゃないのね。

通訳 彼らはおそらく聖書の物語からそういうふうに芸術的に描いたのか……。

中丸 この絵についてマクレオドさんの説明はないのですか。

久保 説明しています。右のライオンがユダ族で、左のユニコーン、角がある方は、聖書ではエフライム族をあらわすと。だから、ユダ族、南王国の人たちと北王国の十支族とは最終的に一体となる、全部一つなんだという思想をあらわしているのではないかという考えです。

中丸 それをだれかが描いて、皇室に置いたということですかね。

久保 でしょうね。マクレオドはそれを見て、本に入れているわけです。

編集 マクレオドはスコットランド人なので、中立的に入れたと思います。書いた人がユダヤ人だと判官びいきがありますけれども、スコットランド人の貿易商でしたので、かなりニュートラルに書いています。

エリヤフ もし機会があれば、その現物をぜひ見せていただければ。

中丸 皇室のどこにあるんだろう。

久保 知らないですけれども。

中丸 宮内庁にきいてみればいい。こういうものが発表されているからといって。

エリヤフ 今度東京に戻ってきたときに、ぜひそういう機会が設けられれば、宮内庁にかけ合ってみたいですね。

中丸 マクレオドさんが、京都の祇園祭の山車《だし》にもユニコーンが描かれているとか書いている。これもやっぱりユダヤの……。

編集 (別の絵を示して) これは京都御所の門です。祇園祭は7月17日で、ノアの箱舟がアララト山に着いた日と同じなんです。

中丸 (勾玉《まがたま》の写真をみて) これは皇室の三種の神器の一つの勾玉で、ヘブライ語で「ヤー」と読

［マクレオドの注釈］
古代の京都御所の門
10頭の獅子、２頭の子獅子、統一イスラエルの紋章、雄獅子、雌獅子、ユニコーン（一角獣）が描かれている。また雌牛バアル（金の子牛）の２つの像が見えるが、これらは疫病が発生したときに、それを遠ざけるために置かれたものである。
［出典：『日本固有文明の謎はユダヤで解ける』ノーマン・マクレオド、久保有政著］

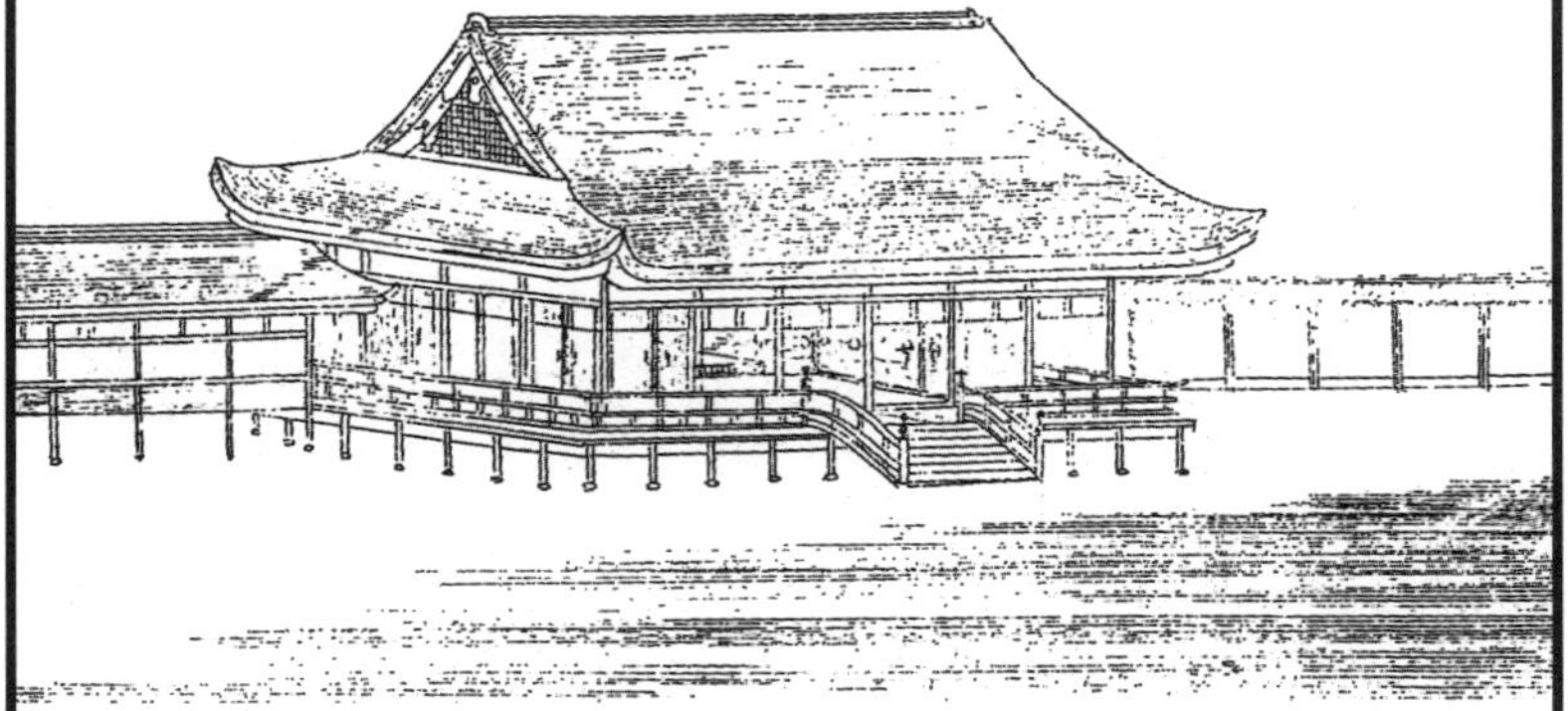

（上）京都御所（旧皇居）の清涼殿。天皇の住居であった。ここにも天皇の座の左右に、獅子とユニコーンがあった。
（下）平安時代から天皇の清涼殿の御帳前や、天皇・皇后の帳帷の鎮子《ちんず》には、左に獅子の像が置かれ、右には狛犬として「獬豸《かいち》」と呼ばれるユニコーンが置かれていた。中央奥の天皇の座の両脇に獅子とユニコーンがみえる。これはソロモン王の座と同じである。京都御所の門の獅子も参照。ソロモン王の座の両脇の獅子については、旧約聖書に次の記述がある。「（ソロモンの）王座には……座席の両側には肘掛けがあり、その脇に二頭の獅子が立っていた」（列王記上10章19節）。
［出典：『日本固有文明の謎はユダヤで解ける』ノーマン・マクレオド、久保有政著］

めますね。「ヤー」はヤハウェの名前を意味します。ヘブライ語の「ヤー」、そこからとったのね。

ダビデ 「ヤー」ですか。これはヤコブの梯子ですか。

久保 「ヨッド」です。

通訳 これは三種の神器の三つ目のものです。鏡と剣と勾玉ですね。勾玉は、ヘブライ文字の「ヨッド」の形です。

ダビデ 「ヨッド」と梯子ですね。

エリヤフ 梯子が象徴している無限に上っていくイメージに繋げたいのなら、

ダビデ ヤコブの梯子ですね。

エリヤフ 「ヨッド」の端にあるのは無限です。

ダビデ 面白いですね。

通訳 これはまさに「ヨッド」ですね。

ダビデ はい、そうです。

通訳 勾玉は首飾りにつけるためのものです。

ダビデ ああ、これは首飾りなのですね。

久保 （アイデルバーグの本を開いて）これは日本とヘブライ文字の比較の本です。

ダビデ これはあなたの著書ですか。

久保 いいえ、ヨセフ・アイデルバーグの著書です。

ダビデ　ああ、アイデルバーグですね。ハイファのアイデルバーグは日本語の文字と古代ヘブライ文字についてお書きになっています。

エリヤフ　その本が日本語に翻訳されたのですか。

久保　はい。

中丸　さっきいった『日月神示』は、麻賀多神社、勾玉の神社におりてきたメッセージで、今、本になっていて、有名なのです。

前にいったように、以前二人のラビが私のところに来て、プリンセス・ナカマルは正真正銘の「ユダヤのプリンセス」だからといって、「タルムード」26巻をプレゼントしてくれたのですが、これには何か意味がありますか。

エリヤフ　そのタルムードの出版社はどちらかご存じですか。

中丸　さあ、わかりません。またアラム語のゾハールをいただきました。

エリヤフ　結婚を控えている花婿にもタルムードを差し上げます。私たちは特にどんなときにタルムードをこのように差し上げるのかはわかりません。親にお金のゆとりがあって、お子さんがタルムードの勉強を始めるにあたり、タルムードを与えることも考えられます。お金があるのですからそれもよいでしょう。

通訳　そのことには何か意味はありますか。

ダビデ　特別な意味はありません。タルムードを与えるというイスラエルの式はありません。

ヘブル文字と「カタカナ」「ひらがな」の類似

伊勢神宮の入り口近くにいる神馬。これは歴代の天皇が太陽神アマテラスに捧げてきた馬であり、まったく同様の風習が古代イスラエルにあった。

ヘブル文字で「コヘン」（祭司）と縦書きにしたもの。

［出典：『日本書紀と日本語のユダヤ起源』　ヨセフ・アイデルバーグ著　久保有政訳］

グロス　純粋なプレゼントでしょう。大切な方への重みのあるプレゼントです。

中丸　天上の世界からメッセージをいただいたからといって私を訪ねてきて、くれたのです。正真正銘のユダヤのプリンセスといって。

エリヤフ　そのアメリカのラビの人たちの名前は覚えていますか。

中丸　もう忘れました。

エリヤフ　彼らからプレゼントされたときに、何か贈呈の言葉はありませんでしたか。

中丸　二人でわざわざ訪ねてきてくださって……。そのとき、この二人のラビを連れて来られた方が、小林牧師といって、私と同じやはり明治天皇の孫にあたる方だったのです。彼の母上仁《しのぶ》さんは、明治天皇の言葉として、「日本は神道だが、神道はユダヤ教だ」ということを伝えておりました。

※訳注の聖書箇所は口語訳、ヘブライ語の意味は『現代ヘブライ語辞典』（キリスト聖書塾）を引用しています。

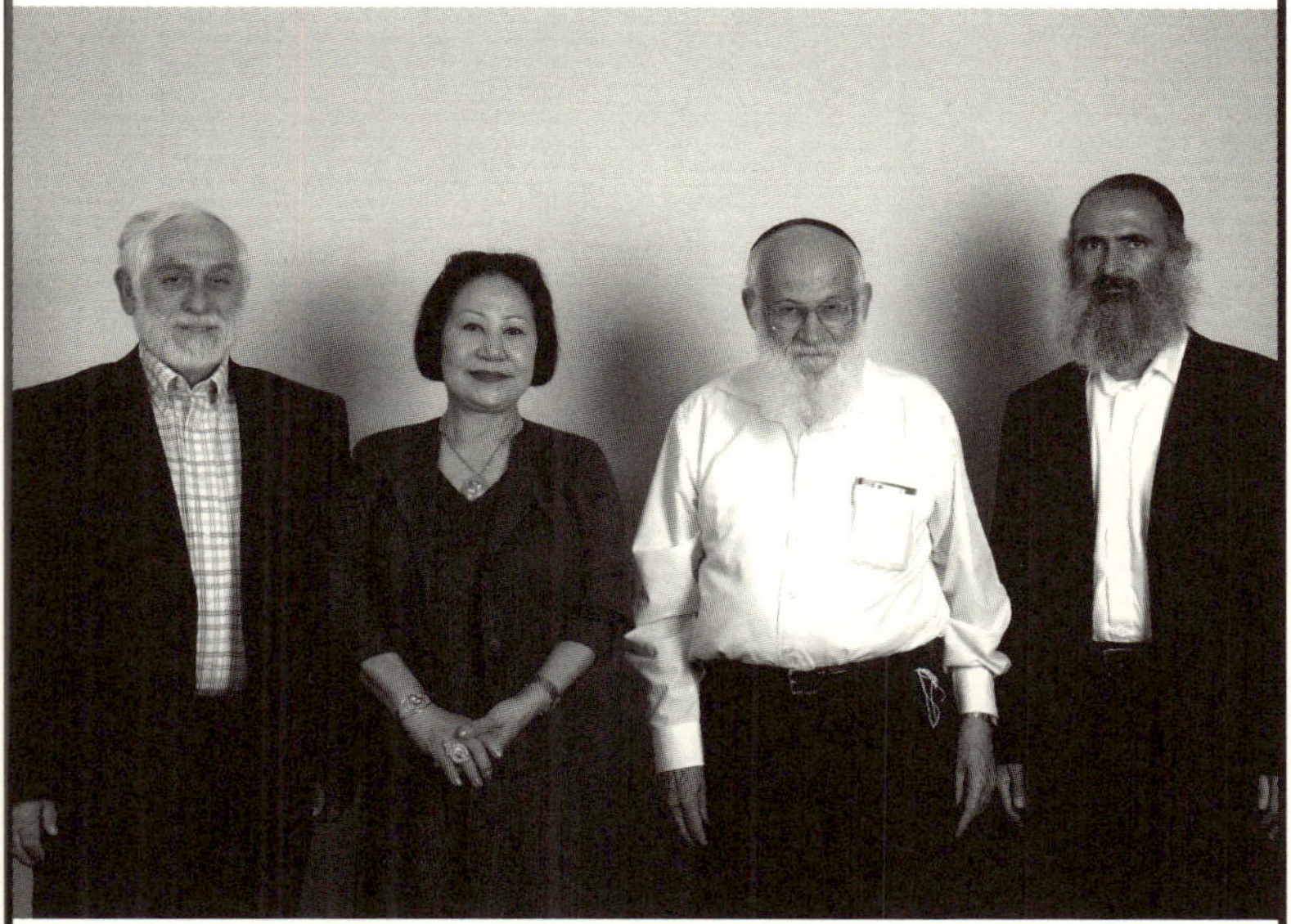

対談を終えて

［マクレオドの注釈］
日本にやって来たイスラエル人の行進？（古い巻物より）聖書や他の古代資料によれば、イスラエル人の本隊は東方のかなたに向かったと考えられる。

［出典：『日本固有文明の謎はユダヤで解ける』ノーマン・マクレオド、久保有政著］

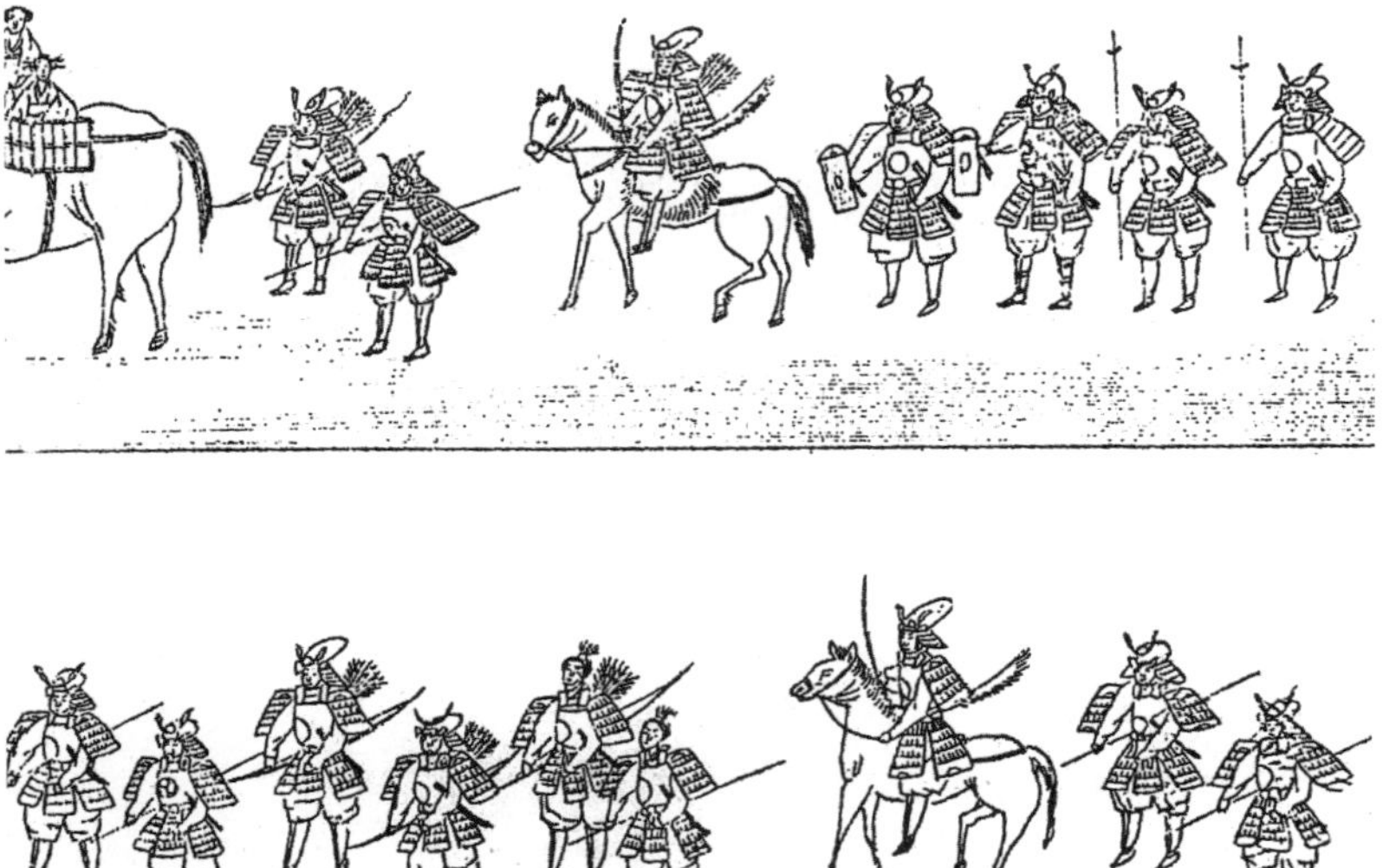

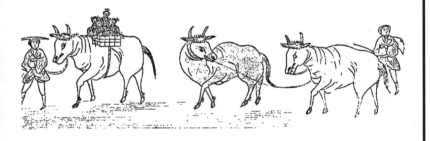

［マクレオドの注釈］
日本にやって来たイスラエル人の行進？（古い巻き物より――続き）
［出典：『日本固有文明の謎はユダヤで解ける』ノーマン・マクレオド、久保有政著］

第2部

明治天皇の孫二人が語る
「皇室とユダヤ　最後のひみつ」

中丸 薫
小林隆利

小林《こばやし》隆利《たかとし》牧師《ぼくし》

大正14年、明治天皇内親王　仁《しのぶ》様の御長男として名古屋に生まれる。幼少の頃から名古屋の救世軍の礼拝に母、仁様と出席。その後、出隆《いでたかし》東京大学教授・哲学博士のもとでマルクス哲学を学んだ後、立命館大学で数学物理学を修める。京都にて大江邦治牧師の説教によって入信。ナザレン神学校第一期生として卒業後、ナザレン教団久村教会、千葉南総町牛久教会、北九州小倉教会、大阪田辺教会の牧師を歴任。その後、単立堺鳳《おおとり》教会牧師を経て、手塚山朝禱会チャプレン、巡回牧師の任にあたられた。天皇家ユダヤ民族研究会主宰。

編集協力　島茂人

「皇室はユダヤの流れである！」明治天皇は、母にいつも話していた

中丸　本当に、物事に偶然というものはないと思います。このような時期にきて、明治天皇の血縁を持つわたくしども二人が、かつて長らく御所のあった、平安京・京都でこのような出会いを賜《たまわ》り対談の時を持てるということは、不思議な感じが致します。

伊勢神宮の外宮《げくう》・内宮《ないくう》の参道の灯籠《とうろう》に菊花紋やダビデの星の刻印の存在すること、以前からいろいろな方々から伺《うかが》っていることもあり、昨今では夥《おびただ》しい関連書物の数々も出ています。

このようなところから見ても、やはり日本の皇室そのものが、世界という視点から俯瞰《ふかん》してみましても、そして21世紀の現在までの歴史的な推移を辿《たど》ってみましても、突然日本の中で生まれたものではなく、結果的に天の神の意向を受けた、神の意志に従って何か独自のしるしをもたらされている。日本の国と皇室にはそのような深いものがあるような気がしてならないのです。

特に、めまぐるしく変転する昨今の世界と日本の情勢をみながらも、悠久の歴史と共に現在に至るまで長い歴史を通じて続いてきた皇室の存在をお伺いするにつけ、最近ますますその感を深くしております。

私たちは明治天皇陛下を共通の祖父として生を与えられております。けれども明治天皇というお立場上、肉声を伺うということになると、なかなかできません。

小林様のお母様であられる仁様《しのぶ》は、明治天皇のお言葉や御思いをふだん親しく伺っておられたと聞いております。

今日はぜひ、そこのところをお伺いできればと思います。

お母様の仁様が、小林様にどうしてもお伝えしなければならなかった明治天皇のお言葉があったこと、そのことをお聞かせいただけたら、いろいろなことが明確になってくると思います。

小林　本当におっしゃる通りであると思います。平成の時代になって、今の日本の状態を見るにつけ、ますますその感を深くしています。

私の両親、特に母の残してくれた言葉は、年を経《へ》る毎《ごと》に、重みが増してくるように思います。母・仁が残してくれた、明治天皇の言葉の意味が、その内容の深遠さが、重い意味をもってどっしりと迫ってきます。

中丸　日本の皇室という特別な存在の性質上、特に明治天皇の時代では、なかなか天皇御自身の思いの発露たる言葉は知り得るものではなかったと思います。その点から見ましても、仁様が、直接明治天皇からお聞きになったお言葉は、深く重い意味を持ったものであると思います。

小林　母・仁は、私が成長し、やがて日本という国について意識するようになりましたときに、初めて本当のことを言ってくれました。

「私の父（明治天皇）が言われたのよ。『日本は神道だが、神道はもとはユダヤ教である。天皇の権限で日本の歴史を調べたが、神道は紀元前にはこの日本にユダヤ教として入って来た。そして、のちに入って来た原始キリスト教に習合されている。だから日本はキリスト教が中心になってくるべきだ』と」。母のこの言葉は私の心に焼き付いています。

天皇家の由来《ゆらい》についても、明治天皇はこのように語っておられたと、母は、繰り返し言っておりました。

「日本の元はユダヤ教が母体として入ってきたのだから、日本の天皇家の中心も、日本の国全体の中心も、その源はユダヤにある。それを完成したのがキリストでありキリスト教である」と。

中丸　それは本当に衝撃的なお言葉ですね。

小林　明治天皇は、平素深い愛をもって信頼をおかれていた内親王である母・仁に衷心《ちゅうしん》からの思いを込めた言葉で、あるとき「仁、おまえが男であったらなあ……」と何度も洩らしておられたことを、母は私にポツリと話したことを憶《おぼ》えています。更に続けて、「仁、いよいよ、お前が結婚して男の子が生まれたら牧師にするんだよ。きっと役に立つ時が来るよ」とも話したことも。

母が成人になった私に、口癖のように、父・明治天皇からの遺言ともいうべき言葉を伝えてくれたことを忘れることはできません。

「仁、覚えておけよ。これは推測じゃないよ。自分が天皇という立場で調べさせた結果を、それをお前に言うんだ」

その結果というのが、「日本の国は古代からユダヤの流れなんだよ」ということでした。それをはっきり、何度も何度も語って聞かせてくれました。

そして母は、父・明治天皇の言葉として更にこのようなことも伝えてくれました。

「1867年（慶応3年）の2月に天皇即位、11月9日、一五代将軍徳川慶喜《とくがわよしのぶ》の大政奉還《たいせいほうかん》。1868年明治維新。そしていちばん大事なことの一つは、翌年の明治2年4月、フルベッキが東京に来てくれたこと。あれがよかった」と。

明治天皇は、正当である南朝系の大室寅之祐《おおむろとらのすけ》が、睦仁《むつひと》親王に代わって即位していた

中丸　フルベッキの日本での隠された役割は、本当にとても大事なことだと思います。これはあの維新のときの人間復興（スピリチュアル・ルネッサンス）であるばかりか、これからのユダヤ・キリストの民人《たみびと》と日本人のスピリットをつないで、かつ世界に維新をもたらすような、それこそ地球維新の土台にもなるような、テーマを秘めているのです。

しかし、そのお話に入る前に、私のほうから一つのエピソードをお伝えしたいと思います。

ご存じのように私の父・堀川辰吉郎《ほりかわたつきちろう》は、明治天皇と御側女官《おそばにょかん》の権典侍《ごんのないしのすけ》・千種任子《ちぐさことこ》とのあいだに

生まれた子供でした。ですから、明治天皇といえば、私の実の祖父に当たる人物となります。

そんなことを知っているある新聞社の記者が、私の元を訪ねてこられました。2001年4月9日のことです。

そして、その記者は天皇家の系図を広げながら、こんなことを言い出したのです。

「明治維新というのは単に幕府を倒して王政復古を実現するためだけにあったのではありません。実は北朝の天皇家には足利義満《あしかがよしみつ》のとき以来、天皇の血脈が流れていません。そのため、天皇家の血脈を持っている南朝に天皇の座を取り戻すために、勤皇《きんのう》の志士たちが決起した革命なんですよ」

たしかに系図によりますと、南北朝の動乱後、天皇家は北朝の流れを汲んでいます。九九代の後《ご》亀山《かめやま》天皇（?―1424年）を最後に南朝は絶えています。その後は系図上でも抹殺されているようで、その子孫についても文献がなく定かではなくなっていたのです。

その一方で、北朝は一〇〇代目後小松《ごこまつ》天皇（1377―1433年）の即位の後、一二一代孝明《こうめい》天皇へとずっと継承されてきていたのです。歴史上は、この孝明天皇が明治天皇の父となる人です。

しかし、その記者は言い放ちました。

「南朝の末裔《まつえい》に大室寅之祐《おおむろとらのすけ》という人がいました。後醍醐《ごだいご》天皇（1288―1339年）の玄孫《げんそん》のさらに孫ぐらいに当たる人物です。その寅之助を勤皇の志士である伊藤博文《いとうひろふみ》や桂小五郎《かつらこごろう》らが、本来の天皇であるべき血脈である大室寅之祐の擁立《ようりつ》をはかったのです」

このときの私は、まだこのようなことの調査に着手する前ですから、非常な驚きに打たれました。

滅亡したとされる南朝がその血脈を絶やすことなく守り続けていたことも驚きならば、維新のさなかに、北朝天皇家と入れ替わったというのですから。それにしても幕末の志士たちはなぜ、何のために、南朝の血を引く寅之祐を擁立されたのでしょうか。

その一つには『神皇正統記《じんのうしょうとうき》』があったといいます。この書物は後醍醐天皇に引き上げられて、大納言にまでなった参謀・北畠親房《きたばたけちかふさ》が南朝の正当性を説いた本なのです。志士たちは親房のこの本を読んで、次第に皇国思想に目覚めていったようなのです。長州藩のみならずその中には、勝海舟、坂本龍馬も加わっていました。

「ここからが重要なのですが……」先ほどの記者が続けます。「犬猿の仲だった薩摩《さつま》と長州はどうして同盟を結んだと思いますか。一般には坂本龍馬《さかもとりょうま》が尽力して両藩を説き伏せたといわれています。それもあったでしょうが、果たしてそれだけで仲良く手を組めるものでしょうか。最後は西郷隆盛《さいごうたかもり》が折れて両藩が同盟を結ぶことになったとされていますが、実はその理由は隆盛に隠されていたのです」

どういうことかといいますと、西郷隆盛の本家である菊池家の祖先は、南北朝時代に九州勢力の中心として南朝の側にあった。菊池武時とその長子・武重の時のことです。そのような家系にある隆盛は、南朝の末裔が長州にかくまわれていることを知っていたというのです。

私は以前、山口県の萩市へ講演で行った折、主催者に案内されて毛利《もうり》家ゆかりの寺へ行きました。するとそこに明治天皇が来訪したことを伝える石碑が建っていたのですが、その脇にはなんと井上《いのうえ》馨《かおる》の胸像があったのです。私の父・堀川辰吉郎は、実は生まれるとすぐに井上馨の元に預けられていたのです。それにしてもなぜ明治天皇は毛利家を訪れたのでしょうか。

調べてみると、長州藩主毛利敬親《たかちか》の祖は大江季光《おおえのすえみつ》。大江家は代々、南朝に仕えていたのです。南朝の末裔たちは、毛利家、長州藩の武士たちにかくまわれて細々と生き延びてきていたのではないか。ならば、明治天皇となった寅之祐にとってみれば、ここは故郷となるわけです。

その記者はさらに、こう続けました。

「寅之祐には弟が一人いました。その弟に久子さんという孫がいて、現在92歳になられ、九州のほうで暮らしています。その久子さんからDNA鑑定書をいただいてきました。そこで、あつかましいお願いなのですが、先生にも鑑定を受けていただきたいのです」

私が了解すると、その記者の方は翌日4月10日に再び訪ねてきて、私の口内から鑑定に使う細胞を採っていったのです。

その翌日の4月11日、私はかねてから予定しておりました桜にぎわう奈良県の吉野というところへ行きました。そこで、後醍醐天皇の祀られている吉水《よしみず》神社に参拝し、神武《じんむ》天皇ゆかりの地を訪問する予定だったのです。さっそく出かけてみると吉水神社の前にはなんと「明治維新は南朝の確立」と刻んだ碑が建てられてあったのです。

私にはこのようなシンクロニシティ（共時性）がついて回るようです。

そのとき同行の人に、その記者のお話をしますと、すでに明治天皇の謎に迫る本が出版されているというのです。それは『裏切られた三人の天皇』（鹿島昇著　新国民社）という本です。

『裏切られた三人の天皇』には、坂本龍馬の門下生であり、のちに伊藤博文とともに明治天皇の腹心になった田中光顕《たなかみつあき》伯爵の証言が掲載されています。

田中伯爵は「明治天皇は孝明天皇の皇子ではない。睦仁親王《むつひとしんのう》は孝明天皇崩御《ほうぎょ》と同時にただちに即位したとなっているが、実は睦仁皇子はあやめられ、擁立された明治天皇は後醍醐天皇の第11番目の皇子、満良親王《みつながしんのう》の御王孫《ごおうそん》で大室寅之祐である」と述べています。

つまり、この満良親王は、毛利家の先祖である大江氏にかくまわれて長州に逃れたのです。その後毛利氏がその血脈を山口県の萩において守り続けたのです。

そのために王政復古の狼煙《のろし》は長州から上がることになったのです。

桂小五郎（木戸孝允《きどたかよし》）こそ、吉田松陰《よしだしょういん》のあとを継いで、勤皇の志士たちを率いた人物ですが、この桂小五郎が「われわれは南朝の御正系をお立てして王政復古をするのだ」と西郷隆盛に打ち明けたのです。西郷は西郷で南朝の忠臣だった菊池家の子孫でしたから、その裏があってこそ、薩長同盟は成り立ったのです。その中心には南朝の血脈を受け継いだ大室寅之祐がいたわけです。

私は、寅之祐の弟の孫である久子様にもお会いして、そのことを確認しましたし、その事実を隠すために実の弟さんがどのような目にあったかもお聞きしています。それはそれはすさまじいことになっていたのですが、今回は触れずにおきます。

孝明天皇がどのような状況でなくなったか、その実の睦仁親王がどのようにしてなくなったのか、それにもいろいろな証拠、証言があって、ほぼわかっていることですが、この対談では触れずにおきたく思います。この睦仁親王が別人であるという証拠、証言も今では数多くあります。

さらに、寅之祐の出身地である山口県田布施《たぶせ》地区は、ユダヤ・秦氏とも関係の深い特殊な場所だったようです。そのごくわずかな地域に伊藤博文、桂小五郎らの生家が隣接しているのです。


話は戻りますが、吉野の里をあとにして、私は4月14日には講演のために大阪に入ったのです。帝国ホテルでの講演のあと、食事会に招かれたとき、正面に座った方から「これはフルベッキのお孫さんがもっていたものですが、私より中丸先生が持っていらしたほうがよいと思います」と、額に入った写真を手渡しされたのです。

それは驚くべき集合写真でした。その写真には大室寅之祐（明治天皇）を始め、維新の志士たちがフルベッキを囲んで総登場しています。

坂本龍馬、伊藤博文、西郷隆盛、勝海舟《かつかいしゅう》、高杉晋作《たかすぎしんさく》、大隈重信《おおくましげのぶ》、大久保利通《おおくぼとしみち》、桂小五郎らです。

そして、寅之祐の右後ろに中央に座したフルベッキがいるのです。フルベッキは、１８６４年に長崎府新町の済美館（のちの広連館）で教えはじめるのです。そこで明治維新の主力たち40人以上の志士たちの指導にあたった。彼らはみなフルベッキの塾生たちなのです。

明治維新とは、結局フルベッキの思想と吉田松陰の思想に触発され、薩摩藩の資金で達成されたとも言われていますでしょう。グラバーも、龍馬に資金を与え、１８６６年正月の薩長同盟の背後で武器供与をしていたと言われています。この幕末の混乱期、日本は分裂の危機にあったのは間違いありません。幕府側にはフランスのロッシュ、尊王側にはイギリスのグラバーが、武器と資金を提供していました。

日本では志士たちの活躍、そして徳川慶喜が大政奉還したことなどによって、危機を最小限におさえたのだと思います。その後日本は富国強兵《ふこくきょうへい》を成し遂げ、45年間で欧米列強の産業国家に追いついてしまった。

その指導者が明治天皇であったことは疑い得ないことですが、そのバックにはフルベッキとその思想があったことが、ようやく明るみに出てきたわけです。

闇の世界権力は、この日本の躍進に驚いたのだと思います。この国は他のアジアの国々とは違って手ごわい。それでオレンジ計画というものもあったくらい、何十年もかけて、日本を攻略しようと戦略的にやってきて、いまのようにそれこそ「尻の毛まで抜かれても気がつかない」ような国民になってしまったわけですけど、それだけにこうした日本精神の根幹にかかわる部分というものを明らかにしていくことは、本当に大事なことだと思うのです。

フルベッキの知られざる信仰の軌跡と驚嘆すべき業績

小林　フルベッキは宣教師で、明治学院の創設者の一人です。

明治天皇の「フルベッキが東京に来てくれたこと、あれがよかった」というこのお言葉は時代を経るほどに、ますますズシンと重く受け止められてきます。と申しますのもフルベッキは生来寡黙《かもく》で数々の偉業は、自身はもとより彼を巡る人々への緘口令《かんこうれい》の遵守《じゅんしゅ》から、決して外に漏れることなく、近年まで隠されていて表に現れて来ませんでした。

しかし近年、後輩の宣教師だったグリフィスによる『新訳考証　日本のフルベッキ』(洋学堂書店)を翻訳された松浦玲《まつうられい》氏と村瀬寿代《むらせひさよ》氏による長年の執拗にして弛《たゆ》まぬフルベッキ研究によって、初めて日の目を見たのです。この結晶とも言うべき翻訳書の労作によって、母がかねがね私に伝えてくれていた明治天皇のお言葉が初めて具体性をもった傍証《ぼうしょう》となって明らかにされたのです。

この書からは、フルベッキがこの日本に対し、如何《いか》に誠心誠意をもって取り組み、如何に深く気遣いながら、驚嘆すべき貢献の数々を成し遂げていったかを窺《うかが》い知ることができました。フルベッキは周到にそして衷心《ちゅうしん》から身を粉《こ》にして日本という国を導いてくれたのです。この余人には知られざる神への恭順《きょうじゅん》と神を第一とした信仰の軌跡、緘口によって謎に包まれていた重大にして広汎《こうはん》なる業績の数々が姿を顕《あらわ》したのです。

彼は「神からの智慧《ちえ》」に与《あずか》っている稀有《けう》な器であり、更に「預言」の賜物《たまもの》を頂いている神の人でした。しかし彼自身は不思議なことに、そのことをあまり深く自覚していなかったようです。同労者であったグリフィスは、明らかに「彼はまことに神の預言者であった」と明確に証言しています。

中丸　フルベッキは預言者だったのですね。

小林　グリフィスだからこそ言い得た記述だと思います。

フルベッキと彼の家庭は、あのウェスレー兄弟の信仰復興にも決定的な影響を与えたモラビアン派の霊統をもつ信仰者の家系であり、彼自身は筋金入りの聖霊の器でした。彼の行動には預言者としてでなければ理解できない、不思議な巡り合わせが多くあるのです。

フルベッキは日本宣教のために神に召され、日本人への伝道師としてアメリカのミッションから遣《つか》わされました。1859年（安政6年）11月、早くも禁教下の長崎に上陸しています。

当初彼は非常にもどかしい思いにかられるのです。伝道する対象である日本人とのコミュニケーションが、準備していた語学学習からは不十分とはいえ、全く不可能だったからです。

彼は伝道の必須の手段である日本語を猛烈に、しかも徹底的な勉強を開始します。宣教の道は禁令によって閉ざされておりましたが、彼は素晴らしく語学の才にも恵まれていたので、みるみる上達してゆきました。

実際語学の才に長《た》けていた彼は、オランダ語を母国語とし、母国語以上にドイツ語を語り、英語、フランス語、ヘブライ語、ギリシャ語にも堪能《たんのう》でした。そんな彼が、凄まじいほどに日本語習得という目的に向かって熾烈《しれつ》を極めて集中するのです。

普段の日常会話はもちろんのこと、音読学習は、『東海道中膝栗毛《ひざくりげ》』から貝原益軒《かいばらえきけん》の著作、上下関係に厳しい身分社会・日本のあまたの著作や古典にまで及んだそうです。その結果、当時の日本人も彼の日本語の流暢《りゅうちょう》さにびっくりし、襟《えり》を正すほどに、各層に及ぶ正確な日本語の使い手となるのです。

やがてフルベッキが身につけたあらゆる階層の「日本語」会話能力は、彼の伝達・宣教手段として、この国の要人を始め、庶民に至るまで、遺憾《いかん》なくその実力を発揮することになります。各藩の熾烈な獲得合戦を経て、佐賀藩は大隈重信の熱心な招聘《しょうへい》作戦の功もあって、他藩を抑え、フルベッキを藩校の語学教師として招聘することに成功します。

瞬《また》く間にその名声は各藩に広がり、開明的な君主方は直々《じきじき》に彼の謙遜《けんそん》で実直・真摯《しんし》な人柄と教師としての資質に魅せられ、江戸幕府からも白羽の矢を立てられ、やがて語学校校長としての重責を任せられます。

薩摩《さつま》藩主、土佐藩主、肥前《ひぜん》藩主からは直々の招聘要請もあり、加賀藩に至ってはフルベッキ一人のために立派な汽船を長崎に差し向けるやらで、文字通り引く手あまたの状態になります。

中丸 当時の日本はフルベッキをとても必要としていたことがわかります。彼の未来を見通す目と人格・人柄、語学力があいまって、彼の影響は広く幕府や諸藩の大名たちにも及ぶわけなのですね。キリシタン禁制を発令している江戸幕府が、プロテスタントの宣教師を要請していたということは、どれほど彼の知恵が必要とされていたかということです。当時は確か「浦上崩れ」など、キリシタンは想像を絶する迫害や拷問、殉教を余儀なくされていた大変な時代でしたから。

小林　フルベッキは同じ宣教師として、イエズス会とその宣教師の伝道方法をキリストの敵として激しく憎んでいました。その苛烈《かれつ》さは当のグリフィスの筆も滞《とどこお》るほどの激しい形容の文章だった、と彼は記しています。

彼らの宣教活動は列強諸国の植民地化政策の先陣として遣《つか》わされることを常としていたからです。キリスト教の伝道は手段であっても、目的ではないという、彼らの背信行為。神への信仰と宣教を手段として用いることを戦略として、伝道活動する宣教師たち。飴《あめ》と鞭《むち》を使い分ける狡猾《こうかつ》な列強の植民地化政策。収奪・奴隷売買・麻薬による暴利と廃人化。

果ては、列強国の戦略作戦を見破った日本人為政者によってもたらされる当然の結果として、外国人宣教師への迫害。国内のキリシタンへの徹底的な糾弾《きゆうだん》と掃討《そうとう》作戦、そして禁教令の徹底。篤《とく》信《しん》の宣教師にまで及ぶ迫害と大部分の無責任な宣教師たちの国外脱出。国内では執拗に繰り返されるキリシタン狩り。信仰を全うしようとする信者への容赦なき拷問・執拗な迫害と夥《おびただ》しい殉教者の群れ。

目の当たりに繰り広げられる、あまりにも悲惨で堪《こら》えることのできないキリシタン迫害の姿を、フルベッキは同じ長崎の地にあり、断腸の思いで接していたに違いないのです。

中丸　フルベッキは神の僕《しもべ》であったからこそ、キリスト教を用いて最後には植民地化を強行し、放埒《ほうらつ》の限りを尽くして収奪する列強の国策を許せなかったのですね。オランダで生まれアメリカに渡ったフルベッキは、列強諸国による傍若無人《ぼうじゃくぶじん》なる植民地政策の歴史と被虐国《ひぎゃくこく》の凄惨《せいさん》な事情を知悉《ちしつ》していました。

小林　だからこそ、彼らの偽善的な宣教活動をキリストの敵として断罪したのです。

同じ宣教師としてフルベッキも長崎の地において、身の締まる思いで、他山の石としたにちがいありません。またフルベッキは見事に、徹底的にそれをやってのけたのです。そしてあらゆる階層の日本人たちからの信頼を一身に受けることになります。

前にも述べましたように薩摩藩、佐賀藩、肥前藩、土佐藩、長州藩、加賀藩等の藩主の子息や重臣からの招聘を受けています。直接、大名の接見の機会も賜《たまわ》っていますが、それだけではないのです。

宣教師で語学教師のフルベッキではあったのですが、彼の誠実で実直な人柄から発せられる教えは単に語学教授に留まらず、各藩・各階層から身分を問わず憂国の志士が彼の元に殺到します。

列強諸国による植民地化の歴史、最新の国際情勢、そして世界における日本の立ち位置と現状、秘密裏には有志へのバイブルクラスにまで及びました。

その結果、当然とも言えるのですが、当時の開明・動乱期の日本の現状と行く末を憂《うれ》う若者たち、つまり最新の正しい情報に飢え渇く、各層の憂国の志士たちの注目を強力に引くことになったのです。

中丸　正に「長崎にフルベッキあり」という感じですね。

小林　おっしゃる通りです。ここで大事なことは、フルベッキの存在は、当時の日本では、殆《ほとん》ど唯《ただ》一人と言っていいほど「正確で貴重な最新情報の発信源」であったということです。当時日本に関わっている外国人は国策や利己主義による利益追求に狂奔《きょうほん》している人たちでした。

しかしフルベッキは違っていました。

そんな外国人の中では皆無《かいむ》と言っていいほど、国策や利権には全く無縁、恬淡《てんたん》にして無欲、清廉にして潔白、率直にして実直な人柄。博覧強記《はくらんきょうき》の上に謙虚で寡黙な「神の人」がもたらす情報は、体制を超えて憂国の志士たちの心を魅了していったのです。

日本を植民地化しようと牙を剝《む》いている列強国からの情報などでは、偽らざる植民地化の歴史と現在の動静などとても信頼に足るものではありません。

また、八方を海で囲まれた島国で、しかも長年、鎖国状態に置かれていた日本人が、どうして列強による収奪の歴史の経緯など知り得ましょうか。

船舶《せんぱく》・武器・弾薬等の調達による暴利や収奪を目論《もくろ》む外国人たちからは、正確な情報など期待することは不可能だったのです。彼らは利権に目が眩《くら》んでいたからです。あるいは国策遂行義務のしがらみから、日本人に本音を伝えることができなかったのです。

動乱期の日本との折衝《せっしょう》に当たっていた諸外国の高官たちの日誌から、彼らの葛藤を窺い知ることができます。国策と私人のはざまで生じる苦渋に満ちた葛藤《かっとう》があったのでしょう。
そのような中に「長崎に本当の国際情勢と独立日本の針路を惜しみなく披瀝《ひれき》してくれる宣教師がいる」。この知らせは、幕府側の高官・勝海舟をはじめ公卿衆《くぎょう》、開国派の諸藩の藩主・高官や坂本龍馬らを代表とする脱藩者たち約六百名にものぼるあらゆる階層の憂国の志士たち、将来の日本の指導者となる若者たちの目を開かせました。これがフルベッキを慕い、体制を超えて全国から多くの有志が彼の元に参集した理由です。

中丸　フルベッキは神様が日本に遣わして下さった特別な器だったのです。しかも彼の存在の重要性は今日まで隠されていました。
当時は本当に沢山の一攫千金《いっかくせんきん》を求める不逞《ふらち》な外国人が、踏み合うばかりに日本の利権に狂奔殺到していた時代でした。

小林　勤皇派《きんのう》と佐幕派《さばく》、尊皇派《そんのう》と攘夷派《じょうい》、敵味方相乱れ錯綜する混乱の時代に、不平等条約による国情の困窮混乱や不安に加えて、外圧の脅威にさらされている最中、フルベッキは危険極まりない位置に立たされていました。
可能性として、最悪の場合あらゆる階層各派からの刺客も考えられたのです。外出する際はかならず護身用に「S&W《スミス　ウエッソン》のリボルバー拳銃」を懐《ふところ》に忍ばせていたと記しています。幸いにもその拳銃を使用する機会は一度としてなかったようです。手元にある資料では開国を強固に反対する派や攘夷派の藩の重鎮からも、フルベッキだけは一目置かれていたとあります。

中丸　リボルバーを懐に忍ばせた姿は、坂本龍馬にぴたりと重なります。それもそのはず、彼の師匠はフルベッキだったのですから。それにしても、当時フルベッキを慕ってきたあらゆる階層にわたる夥しい日本人の皆が、フルベッキの働きについての「緘口令」を忠実に守った。誰一人口外しなかったということ、これは驚きです。そしてここに近代史の隠された大きな部分があるのですね。

小林　当時は諸勢力が暗躍し、情報が錯綜し、刺客が跋扈《ばっこ》する物騒な時代にあって、フルベッキの体制を超えた人脈交流は絶対に口外してはならない至上命題だったのです。

完璧なまでの緘口令遵守は見事というほかありません。熱誠《ねっせい》をもってフルベッキに接し、フルベッキより学び、フルベッキを慕い、フルベッキを敬仰《けいぎょう》していた様子を間接的ながら、ここでもうかがい知ることができると思います。

フルベッキを思う熱心は誰一人とて「緘口令」を破ることなく、肝に銘じて現在に至るまで守り続けられたのです。結果的にフルベッキの存在と働きは、何一つ疑われることなくその後の日本の舵取りという重要な使命を全《まっと》うすることができたのです。

中央政府において、その多岐《たき》にわたる凄まじいまでの働きぶりは、同労の宣教師たちも羨《うらや》むほどだったと記されています。彼の働きはその後も、志士たちや元勲たちの完璧なまでの「緘口」によって守られ続けたのです。

フルベッキの働きの一例を挙げますと、秘密裏に岩倉遣欧使節団を発案・提案したこと。この計画が表面化するやあわただしく実行に移され、新政府の首脳陣の殆どを使節として送り出し、民主国家とキリスト教会の存在や先進技術国の状況を知らしめようとしたことなどです。

他には直弟子の大隈重信は日本に残り、諸外国の政府や民衆らによる外圧や突き上げによってキリシタン禁制の高札撤廃を早期に実現させたこと。枷《かせ》のように重くのしかかる不平等条約によって生じる、一方的な不均衡貿易と破綻寸前に陥っている内政の沈静化を図り、諸産業の振興によって国力回復を国策として実施したこと。太政官札《だいじょうかんさつ》という貨幣の緊急発行によって、殆ど食い尽くそうと身構え、今にも植民地化を目論んでいる列強諸国の膨大な債権の取立ての火矢をかわしながら、日本国の舵取りを成し遂げ、奇跡の国政回復の偉業（バラ宣教師述）を成し遂げたこと、島国日本にいち早く海軍を創設・増強を進言し実行させたこと。結果的にではありますが、37年後、日露戦争の日本海海戦の歴史的勝利に繋がっていくのです。

一例を採っただけでもこのような歴史的業績が挙げられます。ましてや有形無形《ゆうけいむけい》の水面下における彼の働きは、内政と外交において計り知れないものがあると考えられます。

江戸幕府は列強諸国による砲艦外交によって開国を迫られ、戦々恐々《せんせんきょうきょう》、百家争鳴《ひゃっかそうめい》、為す術も無く混乱の極みに陥《おちい》りました。果ては奏上することなしに、また修好通商条約条文の充分な吟味《ぎんみ》すら為すこともなく、破天荒《はてんこう》に不利な条約締結を立て続けに余儀なくされた状況と天地の差があることは明白です。

江戸末期の内憂外患《ないゆうがいかん》に右往左往していた混乱期。そして江戸時代の負の遺産を背負いながら維新後の新政府のとった矢継ぎ早の政策。苦渋に満ちたこの十数年という短期間の難局に対して施《ほどこ》された明暗を分ける対処の政策が、一国の中で行われたとは信じ難《がた》いくらいです。

正しい内外の情報と的確な判断、そして何よりも決然たる実行力を持ったフルベッキという指導者の存在があってこそ、始めて未曾有《みぞう》の難局に打ち勝つことができた。それは歴史が証明しています。日本人はもっとこの事実を知るべきです。

中丸　明治天皇はこのことを仰っていたのですね。「フルベッキが東京に来てくれてよかった」……と。

そして、私は輪廻転生を体験したものとして、読者の方々にお伝えしたい大切なことがあります。ふとした折、私はもしかしたら明治天皇の御魂《みたま》は、ひょっとして神武天皇ではなかったかと思い立ったのです。そして、そのことを天上界の神武天皇に問い合わせたところ「そのとおりです」との返答を頂いたのです。日本が未曾有の国難に直面しているとき、天上界はフルベッキという世界に二つとない大切な日本の霊統のことがわかる御魂《みたま》を送り込んでくださいました。と同時に日本建国の大事業の経験豊富な御魂《みたま》たる神武天皇を再び、この国に遣わしてくれていたのです。

小林　そして明治新政府の政策運営が軌道に乗ったことを見届けたフルベッキは明治10年、卒然《そつぜん》として公職の舞台から消え去るのです。政府の仕事から退いた後、彼は解き放たれたように宣教活動に入ります。「日本人への伝道」と「聖書の日本語翻訳」活動、それは彼にとって長い間の念願でした。

中丸　まるで柵《しがらみ》から解き放たれたようですね。

フルベッキは、新生日本の進路の舵取りという重責を担いながら、日本の大変な時期を黒子に徹して働いてくださった。その数え切れないほどの数々の業績は、「勲三等旭日章」の叙勲などでは不相応のような気がいたします。もっともそのようなものを望む心は、フルベッキにはみじんもないでしょう。

小林　決定的なものがあります。開明期から今日までの日本の歴史を書き換えてしまうほどのインパクトがあります。

これから以後、彼の業績は、ますます評価はされても、下がることはないと私は思っています。この日本が欧米の列強国の植民地化やロシアや旧ソ連の南下政策から守られ、今、こうしていられるのはフルベッキのお蔭といってもいいくらいです。

中丸　フルベッキの存在が、明治天皇の御思いに深く刻みこまれた訳がよくわかります。

この転換期の時代は皇室の神宮とされている、お伊勢参りが隆盛を極めた時でもあったと伺っています。

伊勢と稲荷・伊奈利の封印を解く

小林　その通りです。この疾風怒濤《しっぷうどとう》の混乱期に輪をかけて「お伊勢参り」や「ええじゃないか運動」と共に、不均衡貿易による混迷と政情不安による全国的な「百姓一揆」や「米騒動」・「打ち壊し」の筵旗《むしろばた》が、筆舌に尽くし難い勢いで全国を燎原火《りょうげんのひ》の如《ごと》く席巻《せっけん》するのです。

このことについては、なぜか歴史書にあまり触れられているようには思われませんが、列島を震撼させたこの時代の空気の認識は非常に重要です。津波のような維新の胎動と、このような政情不安の大変動、数百万人の「お伊勢参り」という日本民族の大移動がこの混乱期に重なったのですから。何しろひっきりなしに行き交う人波で、街道を横切ることさえできなかったと記されています。「お伊勢参り」という現象は、当時の日本の社会に良い意味で大きな影響を与えたと私は思っています。

中丸　何か人知の計り知れない巨大な力が、日本列島を覆ったような時代だったような気がします。

列強諸国の歴史をみましても、植民地化の魔手から逃れている国は世界中で、タイと日本の二つの国だけだったわけですから。

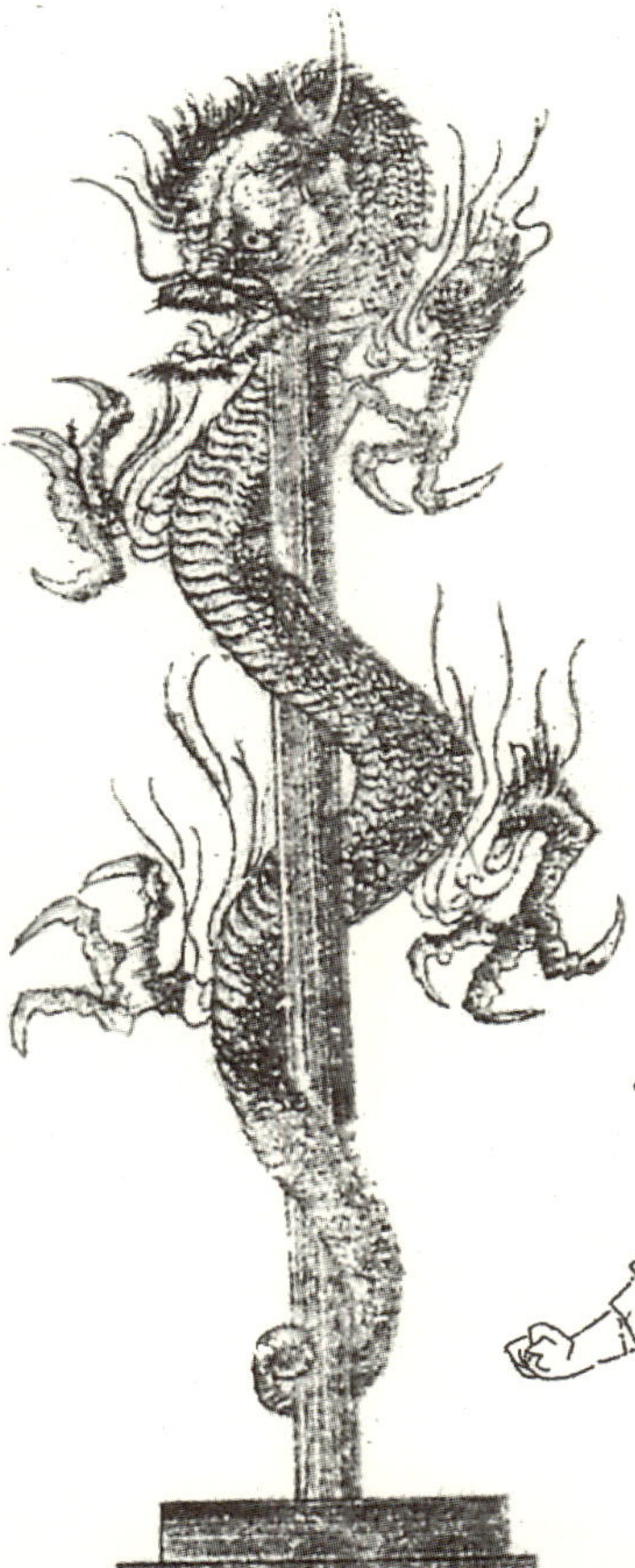

真鍮製の火の蛇

まるで天狗のようなアッシ
リアの神ニシュロク

伊勢神宮に安置されているといわれる「青銅の蛇」の模写か？
［出典：『日本固有文明の謎はユダヤで解けた』ノーマン・マクレオド、久保有政著］

小林　こうやって、21世紀の日本の歴史を俯瞰《ふかん》して見ましても、神様によって守られてきたという感を深くします。日本という国の存在は、日露戦争はもとより第二次世界大戦の敗戦国となっても、全アジアの国々やアフリカ諸国の独立心を奮《ふる》い立たせ、東欧・北ヨーロッパ諸国にまで絶大な影響を与えているのですからね。当の日本人はそのことをあまり知らされてはいないのです。

中丸　私は二十数年をかけて世界百八六カ国を歩きまして、国の元首や要人に直接お会いしてお話を伺っております。そして日本のそして日本人の凄さを実感しています。日本の天皇陛下が英国を始め世界の名だたる王室やローマ法王様たちを凌駕《りょうが》し、世界の中で抜きん出た存在であられることを世界中の元首が認識していたことを痛感しました。日本の報道はその事には全く触れてはいませんが……。日本人が意識するしないに拘わらず、歴史を巨視的に見ると、日本という国が世界の牽引役になっていることがわかります。

小林　伊勢大神宮は皇室の祖神ですが、不思議なことに「お伊勢参り」は特に江戸時代後期、数十年毎に波状的に、日本列島を席巻するのです。

突然に街道を埋め尽くすお伊勢参りの大群衆の出現に、素封家《そほうか》たちは理由も無く恐れ戦慄《せんりつ》し、金銭を施し、米蔵を開放したり宿や食を提供したり草鞋《わらじ》など寄進したりして、お伊勢参りの大群衆を支えます。貧しい農民たちは普段食べたことの無い白米に狂喜《きょうき》しながら、持ち物といえば柄杓《ひしゃく》一本で、餓死者も無くお伊勢参りをして郷土に帰ったと言われています。

中丸　日本人は不思議な民族ですね。「伊勢大神宮」は外国の諸賢《しょけん》が口を揃《そろ》えてその神秘性と厳粛さを体験されております。それに世界遺産で話題になっております「熊野古道」での「熊野詣《くまのもう》で」は、その後お伊勢参りに引き継がれ隆盛を極めたと……。

小林　「熊野詣で」も平安時代、天皇の参拝の聖地でした。

それこそ「蟻の熊野詣で」といわれたくらいで、紀伊山中に老若男女のあらゆる階層の人々の列が途切れず山道に続いていたそうです。「熊野」についても次回出版される本に書く予定です。

「熊野」「元伊勢」「伊勢」「伊奈利」「稲荷」は隠された日本の歴史を紐解《ひもと》く上で非常に重要な鍵となる存在です。

中東のムスリム諸国では、古くからイエスのことをイセ、イス、イシュ、エシュと呼び偉大な聖人、預言者として礼拝しています。日本の歴史を知らないイスラム教徒の知人は、伊勢大神宮のことを聞きつけて、イエス・キリストが祀られているのかと聞いてきたことがあります。その時私は「その通りです」と答えたことはいうまでもありません。

原始キリスト教は、海のシルクロードのアラビア、インド沿岸・マラッカ海峡経由で波状的に琉球沖縄・日本、特に太平洋沿岸各地に、黒潮に乗って沖縄経由で各地に渡来してきているのです。

ある時、マレーシアの留学生たちに、マラッカ海峡にフェニキア船の伝説や痕跡《こんせき》があるか聞いてみたことがあります。彼らは一様に頷《うなず》き、それらを展示している「マラッカ博物館」の存在も教えてくれました。現代に至っては古い伊奈利《いなり》社は勿論《もちろん》のこと九州から本州全域、北海道海岸沿いの洞窟に祀られている七福神や弁財天の祠《ほこら》、伝統的な正一位の稲荷神社はその名残《なごり》と私は見ています。

中丸　なんと、伊勢大神宮の元始は、原始キリスト教だったのですね。

小林　しかも、明治天皇が指摘されている通り、旧約時代のユダヤの神がその基盤となって習合したのです。

ご存じのように伊勢神宮は内宮《ないくう》と外宮《げくう》が存在しています。宝物として紀元前の時代、旧約の時代から、門外不出《もんがいふしゅつ》、一子相伝《いっしそうでん》によって連綿と保管され続けた神長官守矢氏の国宝級の家系図とミサクチの神事、そして国宝指定の系図と天地開闢《かいびゃく》からの宇宙創造神をこの現代に至るまで祀りつづけた元伊勢宮と伊勢大神宮。神殿建築を司り、神事を執り行った特権階級の神官、レビ族の血をひく神長官らによってこの列島で、今に至るまで大切に守り引き継がれてきたのです。

因《ちな》みに、アラビア語の泰斗《たいと》である榎本出雲《えのもといずも》および近江雅和《おうみまさかず》両氏は自著の中で、澤田沙葉《さわださふぁ》氏の所説を述べ、「イナリ」という音は元来アラビア語で、「尊いもの」・「光かがやくもの」という意味であることと看破しています。

海のシルクロード・アラビア・インド沿岸経由で日本に渡来した原始キリスト教徒はイエス・キリストの十字架の罪標《ざいひょう》の一つである「ユダヤ人の王・ナザレ人・イエス」のラテン語訳・略字の頭文字のI.N.R.I.という文字を、イナリという音に被《かぶ》せ、しかも万葉漢字の「伊」「奈」「利」という文字を選んで当てはめたのです。実際、漢字の語源を調べてみますと、

「伊」は天地を繋ぐ人の意味、

「奈」は文字通りイエス・キリストを表す漢字、

「利」は人を利する、高めるという漢字です。

特に真ん中の「奈」の字には深い意味があります。

中丸　あの奈良時代の「奈」という字ですね。

小林　そうです。奈良という都は当初、「寧楽」と表記されていましたが、或《あ》る時なぜかわざわざ「奈良」という漢字表記に替えられたのです。

「奈」を解明してみましょう。

はじめに、「示」という漢字を御説明しますと「丁」は祭壇を表します。上の「一」は祭壇の上の「生贄《いけにえ》」の意味です。両脇の斜め線は祭壇から滴《したた》り落ちる「血」を表しています。「奈」という漢字の冠《かんむり》の「大」という字は本来、木であったものが省略され「大」になりました。つまり「奈」という字は、何と、木に架けられた生贄より流れる血が、祭壇の上の贖いの座に滴り落ちているという原義だったのです。

つまり「奈」という字は、十字架に架けられたイエス・キリストの血が契約の聖櫃《せいひつ》（アーク）の贖《あがな》いの座に注がれている様を表した「イエス・キリスト」という意味をあらわす、驚くべき漢字だったのです。

古い漢語辞書には記されています。伊勢大神宮や諏訪大社などに稲荷神が祀られているのはそのためです。

しかし時代が推移するにつれ、仏教によって統一を図ろうとする為政者が、「伊奈利」という表記では、語源から原始基督教《キリスト》なることを察せられるということを厭《いと》い、まったくの当て字であり比較的音の似通った「稲荷」という漢字に替えてしまうのです。

どう読んでも、イナリとは読めませんが。当時の為政者はどうしても字を変えなければならなかったのです。空海没後の平安時代後期と見ています。

しかし当時、治水や開墾のために劣悪な地へと強制移住させられ、あるいは迫害され流された反仏教派の物部《もののべ》氏や秦《はた》氏の末裔等、渡来人たちの流刑地、たとえば、毎年のように洪水に洗われた関東は利根川沿岸などには、中央政権の命令に恭順することなく今でも「伊奈利」名を表記する神社を散見することができます。これらの地方の多くの屋敷には、北西の隅に小さな祠《ほこら》を祀り、今でも先祖から受け継がれた「伊奈利」「稲荷」を大切に守り続けています。

中丸 隠された暗闘と迫害の歴史が、通史の裏面にあったのですね。古くは万葉集に伝わる吾妻《あずま》の歌人たち、防人《さきもり》たちもその犠牲者ですね。

小林 当時の渡来人にとって悲哀の流刑でした。しかし今、彼らの歴史を振り返ってみますと、列島の東西南北、背後は海という地まで追い遣《や》られた渡来人たちの末裔は、結果的に日本全土にその血統を分布させることになりました。そして日本の歴史の節目、節目の曲がり角、国が難局の事態に至った時には、申し合わせたように、ユングのいう集合的無意識から、彼らは日本国民として一様に救国の血が騒ぎ出し、そして一斉《いっせい》に蜂起《ほうき》するのです。

現在でも日本人はお祭りとなると、血が騒ぎ、神輿《みこ》しをかつぎ屋台を引く光景が各地で見られますね。集合的無意識によって、民族の血が騒ぎ、何を差しおいてもという感動と一体感を尊いものとして引きついでいます。

日本の歴史を支えてきた渡来人——サムライたち

中丸　いざ鎌倉・南北朝の時代、戦国時代、明治維新、日清・日露戦争、第二次世界大戦、いずれも勇猛《ゆうもう》果敢《かかん》な命知らずのサムライが蜂起しますね。特に顕著に我々の心に鮮烈に記憶に残るのは開国期、明治維新の大転換期ごろですね。

小林　両親は私の名前を、薩摩藩の英雄にあやかって、西郷隆盛と大久保利通の一字ずつ取って隆利と命名したそうです。

中丸　雄藩、薩摩藩の双璧の二傑《にけつ》ですね。

小林　その雄藩である薩摩藩が明治維新に果たした功績は計り知れないものがありますね。特に鹿児島市の加治屋町という狭い一角から郷中教育によって輩出した綺羅星《きらぼし》のごとき薩摩隼人《さつまはやと》の傑物群には目を見張るものがあります。しかし江戸末期には有数の雄藩となった薩摩藩も、かつては莫大な借金に喘《あえ》ぐ破産寸前の外様《とざま》大名の藩だったのです。

中丸　確か薩摩藩は切迫した内情から苦し紛《まぎ》れに、琉球諸島の島民に人頭税を掛け、貧困に喘《あえ》ぐ島民をさらなる塗炭《とたん》の苦しみに遭わせたという歴史がありますね。

小林　琉球は珊瑚《さんご》によってできた島です。石灰岩質の土壌では、農作物の収穫は多くは望めません。

中丸　といっても琉球の漁業といえば、糸満海人《イトマンチユー》と久高海人《クタカンチユー》くらいですね。

小林　そうです。その久高海人《クタカンチユー》による比類なき航海術による働きが素晴らしく、莫大な財を薩摩藩に齎《もたら》すのです。この久高海人《クタカンチユー》のすばらしい逸話もぜひ準備中の本でご披露したく思います。

日本列島の沿岸各地に今も伝えられている海人《かいじん》たちのさまざまな英雄伝説。各時代の為政者たちは彼らを味方につけるかどうかによって趨勢《すうせい》が変わってしまうほど、隠然たる力を持っていたのです。

これは修験者やサンカの世界にも当てはまります。その勇猛果敢で知略に長けたかれらの末裔たちは、日露戦争の陸戦や日本海海戦で全世界にその名を轟《とどろ》かせた日本陸軍・海軍の精鋭たちでもあります。

中丸　純粋日本民族の多様性と多重性には目を見張るものがありますね。明治の開明期にも彼らが一斉の蜂起をして時代の転換点に大きな働きを全うし、役割を見事に果たすのですから。まさにシンクロニシティです。

幕末の日本国の行く末を憂《うれ》うるあらゆる各派・階層の人々から熱誠《ねっせい》と敬仰《けいぎょう》を受けたフルベッキ

小林　おっしゃるように、確かにこの時期の日本は歴史的に見ましても、本当に大きな転換期だったのです。

維新前まで、つまり南北朝時代から江戸時代末期まで天皇の祭儀は全て仏式で行われていたのですが、明治時代になって、数百年ぶりに伊勢神宮が日本のそして皇室の祖神として名実共に復活するのです。明治という開国の時代を挟んで、日本の国が正に根底から震われたのです。

前述いたしました御著書に、掲載され話題になっている集合写真「宣教師フルベッキを取り巻く志士たちの群像」いわゆる「フルベッキ写真」がありますが、この時代の空気を如実に物語っているように感じますね。

中丸　あの写真は話題になる随分前に私の本の中に掲載させて頂いたのですが、その反響は尋常ではありませんでした。

小林　私の考えでは、フルベッキの住まいでもあった長崎の大徳寺境内における急造スタジオで撮影された写真と思われますが、最初フランスで発見され、その後徐々に日本からも同写真の存在が方々《ほうぼう》から知らされてきたのです。

この写真が日本で公《おおやけ》になり、明治の時代になって元勲となった人物群・公卿衆、薩摩・長州・佐賀藩の重臣・脱藩者の坂本龍馬や海援隊員等々、当時の重要人物が、あたかも呉越同舟《ごえつどうしゅう》のように、一堂に写っているということで、その真偽を巡って話題騒然となりました。現在ではかなり詳細に、写真の人物の特定がなされているようです。

フルベッキを巡る人脈は、最近の研究によりますと、正否の問題は別としましても、この写真に連ねている名だたる人物の名前は勿論のこと、その他にも体制を超えた多くの重要人物の存在があったことが立証されているのです。その中の究極の人物、私たちの共通の祖父、即ち「明治天皇」とフルベッキとの関わりが明らかになりつつあります。

このことは、日本の開国以後の進路を決する上で、決定的な意味をもっていました。揺《ゆる》ぎ無い全的信頼による絆《きずな》の構築を通して、新生日本の目的と進路が、異見や疑惑等の介在する寸分の余地も無く天皇を始め、新政府の高官たち総員の確信の下に、明確にそして速やかに示されて邁進《まいしん》して行ったのです。詳しくは、現在準備中の『天皇家とユダヤとキリスト』(仮題)という本をご参照いただければと思います。

この写真の中では、フルベッキの傍《かたわ》らで甘える子息とは対照的に、フルベッキの周りを取り囲んでいる憂国の志士たちの決然たる意思をもって張り詰めたその表情。その眼光たるや射貫くかのように鋭く、真一文字《まいちもんじ》に結んだ口元には国を憂い、国の行く末を案じて止《や》まぬ並々ならぬ決意と緊張に漲《みなぎ》っている様を通して、当時の時代の空気が伝わってくると思います。

フルベッキが、彼のもとに参集している日本の未来の指導者たちに、普段の講義から、列強諸国の実態と日本の行く末を案じ、如何なる指針を説いていたかを表す傍証《ぼうしょう》として、以下のことが言えると思います。

つまり明治と改元した1868年10月23日から間もない翌年の2月に、明治の中央政府の指導者たちは、間を置くことなく、フルベッキただ一人を招聘するために、はるばる長崎の地に船を廻して彼を東京に迎えるのです。

表向きは東大の前身である開成学校の教師の役職でしたが、実際には、フルベッキは上京後直《ただ》ちに明治天皇への拝謁《はいえつ》を賜り、かつて築いた揺ぎ無い信頼の下に、すぐさま新政府のあらゆる部門においての相談役として、あたかも影の太政大臣のごとくあらゆる行政の部門の指針決定に関わり始めるのです。神の人であり預言者でもあったフルベッキは、神への不断の祈りを通して、日本の行くべき方向を指し示して、施政にあたったことは言うまでもありません。

中丸　驚くべき神の配剤《はいざい》です。日本という国の開国と新生明治政府の黎明期《れいめいき》はフルベッキを通して、神が介在されていながら国政が為されていたわけですね。

「日本人は約束の民である！」フルベッキは看破していた

小林　観察眼にも鋭いフルベッキは、長崎に上陸し日本人に接しているうちに彼らが卓越した道徳心と忠誠心、優れたものに対する貪欲なまでの学習心、そして学問に対する熱心さ、何事にも好奇心旺盛なる資質を持つという、世界のなかで「特殊な民族」であることを本国への報告として書き送っています。

かつて元禄時代、日本を訪れたドイツ人医師ケンペルはその著作の中で日本人を称して、「バビロン捕囚されていたヘブライ人の末裔」の民族であることを記していますが、やがてフルベッキは、その記述を彼自身の目で確認するのです。

フルベッキは日本人を「聖書に記された特別な民族」「約束された民族」と位置づけていたのです。

フルベッキのアメリカの伝道本部への書簡には、何事にも控えめで寡黙な彼が『『特別な民』『約束された民』のためにとにかく、なるべく早く、アメリカで最高の宣教師たちを！」と派遣を要請する手紙を逸《はや》る心で何度も送り、本国に打診しています。

私たち日本人にはこの文面は一寸面映《ちょっとおもは》ゆいのですが、とにかく用心深く謙虚なフルベッキがアメリカ本国に宣教師の要請を、燃える思いで吐露《とろ》し依頼しています。日本の国政に忙殺《ぼうさつ》されるさ中、夜を徹して手紙を認《したた》めている箇所をここに引用してみましょう。明治3年2月21日付けの手紙です。

「崇高な事業、天賦《てんぷ》の才を受け入れる場所があるとするならば、それはここ日本であり、まさに今なのです。影響力を広く永久に持ちたいと望む、崇高な野望を有する人がそちらにいましたら、ここ日本が彼らの働く場所です。

神聖な大志を達成するための偉大な約束の地を、彼らはここで見つけるでしょう。これは誇張ではありません。単純な事実です。

もしこのことが有望な青年たちに理解されたなら、その中には必ずや神に選ばれた者があり、その人は他のあらゆる計画や将来の見込みを投げ出し、この特別な国で、無条件に神の目的に身を捧げると思います」

フルベッキがこのような内容の手紙を書きながら、日本が「偉大な約束の地」「特別な国」と認めている彼自身の心の中に、大きく占めていたのは「明治天皇」という存在であり、「日本人」であったことは明白です。

中丸　フルベッキは最大限の言葉で日本と日本人を形容していますね。日本人には奇異《きい》にさえ感じ

フルベッキを囲む勤皇の志士たち。この中に後の明治天皇となる大室寅之祐もいた！

を公布、わが国の教育の近代化を図る。1889年２月12日暗殺される。

24　正岡隼人《まさおかはやと》

25　陸奥宗光《むつむねみつ》　弘化元〜明治30（1844〜1897）
紀州藩士。1862年京都に入り勤皇運動に関与、のち、海援隊に加わる。農商務相、外務相などを歴任する。

26　中岡慎太郎《なかおかしんたろう》　天保９〜慶応３（1838〜1867）
土佐勤王党に参加、1863年脱藩、薩長同盟に尽力。陸援隊を組織、倒幕のため土佐と薩長の密約を締結させた。京都河原町の近江屋で坂本龍馬と対談中、刺客に斬殺される。

27　大隈重信《おおくましげのぶ》　天保9〜大正11（1838〜1922）
佐賀藩士。藩校弘道館に学ぶ。長崎にて英学塾を開く。明治14年の政変後、立憲改進党総理、東京専門学校（のちの早稲田大学）を設立。その後、大隈内閣総理大臣。

28　岩倉具綱《いわくらともつな》　天保12〜大正12（1841〜1923）
公家。岩倉具視の養子。1866年王政復古で書記御用、参与、宮内大録、賞典長などを歴任する。

29　ウイリアム

30　フルベッキ　Guido Herman Fridolin Verbeck（1830〜1898）オランダ生まれ。
1859年、オランダ人宣教師としてアメリカより来日、1864年幕府の学校済美館、1866年には佐賀藩致遠館の教師を務め、門下から大隈重信、副島種臣ら新政府の指導者を多数輩出する。1869年開成学校の教師、大学南校（現東大）教頭に就任、1877年東京一致神学校設立、1887年明治学院創立に参加。聖書翻訳委員、使節団の派遣、学制制定など日本の近代化に貢献する。この間、国籍を失い特許状で日本人と同様の特典を得る。1898年３月10日東京で死去する。

31　岩倉具定《いわくらともさだ》　嘉永４〜明治43（1851〜1910）
具視の二男。天皇の側近として仕え、1909年宮内大臣などを務める。

32　高杉晋作《たかすぎしんさく》　天保10〜慶応３（1839〜1867）
長州藩士。松下村塾門下生。1862年上海に渡航、防長割拠論を唱える。藩命により奇兵隊をつくる。1865年諸隊を率いて俗論党を討ち、1866年の四境の役で小倉口参謀として小倉攻撃中に喀血して下関にて没する。

33　横井小 楠《よこいしょうなん》　文化６〜明治２（1809〜1869）
勝海舟、大久保忠寛たちと親交がある。肥後藩江戸留守居役との酒宴中刺客に襲われ、その際の行為を士道忘却と咎《とが》められ知行を没収された。明治政府は藩の反対を押し切り参与に登用したが、翌年暗殺される。

34　大村益次郎《おおむらますじろう》　文政７〜明治２（1824〜1869）
蘭医学、兵学を修め、1860年長州藩に召抱えられ、1868年軍防事務局判事となり上野戦争に大勝、兵部大輔に進むが、1869年10月京都で刺客に襲われ、それがもとで死亡する。

35　桂小五郎《かつらこごろう》　天保４〜明治10（1833〜1877）
長州藩士。のちの木戸孝允。1865年藩政改革。翌年薩長同盟を結ぶ。岩倉遣外使節団として渡欧、日本近代化に主導的役割を果たす。

36　江副廉蔵《えそえれんぞう》
江副商店主。東京のタバコ業者。金物および器械類の直輸入で成功する。

37　岩倉具経《いわくらともつね》　嘉永６〜明治23（1853〜1890）
公家。具視の三男。江戸無血開城後、奥羽従討白河口副総督、宮中に勤務する。

38　岩倉具慶《いわくらともやす》　文化４〜明治６（1807〜1873）
公家。具集の長男。

39　広沢真臣《ひろさわさねおみ》　天保４〜明治４（1833〜1871）
長州藩士。1866年10月幕使勝海舟と長幕休戦協定を結ぶ。1867年京都より討幕の密勅を持ちかえる。新政府参与に挙げられたが、自宅で刺客に暗殺される。

40　明治天皇《めいじてんのう》　嘉永５〜明治45（1852〜1912）京都生まれ。
1868年9月明治と改元。12月一条美子《はるこ》と結婚。1869年３月東京遷都を行う。1868年「五か条のご誓文」発布。1889年大日本帝国憲法の発布。

41　岡本健三郎《おかもとけんざぶろう》　天保13〜明治18（1842〜1885）
土佐藩士。1867年10月、坂本龍馬に同行、越前福井で井岡八郎（由利公正）と会見する。龍馬暗殺の直前に居合わせたが、退席したので難を逃れる。維新後官界に入る。西南戦争で挙兵に加わり禁獄２年。のちに実業界にて活躍する。

42　副島種臣《そえじまたねおみ》　文政11〜明治38（1828〜1905）
佐賀藩士。和漢の書に通じ長崎で英学を学ぶ。外務卿として活躍、ロシアとの国境問題、マリア・ルス号事件などを処理し、日清修好条規を結ぶ。また書家として高い評価を得ている。

43　坂本 龍馬《さかもとりょうま》　天保６〜慶応３（1835〜1867）
土佐藩郷士。土佐勤王党に参加、1862年脱藩。江戸で勝海舟に会い、のち神戸の海軍繰練所塾頭になる。海援隊をつくり薩長同盟に尽力する。1867年京都河原町の近江屋で襲われ憤死する。享年32歳。墓は京都東山区霊山墓地。

44　日下部太郎《くさかべたろう》　弘化２〜明治３（1845〜1870）
福井藩士。同藩最初の海外留学生。1865年英学修行のため、長崎の幕府洋学所に入学、1867年海外渡航解禁により米国ニュージャージー州ラトガース大学に入学、4年の課程を３年で修得する秀才であったが、卒業目前で客死する。

45　横井左平太《よこいさへいた》　弘化２〜明治８（1845〜1875）
熊本藩士。1864年横井小楠のすすめで神戸海軍操練所に入る。のち、長崎に移り、フルベッキに語学を学ぶ。日本人最初の留学生となるも肺結核で死亡。

46　横井太平《よこいたへい》　嘉永３〜明治４（1850〜1871）
左平太の弟、兄と共に神戸海軍操練所に入る。のち、兄と共に日本人初の官費留学となるも、また兄よりも先に肺結核で21歳で死亡する。

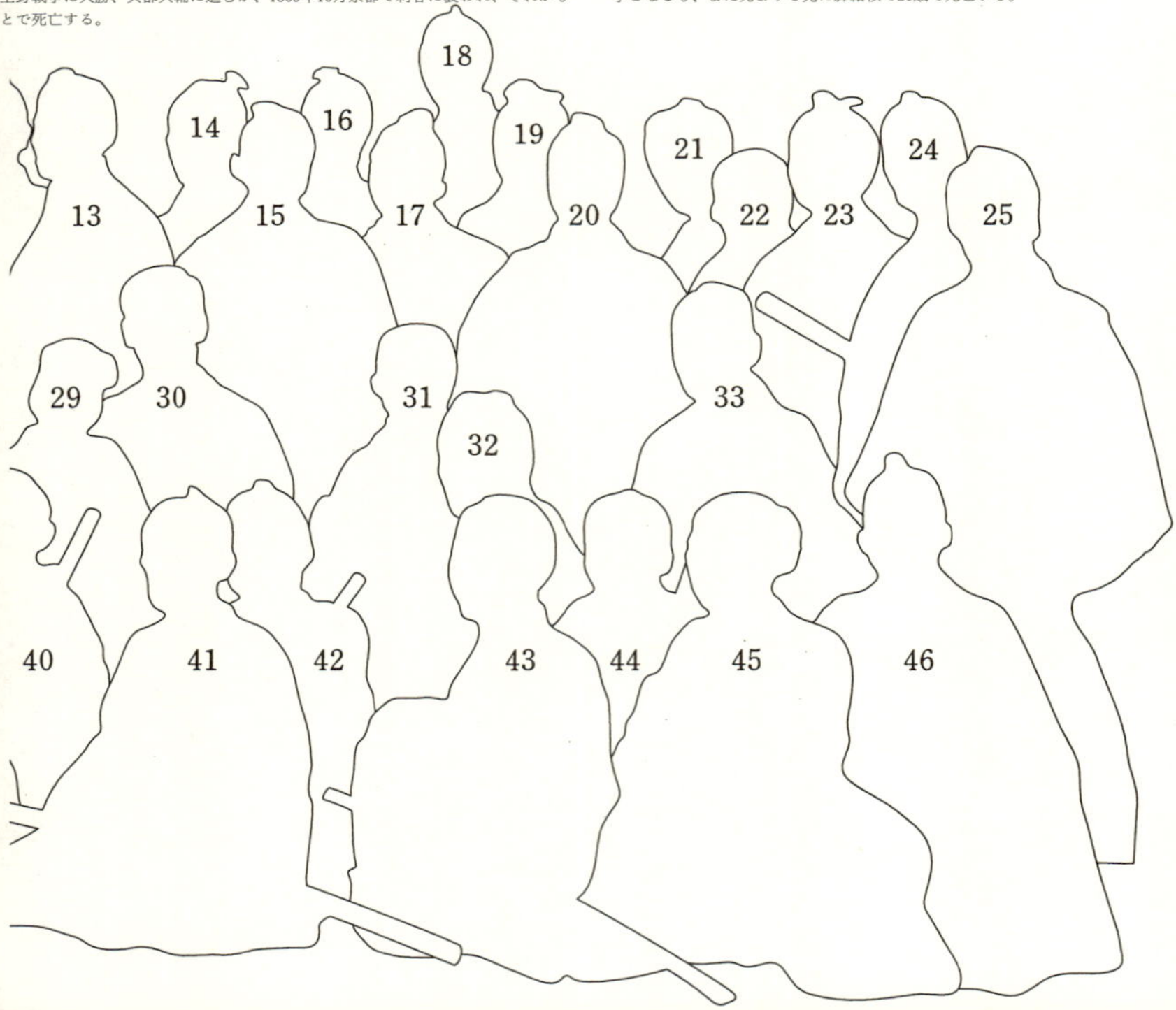

1　**勝海 舟《かつかいしゅう》**　文政 6 ～明治32（1823～1899. 1 .21）
幕臣勝小吉の長男、名は義邦、海舟は号、1855年長崎海軍伝習所に入所。1860年咸臨丸《かんりんまる》を指揮して渡米。戊辰戦争では恭順派として官軍と折衝し、徳川家存続を条件として、江戸開城を行う。その後、政府要職を歴任する。

2　**中野健明《なかのたけあき》**　弘化元～明治31（1844～1898. 5 .11）
佐賀藩士。長崎で、大隈重信、副島種臣らと学び、明治新政府のもとで司法省判事、長崎県知事、神奈川県知事を歴任する。

3　**中島信行《なかじまのぶゆき》**　弘化 3 ～明治32（1846～1899）
土佐藩高岡郡塚地村郷士。1864年脱藩し、長崎に出て、海援隊に入り、いろは丸事件で紀州藩と折衝、坂本龍馬の死後、官界に入り、自由党設立にあたり副総裁、第一回衆院議長を務める。

4　**後藤 象二郎《ごとうしょうじろう》**　天保 9 ～明治30（1838～1897）
土佐藩士。江戸で大鳥圭介《おおとりけいすけ》に学んだ後、土佐に戻る。坂本龍馬の健策により、山《やま》内容堂《うちようどう》を説いて大政奉還の建白を実現。維新後は農商務相などを歴任する。

5　**江藤新平《えとうしんぺい》**　天保 5 ～明治 7 （1834～1874）
脱藩、上京して尊攘派とむすぶ。1872年明治政府司法卿、1873年征韓論に敗れ下野。佐賀の乱で、征韓党党首として処刑される。

6　**大木喬任《おおきたかとう》**　天保 3 ～明治32（1832～1899）
佐賀藩士。藩校弘道館に学び、明治維新後、中央政治に参画、東京遷都を建議、司法相、文相を歴任する。

7　**井上《いのうえ》　馨《かおる》**　天保 6 ～大正 4 （1835～1915）
長州藩士。1863年英国留学、明治維新後、新政府に入り、外相、内相、蔵相を歴任する。

8　**品川弥二郎《しながわやじろう》**　天保14～明治33（1843～1900）
長州藩士。松下村 塾《しょうかそんじゅく》門下生。1866年木戸孝允と京都に入り薩長同盟に立ち会う。1870年渡欧、1876年帰国して、内相などを務める。

9　**伊藤博文《いとうひろぶみ》**　天保12～明治42（1841～1909）
松下村塾門下生。木戸孝允に従い尊皇攘夷運動に参加。岩倉遣外使節団副使として欧米視察、日本の近代化を図り、初代総理大臣となる。ハルビンで朝鮮独立運動家の安重根に暗殺される。

10　**村田新八《むらたしんぱち》**　天保 7 ～明治10（1836～1877）
薩摩藩士。西郷隆盛に師事して国事に奔走、西南戦争では、二番大隊長として出兵し、都城、宮崎、延岡に転戦、城山にて戦死する。

11　**小松帯刀《こまつたてわき》**　天保 6 ～明治 3 （1835～1870）
薩摩藩家老。肝付兼善の子で小松家の養子に入り、1862年家老に進み薩長同盟に貢献、藩主島津忠義《しまづただよし》に倒幕出兵を説く。大久保利通らと版籍奉還を画策する。

12　**大久保利通《おおくぼとしみち》**　天保元～明治11
薩摩藩士。島津斉 彬《なりあきら》の死後、西郷隆盛と共に倒幕へと導く。維新後は廃藩置県などの改革を行う。1878年東京紀尾井《きおい》町で、石川県士族島田一郎らに襲われて死亡する。

13　**西郷隆盛《さいごうたかもり》**　文政10～明治10（1827～1877）
薩摩藩士。大久保利通と共に倒幕を画策し、戊辰戦争は東征大総督参謀として働き、江戸城無血開城を実現する。征韓論に敗れ下野したが、周囲に推され西南戦争が起こるとその首領となり、敗れて城山で自決する。

14　**西郷従道《さいごうつぐみち》**　天保14～明治35（1843～1902）
薩摩藩士。隆盛の弟。兄の影響を受け、尊王攘夷運動に参加、戊辰戦争で兄と共に戦う。1885年初代海軍大臣。ほかに、文部卿、内相などを務める。海軍元帥。伯爵。

15　**別府晋介《べっぷしんすけ》**　弘化 4 ～明治10（1847～1877）
薩摩藩士。戊辰戦争従軍、西郷隆盛に従い西南戦争では熊本城、八代、人吉、宮崎に転戦して敗れ、西郷隆盛を介 錯《かいしゃく》したのち戦死する。

16　**中村宗見《なかむらそうけん》**

17　**川路利良《かわじとしよし》**　天保 7 ～明治12（1836～1879）
薩摩藩士。1864年禁門の変で活躍、1872年警察制度視察のため渡欧。1874年警視庁創設と共に初代大警視となる。西南戦争では、別働隊を率いて活躍する。

18　**黒田清隆《くろだきよたか》**　天保11～明治33（1840～1900）
薩摩藩士。江川塾に入門し、洋式砲術を学ぶ。薩英戦争や禁門の変で活躍、西郷隆盛のもとで薩長同盟締結に尽力、戊辰戦争にて、五稜郭落城後、榎本武揚《えのもとたけあき》の助命に奔走する。総理大臣をつとめる。

19　**鮫島誠蔵《さめじませいぞう》（尚信《なおのぶ》）**　弘化 3 ～明治13（1846～1880）
薩摩藩士。1865年薩摩藩留学生に選ばれ、イギリスに渡り、1867年にはアメリカに移り新生社でハリスに師事、のち、外務省勤務、1878年仏・ベルギー公使として渡仏するもパリの公館で執務中死亡する。

20　**五代友厚《ごだいともあつ》**　天保 6 ～明治18（1835～1885）
薩摩藩士。長崎の海軍伝習所に入り、航海、砲術、測量などを学ぶ。薩英戦争では、寺島宗則とイギリスの捕虜となるが、1865年藩の留学生を率いてイギリスへ渡る。その後実業界に入り大阪商工業の発展を助ける。

21　**寺島宗則《てらしまむねのり》**　天保 3 ～明治26（1832～1893）
薩英戦争で捕虜となり、渡英。そのまま 2 年間滞在。帰国後は外交官として活躍。神奈川県知事、外務卿、元老院議長、駐米特命全権公使などを歴任する。

22　**吉井友実《よしいともざね》**　文政11～明治24（1828～1891）
薩摩藩士。大坂薩摩藩邸の蔵役となり、志士と交わった。西郷隆盛らと共に、国事に従事して明治新政府で軍務局判事となり、1881年、日本鉄道社長に就任。

23　**森有礼《もりありれい》**　弘化 4 ～明治22（1847～1889）
薩摩藩士。1865年薩摩藩留学生としてイギリスに留学、その後アメリカに渡りハリスの新生社で学ぶ。1885年初の文相となり帝国大学令、小学校令、師範学校令

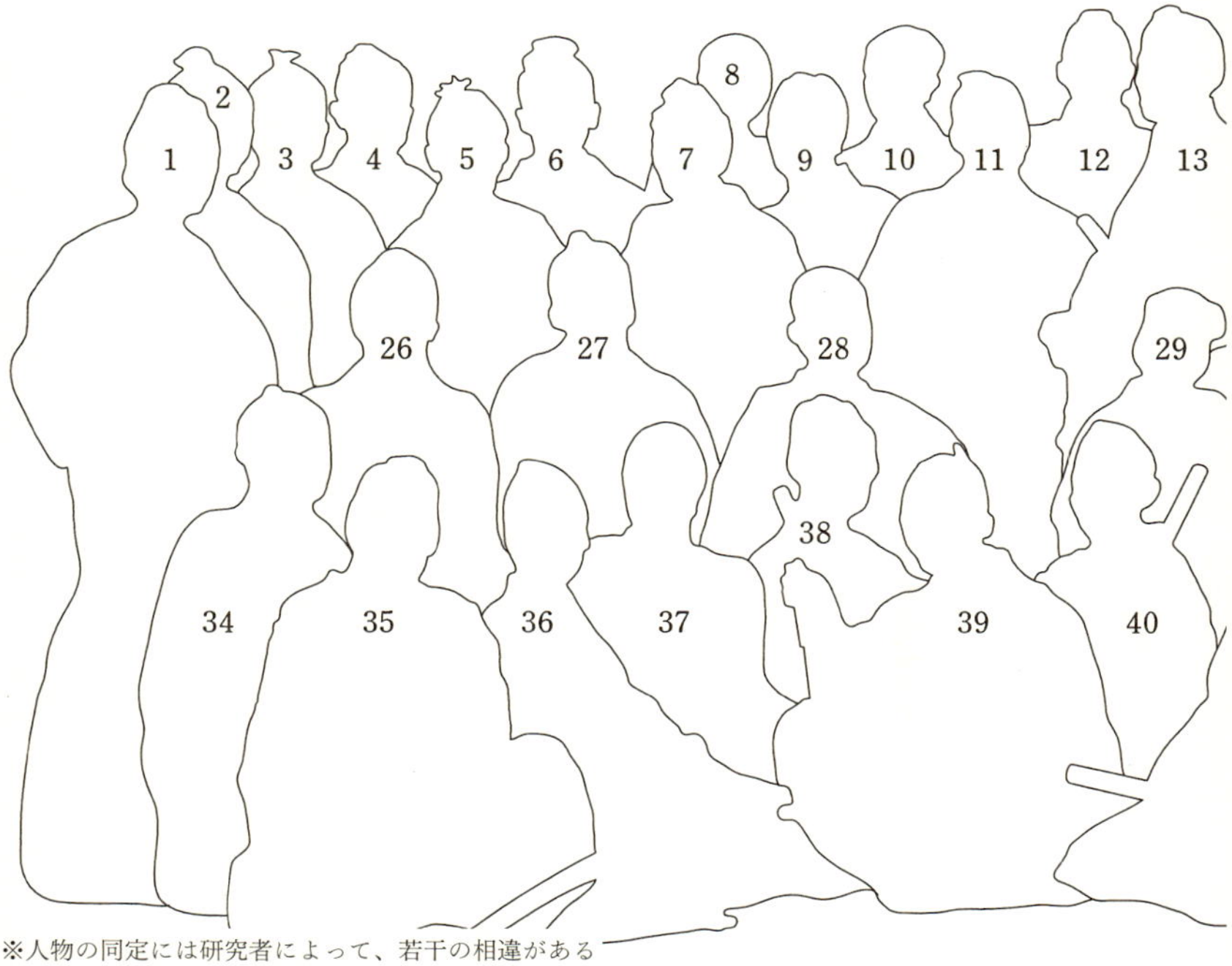

※人物の同定には研究者によって、若干の相違がある

る彼の言葉ですが、彼が知る西洋人たちや諸外国人と比較した上で、確信されているわけですね。それにしても、聖書に記された「偉大な約束の地」「約束された民」であることをいち早く看破《かんぱ》したフルベッキの言葉は、現代の私たちにとってもとても重く響いてきますね。

小林　そうですね。あの寡黙で控えめなフルベッキがここまで断言しているのですから。

北イスラエルの十支族の末裔が陸のシルクロード経由で日本に渡来してきているのはもちろんですが、フルベッキは晩年には更に踏み込んで、海のシルクロードからもこの日本に渡来してきていることも述べています。

中丸　明治の時代にですか。それは鋭い洞察ですね。歴史学の分野で、海のシルクロードについて脚光を浴びたのは、まだ最近のことと思っていましたが。

小林　フルベッキの洞察の鋭さは、神から来ているように思えてなりません。事実1864年、元治元年の年明けに「見よ、汝の前に門戸を開放した」という預言の言葉を神から直接に与えられるのです。実際その言葉の通りその後、まるで彼の前に備えられた大道のど真ん中を、堂々と歩むかの如き目覚しい働きを日本の国に為していくのですから。長崎の地で、そして日本の中央の東京で日本の国の舵取りという途轍《とてつ》もない役目に邁進して行くわけです。もっとも宣教師として神の国を宣べ伝えようとしていた彼にとっては、国政に携《たずさ》わることには不本意であったようですが。

中丸　神様から直接にお言葉を賜ったのですね、フルベッキは。

小林　晩年のフルベッキの伝道講演会では、日本人が「海からやってきた」ことを告げる説教をし

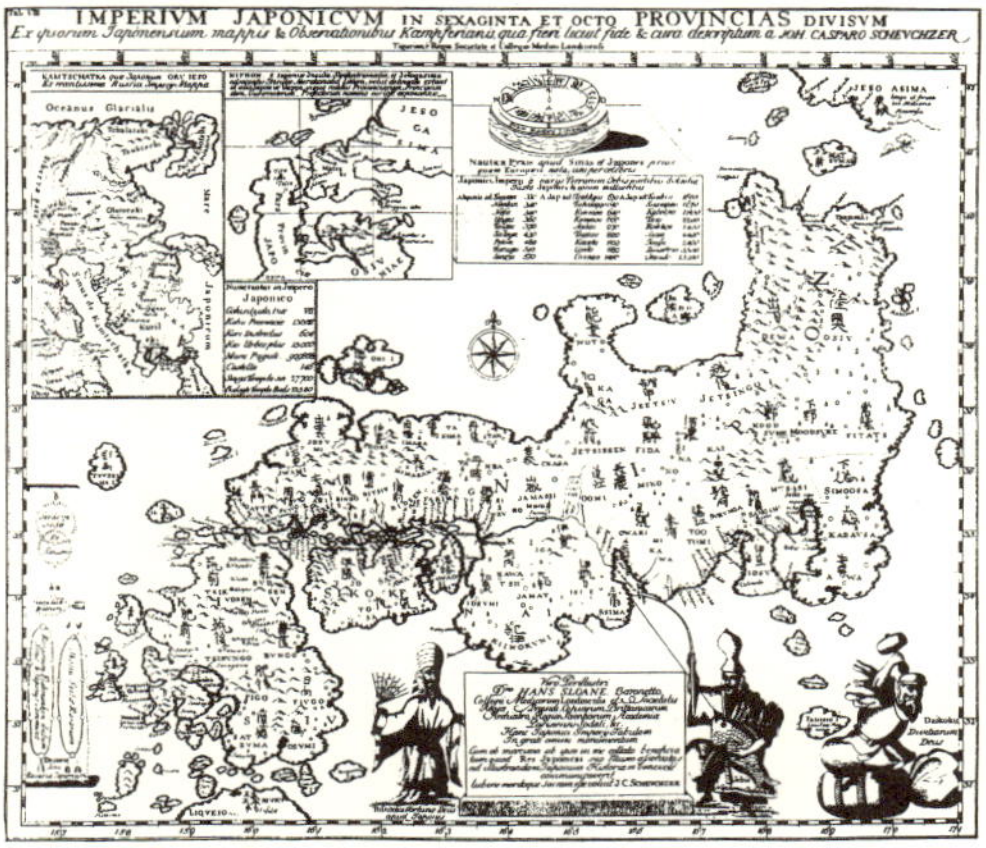

ケンペルの本に載せられた日本地図。

一八六七年、スコットランドの実業家でノーマン・マクレオドという人が、日本にやって来た。彼は一八七五年に、長崎で『日本古代史の縮図』という英語の本を出版した［邦訳は『天皇家とイスラエル十支族の真実』（たま出版刊）の名で出ている］。

マクレオドはその中で、日本人がイスラエルの失われた十支族の子孫であるという説を展開した。マクレオドは、日本に伝わる古代文字すなわち神代《じんだい》文字の幾つかは、中近東で用いられていた文字によく似ていると述べている。

また、奈良時代に吉備真備《きびのまきび》（六九五〜七七五年）がつくったと言われるカタカナは、一八六八年にイスラエルの死海東岸から見つかったモアブ石の文字と、多くの点で似通っているとも述べている。

マクレオドは日本の骨董品店で、長い巻き物に描かれた古い絵を手に入れた。その絵には、材木を縄でしばり合わせた大きなイカダの中央にすわっている神武《じんむ》天皇と王子たち、また彼らを取り巻いて立っている兵士たちが描かれていた。

絵を見ると、彼によればその王子たちの身につけていた鎧《よろい》は、アッシリヤかメディヤのものにそっくりだった。そして王子たちは、

「イスラエルの王が使ったような（エゼキエル書一六・一〇）じゅごんの毛皮の靴を履き、ペルシャの剣を腰に帯びていた」

「兵士たちのうちの何人かは古代イスラエルの一角獣型の槍《やり》を持ち、何人かはメディヤの歩兵が手にしていたような槍を持っている」

「日本の大弓が古代オリエントの弓と同じものであることは、スミスの有名な『図解聖書辞典』を見ればわかる。この本に載っているイスラエルの弓は日本の弓とそっくりだ」

等と書いている。マクレオドはまた、とくに皇族や公家の人々は、ユダヤ的な顔だちをしていたと述べている。一八七二年の第一回京都博覧会で、明治天皇と皇族方の姿を見る機会を持った彼は、

「その会場で、私はユダヤ系の顔をした人をたくさん見かけた。彼らの顔立ちはかつて私がヨーロッパで見たユダヤ人の顔とそっくりだった。……明治天皇の随行員は、全員がユダヤ人の顔つきをしていた。天皇陛下の顔立ちは、ワルシャワとセント・ペテルスブルグの裕福なユダヤ人銀行家、エプシュタイン家の人々によく似ておられた。若い伏見宮《ふしみのみや》殿下は、お写真を拝見した限りでは、皇族の中でも一番ユダヤ的な顔立ちをしておられた」

とまで書いている。

マクレオドは、こうした彼の主張を日本でも講演してまわった。日本では彼の主張に耳を傾ける者はほとんどいなかったが、海外ではセンセーショナルな話題になった。

ただし今日の学者は、彼の主張に重きを置いていない。マクレオドはまた、朝鮮半島におけるイスラエル十部族に関する本も書いている。

〔出典：『日本・ユダヤ封印の古代史』ラビ・マーヴィン・トケイヤー著　久保有政訳〕

ています。この鋭い彼の洞察は、非常に重要な意味を含んでいます。

近年海のシルクロードに関する研究は長足の感があります。ソロモン・フェニキアの船団が与那国島や沖縄諸島、本州、北海道にも来ていた証拠が発見されているのです。岩壁に刻まれたフェニキア文字もアメリカの言語学者によって解読されています。シカゴ大学のフェニキア船の研究サイトでは、それこそ世界中にその証拠が発見されている様子がみられるようです。

沖縄と近隣の諸島ではヘブライの習慣が色濃く残っています。私はユダ王国のユダの王族の一部とユダ族、ベニヤミン族の一部、そしてエルサレムの祭司の一部すなわち中枢のレビ族の一団がソロモン船団によって大挙渡来したとみています。

沖縄では神武天皇の生まれた島や産湯《うぶゆ》に浸かった場所も言い伝えられています。失われたイスラエル十支族探索のイスラエルの国家機関「アミシャーブ」の長、ラビ・アビハイルも全世界のどこにも見出すことのできない神殿様式の社殿が、この日本だけにあることを断言しています。

この事実はユダ王族の直系の渡来とともにレビ族の一団、特に諸部族の中心である、エルサレムの祭司集団の一部が渡来してきたことを意味するのです。なぜならば、神殿建設はもっぱらモーセ・アロンの血統を引くレビ族によって定められた職務であり、他の部族がこの聖務に携わることは「死」を意味することとして聖書に記されているからです。

そして、2007年8月のエルサレム・サミット・アジア！Ⅳ 東京大会では、イスラエルの国会「クネセト」で構成される議員団にしていずれも「クリスチャン同盟」の会員である、ユダヤ人ラビの重鎮で党首歴任の団長・ベニー・エロン師、このサミットのCEO、クリスチャンのラジェデフスキー師、国会議員の幹事長歴任のギデオン・サール氏や財団会長のマリッサ・アルバート女史など講師の方々は一様に、「同胞」である日本人に「切なるサムライの祈り」を要請し、偏向報道を超えた真の理解を「同胞」に求めたのです。

特にマリッサ・アルバート女史はイザヤ書に記された多くの預言の箇所を引いて、「日の出づる国、東方の島々、エッサイの根、ユダ族の聖裔《きよきたね》とはあなた方日本人のことを指しているのです」と熱く訴えています。

21世紀の今日、ユダヤの血を引くイスラエルの人々が、直接日出づる国の「同胞」に向かって、眠りこけている日本国民に向かって、今や「ユダヤの裔《すえ》、眠れる獅子《ライオン》よ起きよ！」と熱心に声高にラブコールを叫んでいる時代になったのです。

日本民族は、そして天皇のルーツは

中丸　ユダ族の渡来した沖縄で神武天皇が生まれたということは、……それでは天皇家のルーツは沖縄にあるのですか。

大分以前のことですが、確かアメリカのスミソニアン博物館では三内丸山《さんないまるやま》遺跡で出土された縄文土器と、ソロモン諸島（オーストラリアの北東）の近くにあるバヌアツという所で発掘された土器が材質、文様ともに同一のものであることを断定したことを伺っています。日本の考古学者は、太平洋の遠洋航海はとても丸木舟では、とのコメントをしていたように記憶しています。

小林　日本の考古学界は、外国と比べて視野が狭いように感じます。しかしソロモン・フェニキア艦隊の構造大型船を考えたら腑《ふ》に落ちますね。

聖書にも語られているように、ダビデの権勢によってフェニキアの王ヒラムの協力を取り付けたことによって初めてこの偉業は達成されたのです。フェニキアにあるレバノン杉を竜骨とし、鉄加工の技術によって建造された大型構造船によって組織された船団は、ソロモン諸島を経由して渡来していたとみています。

その後ソロモンの代になってもフェニキアとの合同船団はユダ王国の専売特許として膨大な金・銀・宝物を3年毎にソロモンにもたらし、イスラエル王国は隆盛を極めます。ビルマ特産の孔雀《くじゃく》をはじめとして世界中からの特産物、各地の珍品・宝物を満載して航行するこの船団の存在は、当然ながらユダ族とヒラム王との秘中の秘の密約だったのです。

地名由来の「タルシシ船」や「富」という名詞の「オフル（オフィル）」という呼び名でこの船団を形容しているのはこのためです。アジアの西端アカバ湾のエジオンゲベルと極東の島々やアフリカ・英国・アメリカ大陸までの遠洋航海ですから簡単ではなかったことでしょう。

しかし今日、少なくとも日本までの航路上の季節風と潮流図を調べてみますと、現在我々が思うほど困難な航海ではなかったことがわかると思います。大航海時代の遥か古代から世界周航航路は確立していたのです。これらのことは早くもつくば市の国際科学振興財団の今井弥生女史によって指摘されています。

しかしソロモンの死後、十二支族は南と北に分かれ、南に属するユダ族の王たちによってこの密約は語り継がれます。フェニキアに隣接している北イスラエルの諸部族は、彼らから密《ひそ》かに東の最果てに浮かぶ黄金の眠る島々の存在を聞いていたと思われます。

二千数百年もの間ソロモン船団による全世界周航路の存在が隠されていた事実をしても、ヘブライ人の周到な性癖を見ることができます。

イザヤ書6章には、南のユダ王国そして北のイスラエル王国の、やがて来《きた》るべき運命の預言が記されています。まずユダ族であり王族であったイザヤの召令です。神はイザヤに対して「われ誰をつかはさん、誰かわれらのために往くべきか（文語訳）」と問いかけます。イザヤはその時、即座に「われ此にあり我をつかはし給へ」とこたえています。何処《どこ》にとは記されていません。その後の聖書にも触れられてはいませんが、これは、神が、その場所を封印されたことが読んでみて判《わか》ります。しかしその封印は21世紀の今日、解かれることとなったのです。それは、東の涯《はて》の島々、即ち「日本」にイザヤは神の命《めい》によってつかわされたということです。

イザヤ書6章十一節以降では、以降のイスラエル民族の悠久なる歴史が預言されています。アッシリア、バビロニア捕囚されたイスラエルの民たちの9割は、エルサレムに帰還することなく離散の民となり、周辺部から広範囲にわたってヨセフの祝福を受け、浜の砂《いさご》の如く、大祝福を受けて増え広がり、北はロシア、南はアジア、東はシルクロードを経て中国各地から東南アジアの国々、そして近代においては、華僑《かきょう》に至り、そして最果《さいは》ての島々日本に至るのです。エステル記では、ヨセフの子らの裔《すえ》が祝福を受けて印度よりエチオピアまで百二十七州に渡って増《ふ》え広がった様子が、記されています。そしてイザヤ書6章十三節では、エルサレムに帰還した十分の一もやがて紀元70年、イエス・キリストが預言されたように、ローマ軍による壊滅的な攻撃によって全世界に四散する様が預言されています。

しかし、マリッサ・アルバート女史が引用されたように、

「されど聖裔《きよきたね》のこりて、この地の根となるべし。彼《か》のテレビントまたは、橿木《かしのき》がきらるゝことあ

りともその根ののこるが如し」（イザヤ書6章十三節）極東の地において選民の根となるべき人々が、島々に残された民《レムナント》として残された。それが、日本の方々、あなた方なのですよ!!」とイスラエルの国会議員団の団長であるラビをはじめ、国会議員で組織されるクリスチャン同盟の委員の方々が熱意を込めて、メッセージを日本人に発しているのです。

そして創世記49章のヤコブの祝福の預言です。とりわけユダに対する預言は特筆すべきものです。

八節「ユダよ、汝は兄弟の讃《たた》むる者なり。汝の手は汝の敵の頸《くび》を抑へん。汝の父の子等《こら》、汝の前に鞠《かが》まん。

九節「ユダは獅子の子の如し。わが子よ、汝は所掠物《えもの》をさきてかへりのぼる。彼は牡獅子《をじし》のごとく伏し、牝獅子《めじし》のごとく蹲《うずくま》る。誰がおこすことをせんや」

十節「杖ユダを離れず法を立つる者その足のはなるゝことなくしてシロの来る時にまでおよばん。彼に諸《もろもろ》の民したがふべし」

この十節を新共同訳でみますと、ヘブライ語の意味がもっと鮮明になると思います。

「王笏《おうしやく》はユダから離れず。統治の杖は足の間から離れない」と訳されています。

ユダの獅子にして、王の王、主の主は我らの主イエス・キリストであることは言うまでもありません。しかし聖書ではこのようにヤコブの口を通しての預言が語られているのです。

「統治の杖は足の間から離れない」。畏《おそ》るべきことですが、王族であるユダ族の末裔は、この地上において何処《どこ》かに統治の王笏《おうしやく》をもって必ず存続し続ける、との預言です。

「統治の杖は、足の間から離れない」。悠久の歴史の中で神の約束は、必ず、そして連綿《れんめん》と聖書の聖言《みことば》の預言にもあるように、「足の間から」即ち、「出産」を経て、この地球上の何処《どこ》かに存続しつづける、という預言です。

歴史を俯瞰《ふかん》し、あまねく世界を見渡して、何処《どこ》に万世一系の王族と擁した国があるでしょうか。旧約聖書をつぶさに調べ尽くしているイスラエルのユダヤ教のトップ・ラビたちが、天皇を擁する日本に対して特別の敬意を払わなければならないと伝えられている理由は、ここに在ると思います。

現在準備中の『天皇家とユダヤとキリスト』(仮題)では、更に分け入って具体的に述べさせて頂きたいと思います。

時代は今、世界をリードしていける「開かれた皇室」というものを切に望んでいます

中丸　私の父、堀川辰吉郎は井上馨に預けられたと言いましたが、その後に頭山満《とうやまみつる》にも預けられたのです。『万世一系の原理と般若心経の謎』(浜本末造著　霞ヶ関書房)という本には次のように書かれています。

「明治天皇には、皇子は大正天皇しかいなかったと歴史は伝えています。しかし、大正天皇より数

時間早く千種《ちぐさ》の典侍《ないしのすけ》からお生まれになった皇子がありました。千種の典侍は柳原《やなぎはら》の局《つぼね》をはばかって、皇子を皇女として育て、後に頭山満に預けたのです」

その預けられた皇子が父辰吉郎です。その詳しい背景はこうです。

当時明治天皇は、大隈重信《おおくましげのぶ》一派と組んで国政を進めなければ、国が成り立たないという状況にありました。柳原の局の背後にいたのが大隈重信だったのです。そんな事情があって、辰吉郎は嘉仁《よしひと》様（大正天皇）より早く生まれたにもかかわらず、明治天皇御自身の判断で、第一次伊藤内閣の外相だった井上馨に預けられたのです。その後、政財界の重鎮《じゅうちん》であった頭山満の手によって教育されたのです。

頭山満は若いころから自由民権運動に挺身《ていしん》し、国力の伸長、大アジア主義を唱えていました。彼が組織した玄洋社《げんようしゃ》は、日本の大陸政策の発信源、プロジェクトリーダーだったのです。当時中国では、孫文が革命運動を盛んに行っていました。しかし、それに失敗して日本に亡命。そのとき孫文をかくまったのが頭山満です。辰吉郎はこのとき孫文の決意に打たれて、その後孫文と共に中国にわたり、辛亥《しんがい》革命をなし遂げる一翼《いちよく》を担ったということがあったのです。

父のこのような偉大な足跡も公的には認められることなく埋もれています。

それは皇室にとって、このようなことは秘密だからです。

しかし、これからの世の中の進む方向を見据《みす》えましたとき、あらゆる情報は開示されていくべきものと天上界もそう言っております。

これ以外にもまだまだ秘密はたくさんあるのです。私はこの紙面を借りて、そのことを少しお話しさせていただいて、この対談を終えようと思います。

いずれにしろ、ユダヤのダビデの王統もどこを探しても、もう日本以外にはありえないのです。そして、キリストを救世主と認めるユダヤ教徒たちが、日本のもともとの霊統と一つとなって、日本の今日を有らしめたことが明らかになりました。神道にはユダヤもキリストもイスラムも全部入っているのです。そのことが皇室に渾然一体《こんぜんいったい》となって存在しているのです。日本は聖書の国です。それと同時にあらゆる宗教を超越した根源の神、宇宙創造神の薫陶《くんとう》があまねく行き届いた国柄、民人《たみびと》に満ち充ちた国なのです。

万世一系の皇室というものはあり得なくても、万世一系の皇室のシステムと血脈というものは存在しうるのだと思います。それは普遍・不朽の道でなくてはなりません。そのかたちから、人々を宇宙の心へとつなげるものでなくては意味がないのです。

宇宙は意思であり、心そのものです。それを神と言います。その神を心に抱いた人々によって、万物、生きとし生けるもの、森羅万象《しんらばんしょう》が一つとなって生きる姿、それを地球上において、かたどっているのが皇室のシステムであってほしいと思います。

実際そのような証拠がこれからも次々と出てくるでしょう。

日本国と日本人の特殊な使命は明らかです。

だから、日本からまず世界を変える動きが始まらなければなりません。

そこで皇室の果たす役割というのは、まことに大きいものだと思うのです。その心でもって、これから私の話すことを聴いていただきたいと思います。

皇室にはバイブルの精神がカチッと入っています！

中丸　これまで明らかにしたように明治天皇は南朝の末裔《まつえい》として、睦仁親王《むつひとしんのう》と入れ替わって、天皇に即位しました。その明治天皇のブレインは、フルベッキだったわけですが、彼はオランダのユダヤ人でした。それもユダヤ教からの改宗者、イエス・キリストを救世主と認めるいわゆるメシアニック・ジューであったのです。そして、皇室そのものがその改宗ユダヤの流れが古くから混じってできていたわけで、フルベッキは聖書の人ですから、聖書を読んでいれば、この日本が聖書に預言されていた国であることは、わかったはずなのです。彼はいわゆる闇の権力に与《くみ》する宣教師ではありませんでした。そのハートは日本と日本人と深く深くつながっていたのでした。

明治天皇も日本の根幹に改宗ユダヤの流れがあることに気がついていました。そして、もちろん聖書を読んでいたのです。明治天皇が残された御製の歌が2万7500あるといわれていますが、これを分析した小林様もいっていることですが、ここにはバイブルの精神がふんだんにあふれている。バイブルを読まないと理解できないものがたくさんあるということです。

そして、私はここにおいて昭和天皇の真実というものもまた明らかにしたいと思うのです。

昭和天皇もまたバイブルの精神がその根幹に入った人でした。昭和天皇は、いまだに戦争責任を云々《うんぬん》されることがありますが、本当に戦争はいやだ、自分は戦争には反対であると公言していたのです。

昭和天皇は、実は明治天皇のお子様なのです。それで幼少期をどう過ごされたかということが、今回小林様とのお話で明らかになりました。私も聞いていたことですが、当事者である小林様からあらためて確認が取れましたので、これを明らかにしておきたいと思うのです。

川村純義《かわむらすみよし》中将という方がいました。薩摩《さつま》出身の方です。この方は単なる軍人ではなく、文人それも聖書の精神にあふれた文人だったのです。その娘である花子様が、昭和天皇（裕仁様）の生みの親だったのです。明治天皇は、「仁（小林様の母親・明治天皇の娘）がいるから一緒に住まわせよう」といって、幼き裕仁《ひろひと》様を川村家に預けました。つまり、将来の天皇になると決まっていた裕仁様は仁様と姉、弟のような関係で一緒の生活をし、仁様が乳母のような役割も担っていたのです。

昭和天皇は明治天皇と川村家のある女性との間に出来た子供ということを私は以前より聞いていましたが、どうもそれは本当のことだったようです。ということは仁様と裕仁様は本当の姉弟だった。だからこそ、裕仁様はあちらでお育てすることにしたのでしょう。小林様にとっても私にとっても昭和天皇は叔父ということになるのです。

堀川辰吉郎と中丸薫

大室寅之祐の弟の孫にあたる久子さんと中丸薫、上写真の右は中丸薫の長女

それで昭和天皇というのは、やはりイエス・キリストを受け入れたメシアニック・ジューの流れ、聖書の精神がばっちり入った方だったのです。

2・26事件というのがありました。これの真相は、なかなか戦争に踏み切ろうとしない昭和天皇に業《ごう》を煮やした軍人一派のクーデターだったのです。戦争に消極的な昭和天皇を秩父宮様に取り替えようとするために起こされたものだったのです。

笹川良一《ささかわりょういち》という人がおりました。日本船舶振興会、競艇のトップだった人です。この人が日米戦争を始める前に講演でこんなことを言っていたのです。「この昭和天皇さんは、弱虫で、戦争嫌いで、非戦論者で、あんな天皇替えちゃいます」と。

2・26事件にはそんな背景があった。だから昭和天皇ご自身の命も危なかった。実際、ピストルを持った将校が、昭和天皇の部屋まで入っていったと聞いております。マッカーサーは戦後、昭和天皇に「神を見た」といいましたが、実際このときの将校も、なぜかきびすを返し自らのこめかみに銃弾を撃ち込んだというのです。

それで、このようにご自分のお命も危ないというとき、昭和天皇には良子《ながこ》皇太后との間にお子様がいらしたのです。明仁様は秩父宮様のお子様になるのです。こうしたことも今回小林様と情報を確認しあって明らかにすることができるようになりました。

昭和天皇の本当のお子様もたいへん優秀だったそうです。当時のタイプとしては決して軍人タイプではなくて、学者タイプで、どちらかというと弱々しいということで、軍部の力でドイツに追放のようなかたちで行ったそうです。ドイツでは科学者としてお過ごしになり、戦後はドイツの科学者たちと一緒にアメリカに渡り、ユタ州あたりの研究所で、宇宙科学の問題などを研究されて、その後、九州へ戻ったとお聞きしました。その奥様がまだご健在です。だからわかるのです。本来天皇になるべきだったその本人は、5、6年前にお亡くなりになりました。

このように皇室はとてもややこしいのです。私の父もそうだったのですが、本当の母の元で育てられたわけではない。昭和天皇にしても、本当のお母様のお顔も知らなかったんじゃないかというくらい。

私にしても19歳になってはじめて、本当の父が堀川辰吉郎であるとわかった。本当の母のことだって、成人するまで真実のことはわかりませんでした。

それはともかく日本の歴史は近現代史において、まったく伝えられていることと違う。古代史においてもぜんぜん違います。こんな誤解と錯誤とバーチャルな中で、日本と日本人が骨抜きにされていく。偽りのアイデンティティからは偽りの世界しか作れないのです。

ここで本当のことをいわなければ、いつまでたっても日本はよどんだ国のまま、国際金融資本の思うままに蹂躙《じゅうりん》されてしまいかねません。今、日本は明治維新の時以来の国難に直面しているのです。その認識を持たなければだめです。あの維新のときのように志士たちが出てきて立ち上がらなければ、日本という国そのものがなくなってしまう。そんな瀬戸際《せとぎわ》にもう来ているのです。そのことは私のほかの本を読んでください。

明治天皇の孫同士、意を決して、ここまでのことを言いました。二人の対談は数時間に及ぶもので、その録音テープにはまだまだ明らかにしなければならないこと、お伝えすべきことがたくさん入っています。

昭和16年12月8日に、日本は真珠湾攻撃にまんまと引きずり出されてしまいました。その歴史的経緯は、いまは資料が公開されていますから、全部わかっています。

その直前に日本で起こっていたことは、昭和天皇の寝室に陸軍の軍人たちが押し入り、昭和天皇を押さえつけて、戦争承認の判を押させたのです。

皇室典範には、「天皇は内閣で決定が下されたことに判を押すべし」とあります。しかし、昭和天皇は「皇室典範に違反してでも自分は判を押したくない」と真《ま》っ向《こう》から戦争に反対したのです。それを無理やり判をつかせて、「天皇が判を押したぞ!」と。こういう動きがあったのです。

戦争が終わって、負けたときに軍の人々がお互いに責任をなすり付け合っているさ中、昭和天皇は「すべての責任は、天皇である私にある。私は処刑されてもかまわないから、国民を頼む」と、それをマッカーサーの前で言われた。アガペー(本当の愛)の心なくしては、宇宙の分け御霊《みたま》としての自覚なくしては、こんなことはなかなかできない行為です。これは、ほんとうのことです。私たち、二人の明治天皇の孫が、これを最後にどうしても国民の皆さんにお伝えして、締めくくりとさせていただきたいと思います。

第3部

ここまでわかった！
日本とユダヤのひみつ
［最先端研究エンサイクロペディア］

久保有政（くぼ　ありまさ）
レムナント出版代表、著述家。ユダヤ文化、日本文化、古代史、最新科学、聖書などを解説した多くの著書がある。テレビ東京系列の番組「新説!?　みのもんたの日本ミステリー」等にも出演し、聖書解説者として活躍。訳書に『聖書に隠された日本・ユダヤ封印の古代史─失われた10部族の謎』（ラビ・マーヴィン・トケイヤー）、『日本書紀と日本語のユダヤ起源』（ヨセフ・アイデルバーグ）など。著書に『日本・ユダヤ封印の古代史2─仏教・景教篇』（以上は徳間書店刊）、『神道の中のユダヤ文化』『日本の中のユダヤ文化』（以上は学研刊）その他多数。１９５５年、兵庫県伊丹の生まれ。

原文・久保有政
これは海外向けに英語で書かれたものを翻訳者が邦訳したものです。
英語版はインターネットを通じて広く読まれています。

古代の日本に、いわゆる「イスラエルの失われた十支族」がやって来て、日本の文化伝統に多大な影響を与えた、と考える日本人、ユダヤ人、またその他の歴史家などは少なくありません。

とりわけ、日本で10年以上の滞在経験をもつラビ・マーヴィン・トケイヤーが日本で出版した『聖書に隠された日本・ユダヤ封印の古代史——失われた10部族の謎』（徳間書店）には、日本と古代イスラエルの風習文化に関する数多くの類似点がとりあげられています。その本を通し、私が学んだことや、私自身の研究などをふまえ、イスラエル十支族の日本渡来説に関して、その根拠の数々を、ここにご紹介しましょう。

諏訪大社の御頭祭は、アブラハムと息子イサクの聖書の物語を再現したもの！

数多くの日本の伝統的な祭事は、イスラエルの失われた十支族が、古代日本に渡来したということを示唆《しさ》しています。一例を挙げますと、御頭祭《おんとうさい》は、アブラハムが自分の息子であるイサクを犠牲にしようとした、聖書の創世記第22章にある物語を再現したものです。

長野県には、諏訪《すわ》大社という、大きな神道の神社があります（神道とは、日本固有の伝統的な国家宗教のこと）。

諏訪大社では、御頭祭と呼ばれる伝統的な祭が、毎年4月15日に開かれています（日本人が陰暦を用いていたときには、3月〜4月）。この祭は、アブラハムが、自分の息子であるイサクを犠牲にしようとした、聖書の創世記第22章にある、イサクの物語を再現したものです。御頭祭は、諏訪大社でもっとも重要な祭の一つとみなされているもので、古代から行われてきた祭です。

諏訪大社（上社）の背後には、守屋山（モリヤ山）がそびえたちます。諏訪地域出身者は、守屋山の神を、「モリヤの神」（洩矢神）と呼んでいます。この神社は、「モリヤの神」を信仰するために建てられたのです。

祭では、一人の少年がロープで木の柱（御贄柱《おにえばしら》）に縛りつけられ、竹のむしろの上に置かれます。そこに、ナイフを携えた神主《かんぬし》が、やって来ます。神主が、木の柱の最上部に数度切り込みを入れたところで、別の神主扮《ふん》するメッセンジャーがそこに現れ、少年は解放されます。これは、天使がアブラハムのそばに現れ、それによってイサクが解放される聖書の物語を彷彿《ほうふつ》とさせます。

御頭祭では、動物の生贄《いけにえ》も奉納します。75頭の鹿が奉納されますが、そのうち一頭は、耳が裂けていると信じられています。その鹿は、神が準備したものとみなされています。これは、神が準備し、イサク解放のあとに生贄となった小羊となんらかの関連性があったのかもしれません。小羊は、やぶに引っかかり、耳が裂けていたのかもしれません。

古代の日本には、羊は存在しませんでした。それが、鹿で代用した理由だったのかもしれません（鹿はコーシャ［ユダヤ教の食事規定に従った食品］でもあります）。古代でさえ、鹿を生贄にする

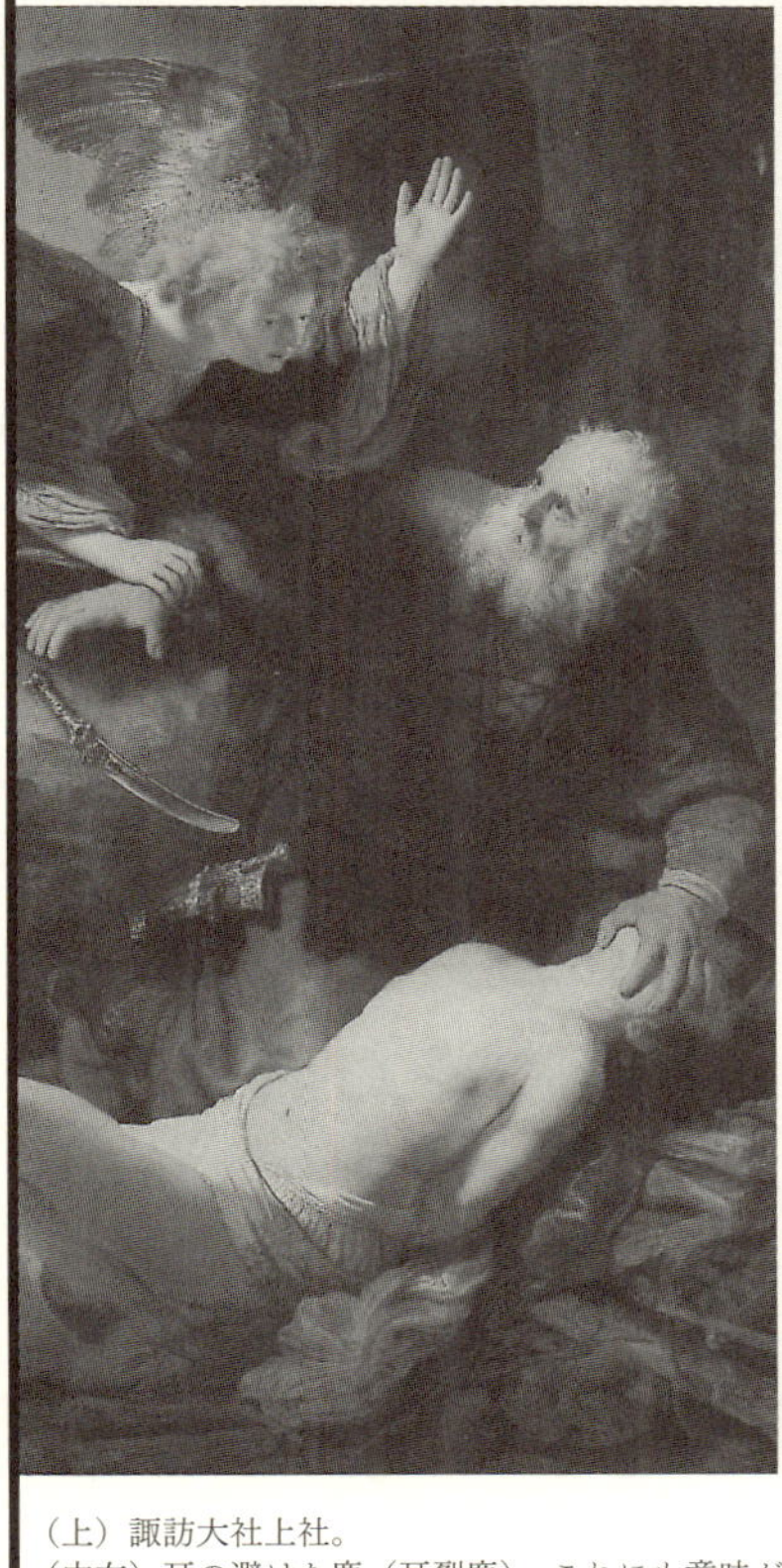

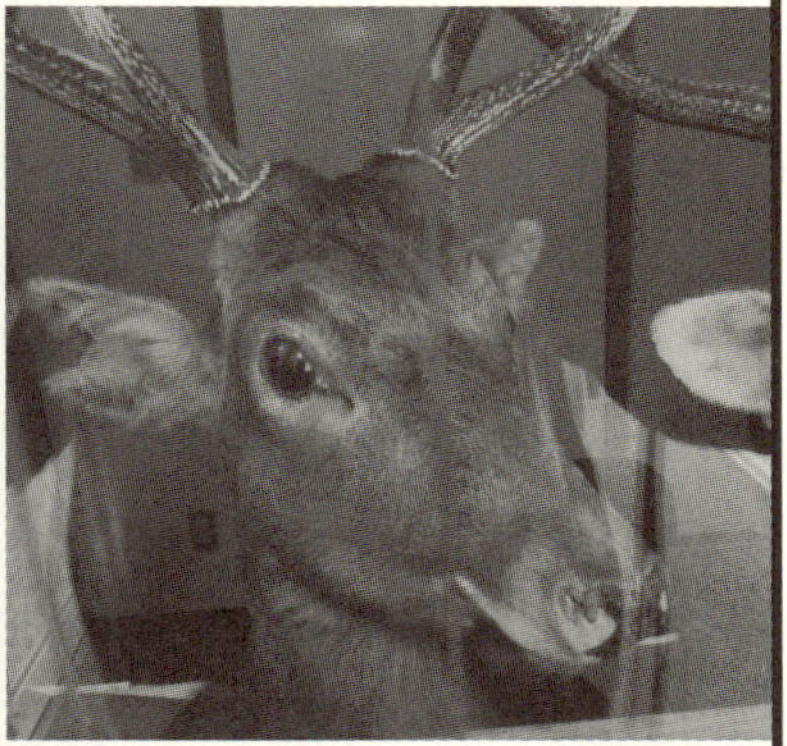

（上）諏訪大社上社。
（中右）耳の避けた鹿（耳裂鹿）。これにも意味がある。
（下右）この上にご神体のモリヤ山を臨む。
（下左）アブラハムがイサクをほふろうとしたその瞬間、天使がそれを止めた（レンブラント画）。

祭事は奇妙だと人々は感じていました。

友人の一人がイスラエルを訪れた際、サマリアのゲリジム山で過越祭《すぎこしのまつり》を見物しました。友人がサマリア人の祭司に何匹の小羊が捧げられたのかをたずねたところ、昔は75匹捧げていたという答えが返ってきました。これは、まさしく日本の諏訪大社の鹿の生贄の数と一致しており、この一致は、二つの儀式が関連している証《あかし》なのかもしれません。

この祭は、ミサクチ神に捧げる祭と呼ばれています。ミサクチというのは、おそらく「ミ・イサク・チ」で、ミは「御」、イサクはイサク（アブラハムの息子）、チは何かの接尾語でしょう。つまり、諏訪の人たちは、イサクにちなんでこの祭を始めたようです。

現在では、犠牲になりかけた少年が助けられる行事は、もう行われていませんが、犠牲の柱を意味する、「御贄柱《おにえばしら》」と呼ばれる柱に、今もその行事の面影を見ることができます。

今では、動物の生贄を捧げる儀式は、本物の動物ではなく、剝製《はくせい》で代用しています。少年を木に縛りつけ、動物の生贄を捧げる行事は、明治時代の人々（約140年前）に、残酷とみなされ、この祭事は廃《すた》れてしまいましたが、祭そのものは現在も行われています。

少年を縛りつける風習は、明治初期まで続いていました。江戸時代（約200年前）の学者・紀行家の菅江真澄《すがえますみ》は、旅行記の中で、諏訪で見物したことも記述しています。その記録には、御頭祭の詳細が記されており、当時まだ行われていた動物の生贄と同様に、犠牲にされかけた少年が最終的に解放される慣わしが描かれています。彼のレポートは、諏訪大社近くの博物館に保管されています。

御頭祭は、古代よりモリヤ（守矢）一族により代々引継がれています。モリヤ一族は、「モリヤの神」を、先祖神として崇《あが》め、守屋山を、聖所とみなしています。モリヤという名称は、エルサレムの現在のテンプルマウント（神殿の山）であり、創世記第22章2節にある「モリヤ」に由来しているものでしょう。モリヤの神は、ユダヤ人にとって、聖書が教える唯一の真の神の意味です。

モリヤ一族は、78世代にわたり、祭を主催してきました。御頭祭の展示をしている神長官守矢《じんちょうかん》史料館の館長によると、モリヤの神への信仰はおそらく紀元前の時代より人々の間に根づいていたといいます。

私の知る限り、アブラハムとイサクの聖書の物語を再現する祭を行っているのは、日本以外には存在しません。この伝統は、イスラエルの民が、古代日本にやって来たという有力な証拠でしょう。

山伏《やまぶし》のトキンとほら貝は、ユダヤ人のフィラクテリーとショーファー（角笛）にそっくりだ！

山岳修行者である、「山伏《やまぶし》」は、ちょうど、ユダヤ人が額《ひたい》にフィラクテリー（聖書の言葉を入れた黒い箱。テフィリンともいう）をのせるのと同様に、額に黒い箱をのせます。

山伏とは、日本特有の、宗教的な修行をする男性のことです。今日では、山伏は仏教に属するとみなされていますが、中国でも、韓国でも、インドでも、仏教にそのような習慣は存在しません。山伏は、仏教が日本に伝来した6世紀より前から日本に存在していました。

山伏は額に、「トキン」（兜巾・頭巾）と呼ばれる小さな黒い箱を、黒い紐でつけています。これは、ユダヤ人が額にフィラクテリーを黒い紐でつけるのに、酷似しています。山伏の黒い箱の形はユダヤ人のフィラクテリーとは異なって、花のように丸みを帯びていますが、サイズはほぼ同じです。

筆者が知る限りにおいて、宗教的な目的で額に黒い箱をつける習慣があるのは、イスラエルと日本だけです。

また、山伏は、ほら貝を笛にしています。これは、ユダヤ人がショーファー、つまり雄羊の角《つの》でつくった角笛を吹く習慣と、そっくりです。角笛の吹き方と、その音色において、山伏のほら貝とショーファーは、ほぼ変わりありません。日本には羊がいなかったため、山伏は、羊の角の代わりに、貝を代用しなければならなかったのです。

山伏は、宗教的な修験道の場として、山を聖なるものとみなしています。イスラエル民族もまた、山を聖所とみなしています。トーラーの十戒は、シナイ山で与えられましたし、エルサレムは、山上に位置する都市です。

日本には、山伏の格好をして、山に住んでいる、「天狗《てんぐ》」の伝説があります。天狗は鼻が高く、超人的な能力を持っているといわれています。その昔、主人に仕えるエージェントあるいはスパイであった「忍者」は、山に赴《おもむ》いて天狗から超人的能力を伝授されたといいます。天狗は、忍者に能力を授けたあと、「トラの巻」（トーラーの巻物）を与えます。「トラの巻」は、いかなる危機的状況でも役に立つ、極めて貴重な本とみなされています。日本人は、現在でも「トラの巻」という言葉を、日常的に使うことがあります。

ユダヤのトーラーの巻物の現物が、日本の歴史的な場所で発見されたという報告はありませんが、日本の「トラの巻」伝説がユダヤの「トーラーの巻物」に由来していることは、十分考えられます。

日本のお神輿《みこし》は、イスラエルの契約の箱《アーク》にあまりにも似ている！

トーラーには、古代イスラエルの王ダビデが、主の契約の箱《アーク》を、エルサレムに持ち帰ったという記述があります。

〝ダビデとイスラエルの長老たち、及び千人の長たちは行って、オベデ・エドムの家から主の契約の箱を喜び勇んでかつぎ上った。神が主の契約の箱をかつぐレビびとを助けられたので、彼らは雄牛七頭、雄羊七頭をささげた。ダビデは白亜麻布の衣服を着ていた。箱をかつぐすべてのレビびと、歌うたう者、音楽をつかさどるケナニヤも同様である。ダビデはまた亜麻布のエポデを着ていた。こうしてイスラエルは皆、声をあげ、角笛を吹きならし、ラッパと、シンバルと、立琴と琴をもって打ちはやして主の契約の箱をかつぎ上った〃（第I歴代誌15：25―28）。

この一節を読んで、思いました。「この様子は、日本人が祭のときにお神輿《みこし》をかついでいる光景と、どれほど似通っていることだろう?」と。しかも、日本のお神輿の形は、契約の箱にそっくりです。日本人は、お神輿の前で、楽器の演奏に合わせて、叫び声を上げながら、歌い、踊ります。これは、古代イスラエルの行事に酷似しているではありませんか。

日本人は、通常、2本の棒を肩にのせてお神輿をかつぎます。古代イスラエルの民も同じです。

〃レビびとたちはモーセが主の言葉にしたがって命じたように、神の箱をさおをもって肩にになった〃（第I歴代誌15：15）。

イスラエルの民の契約の箱には、2本のかつぎ棒が付いていました（出エジプト記25：10―15）。

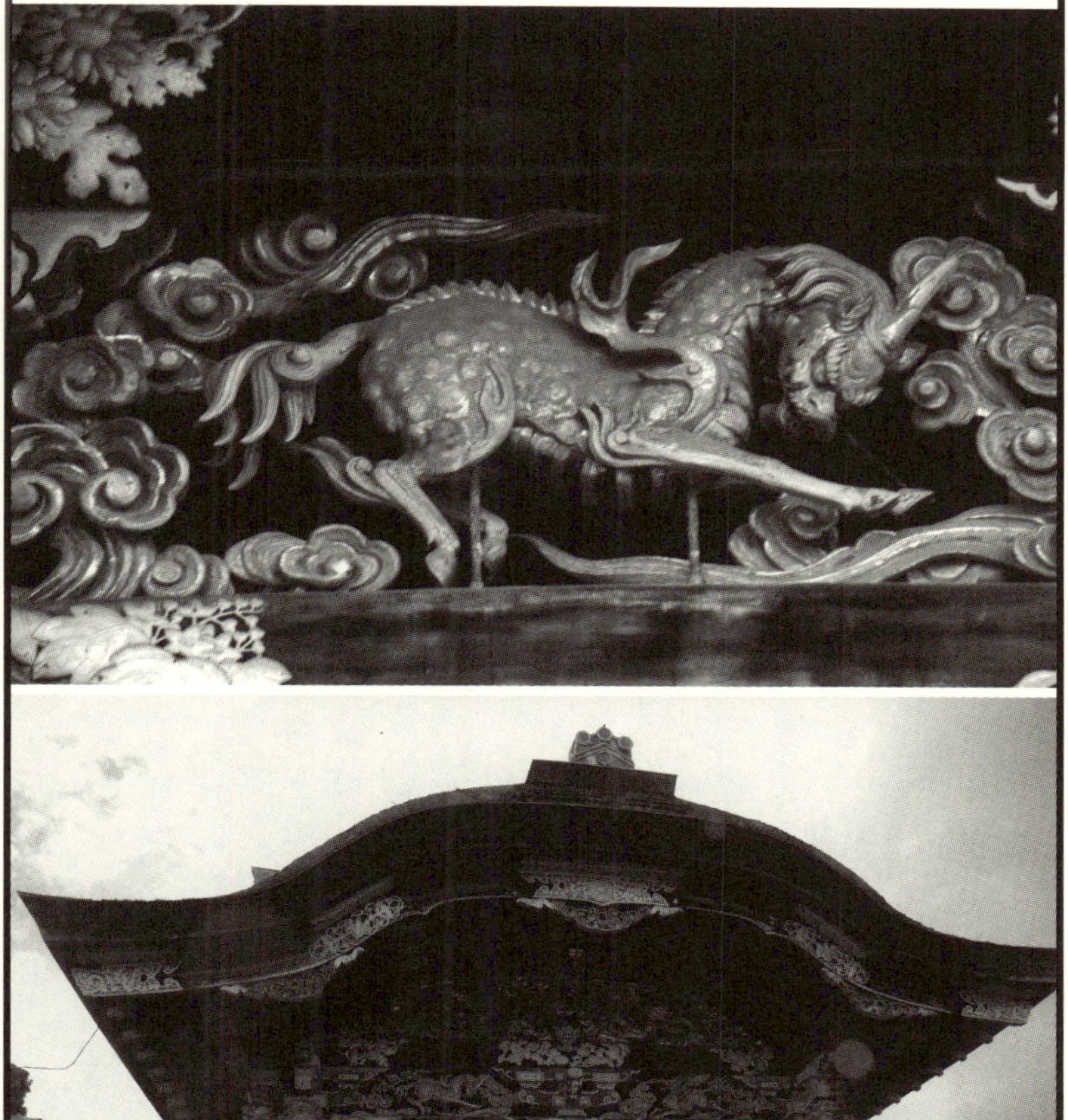

京都の寺院で見つけたユニコーン。

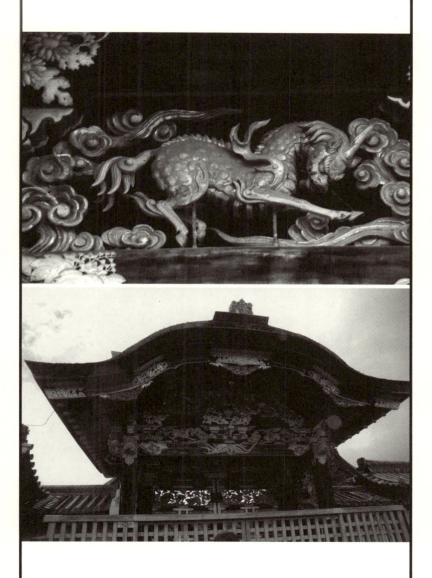

村雲御所瑞龍寺にある十六菊花紋。〔提供：石本馨〕

再現模型にはしばしば箱の上部にこのかつぎ棒がつけられているものがありますが、聖書によれば、棒は、4つのリングで、箱の基部《きぶ》につけられていたと記されています（出エジプト記25：12）。ということは、棒は、箱の上部ではなく、底部に取付けられていたことになります。このスタイルは、やはり日本のお神輿に似ています。

イスラエルの箱は、二体の黄金のケルビム（ケルビム＝天使）の像が最上部を飾っていました。ケルビムとは、天使の一種で、鳥のように羽がある天的存在です。日本のお神輿もまた、鳳凰《ほうおう》と呼ばれる黄金の鳥が最上部にあしらわれています。鳳凰とは、想像上の鳥で、神秘的な天的存在です。鳳《ほう》は雄、凰《おう》は雌ですので、鳳凰は雌雄《しゆう》の合体であり、本来、二体のものです。

イスラエルの契約の箱は、全体が金箔で覆われています。日本のお神輿の場合は、必ずしも全体ではありませんが、少なくとも部分的には金箔で覆われています。お神輿のサイズもイスラエルの箱とほぼ同じです。こうしたことを考えあわせると、日本のお神輿はイスラエルの箱の名残《なごり》の可能性が高いのです。

かつてダビデ王とイスラエルの民は、箱の前で楽器に合わせて歌い、踊りました。私たち日本人もまた、お神輿の前で楽器に合わせて歌い踊ります。

数年前のこと、「キング・ダビデ」というタイトルのアメリカ映画を観ました。それは、実話に基づいたダビデ王の生涯を描いた物語です。映画の中で、箱がエルサレムに運ばれている間に、ダビデが箱の前で踊っているというシーンがあります。「もしこのエルサレムの風景が日本の風景に取って代わったら、日本の祭の光景にそっくりではないか」。私はそう思いました。音楽の醸し出す雰囲気も、日本のものに似ています。ダビデのダンスも、日本の伝統的な踊りである阿波踊《あわおど》りに似ていると思いました。

京都にある八坂神社のお祭（祇園祭）では、男性がお神輿をかついで川に入り、川を渡ります。この慣わしは、古代イスラエルの民がエジプトを脱出したあと、箱をかついでヨルダン川を渡った出来事が元になっているに違いありません。

瀬戸内海のある島では、お神輿のかつぎ手に選ばれた男性たちが、お神輿をかつぐ一週間前からひとつ屋根の下で生活を共にします。これは、彼らが俗世間に染まるのを防ぐためです。さらには、お神輿をかつぐ前日には、かつぎ手は海水に浸《つ》かって身を清めます。これも、古代イスラエルの習慣に似ています。

〝そこで祭司たちとレビびとたちは、イスラエルの神、主の箱をかつぎ上るために身を清め、〟（第Ⅰ歴代誌15：14）

また、箱がエルサレムに到着し、行進が終わったあと、〝イスラエルの人々に男にも女にもおのおの、パン一つ、肉一切れ、干ぶどう一かたまりを分け与えた〟と、聖書にあります（第Ⅰ歴代誌16：3）。これも、日本の習慣に似ています。日本でもお祭のあとには、甘い菓子が振舞われます。

筆者も子どもの頃には、それがとても楽しみでした。

日本の神官の浄衣《じょうえ》はイスラエルの祭司服に似ている

ダビデがエルサレムに箱を運び込んだとき、〝ダビデは白亜麻布《しろあまぬの》の衣服を着ていました。箱をかつぐすべてのレビびと、歌うたう者、音楽をつかさどるケナニヤも同様です。ダビデはまた亜麻布のエポデを着ていた〟と聖書にあります（第Ⅰ歴代誌15：27）。衣服に関しては、祭司と聖歌隊も同様でした。

古代のイスラエルでは、大祭司は色彩豊かなローブをまとっていたものの、一般の祭司は、シンプルな白い麻の衣を着ていました。日本神道の神官も神聖な行事には、白い浄衣を着用します。日本の神社の中でも、古い歴史をもつ、伊勢神宮では、神官全員が白い衣を着用します。さらに、たくさんの日本の神社、とりわけ伝統的なところでは、イスラエルの民同様、お神輿をかつぐとき、かつぎ手は白い衣をつけます。

仏教の僧侶は豪華で色鮮やかな衣をつけますが、神道においては、白がもっとも清い聖なる色とみなされています。

日本の天皇は、即位の儀の直後、神道の神の前に一人で出向きます。その時、天皇は、素足で臨み、全身純白の衣に身を包んでいます。これは、モーセとヨシュアが、神の御前で、素足になろうと、サンダルを脱いだ行為に似ています。（出エジプト記3：5、ヨシュア記5：15）

日本に十年在住したラビ・マーヴィン・トケイヤー（Marvin Tokayer 1936年〜）氏は著書にこう記しています。〝日本の神官が着る白い麻の衣は、古代イスラエルの祭司が着ていた白い麻の衣によく似ている〟と。

日本の神官は、裾に20〜30センチ位の房《ふさ》（糸をたばねてたらしたもの）の付いた衣を着用します。この房は、古代イスラエルのものと似ています。

〝身にまとう上着の四すみに、ふさをつけなければならない〟（申命記22：12）。

房は、それを身につける者がイスラエル人である証《あかし》でした。

古代イスラエルの人々を描いた再現図などには房が描かれていないものもあります。しかし、彼らの衣には、実際には房が付いていたのです。ユダヤ人が祈りのときにつける肩衣（祈りのショール）には、伝統に基づき、隅に房が付いています。

神道の神職者は、白衣の上に、長方形の布をかけて、肩から腿《もも》までを覆います。これは、ダビデが着用したエポデと同じです。

〝ダビデはまた亜麻布のエポデを着ていた〟（第Ⅰ歴代誌15：27）。

大祭司のエポデは色とりどりの宝石で飾られていましたが、下級祭司は、シンプルな白い麻のエポデを着用していました（第Ⅰサムエル記22：18）。ラビ・トケイヤーは、日本の神官が、衣の上にまとう長方形の布は、ユダヤの祭司であるコーヘンのエポデにとてもよく似ていると述べています。

日本の神官は、イスラエルの祭司と同じく、烏帽子《えぼし》を被り、腰に腰ひもを巻きます（出エジプト記29：40）。日本の神官の衣は、古代イスラエルで着用された服に似ています。

日本にもユダヤにも収穫の稲束を振る習慣がある！

ユダヤ人はシャブオット（ペンテコステ、五旬節《ごじゅんせつ》）で、初穂の束を振ります（レビ記23：10、11）。また、スコット（仮庵祭《かりいおさい》）の時にも、植物の束を振ります（レビ記23：40）。これは、モーセの時代から続いている伝統です。古代イスラエルの祭司も、清めの儀式を行う際に、植物の枝を振りました。ダビデはいいました。〝ヒソップ（ヤナギハッカ属の半樹木）をもって、わたしを清めてください、わたしは清くなるでしょう。わたしを洗ってください、わたしは雪よりも白くなるでしょう〟（詩篇51：7）。これは、日本でも、伝統的な習慣です。

神道の神官が人や物を浄化する時にも、榊《さかき》の枝か、あるいは、祓幣《はらいぬさ》と呼ばれる、木の枝に見立てた白い紙のついた棒を振ります。今日、祓幣は簡略化されており、小さな稲妻のようなジグザグな形に折られた白い紙がついていますが、かつては、それは植物の枝か穀物だったのです。

私の知人の、ある日本人女性は、この祓幣を、単なる多神教の習慣とみなしていました。ところが、後に彼女がアメリカに行った時、スコットの儀式に参加する機会があり、ユダヤ人が収穫の束を振るのを見た時、彼女は心の中で叫んだそうです。「これは、日本の神官がやることと同じだわ！ここに、日本の故郷があるんだ」

日本の神社の構造は、古代イスラエルの幕屋にあまりにも似ている！

古代イスラエルの幕屋（神殿の原型）は二つの部分からなっています。一つは〝聖所〟で、もう一つは、〝至聖所《しせいじょ》〟です。日本の神社もまた、二つの部分、すなわち拝殿と本殿に分かれています。

日本の神社が果たしている役割も、イスラエルの幕屋のそれと似ています。日本人は神社の拝殿の前で祈ります。普段は拝殿の内部には、入ることはできません。入ることが許されるのは、神官と特別な人だけです。神官でさえも、聖所には、特別な機会にだけ入ります。これは、イスラエルの幕屋も同様です。

日本の本殿は、一般的に神社の西端か北端かに位置しています。イスラエルの場合、至聖所は、幕屋の西端に位置していました。神道の本殿は、拝殿より高い位置にあり、通常、二つの間には階段があります。ソロモンが建てたイスラエルの神殿でも、至聖所は聖所より高い場所にあり、両者の間には、約2・7メートル幅の階段があった、と学者は述べています。

日本の神社の正面には、狛犬《こまいぬ》と呼ばれる二体のライオン（獅子）像が参道の両側に座っています。狛犬は、崇拝の対象ではなく、神社を守る番人です。これも、古代イスラエルの習慣と一緒です。イスラエルの神殿とソロモン宮殿にも、ライオンの像ないし彫刻がありました（第I列王記7：36、10：19）。

初期の日本には、ライオンは存在しませんでした。にもかかわらず、古代より、日本の神社にはライオンの像が設置されてきたのです。ライオンの像が日本の神社の正面に置かれるようになったのは、中東が発祥であることが、学者によって証明されています。

日本の神社の入口付近には参拝者が手を洗い、口をすすぐための手水舎《てみずや》があります。昔は、そこで足も洗っていました。ユダヤのシナゴーグ（会堂）でも、これに似た習慣があります。古代のイスラエルの幕屋や神殿も、入口近くに手と足を清めるための水盤《すいばん》がありました。
日本の神社の境内入口には、鳥居と呼ばれる門があります。この門は日本固有のもので、中国や韓国には存在しません。現在多くの鳥居は、二本の柱と、その柱を上部でつなぐ横木からなりたっています。古代には、二本の柱の上部は、横木ではなくロープでつながれていました。神官が鳥居にお辞儀をするときには、二本の柱に、別々にお辞儀をします。鳥居は、元々は、二本の柱のみで構成されていたと考えられています。

イスラエルの神殿では、二本の柱が門として使われていました（第I列王記7：21）。古代イスラエルの民が使っていたアラム語では、この門を指す言葉は、〝タラア（taraa）〟です。この言葉がわずかに変化して日本の鳥居（トリイ）になったのだと、ヨセフ・アイデルバーグは述べています。

鳥居は、神社によっては朱色に塗られています。これは、エジプト脱出の前夜に、イスラエル人の家の「二本の門柱とかもい」に小羊の血が塗られた出来事を思い起こさずにはいられません。

神道では、神聖な場所をしめ縄と呼ばれるロープで囲う習慣があります。しめ縄の所々に白い紙が織り込まれています。しめ縄は、結界を作る役目を果たしているのです。モーセは、シナイ山で神の十戒を与えられた時、イスラエルの民が近づけないように、その周囲に「境界」を作った、と聖書にあります（出エジプト記19：12）。この境界に何が用いられたかは知られていませんが、それにはきっとロープが使われていたでしょう。つまり、日本のしめ縄は、モーセの時代に由来する習慣に違いありません。そして、ロープに折り込まれたジグザグ型の白い紙は、シナイ山の雷を想起させます。

日本の神社と古代イスラエルの幕屋の大きな違いは、神社には、生贄の動物を焼くための、供物台がないことです。もし神道が古代イスラエルの宗教に端を発していると仮定するなら、なぜ今日の神道には動物を生贄にする習慣がないのだろうと、筆者は不思議に思ったものでした。

しかし、その答えを申命記第12章で発見したのです。モーセは、カナンの地（のちのイスラエル）の特定の場所以外での動物の生贄を禁じていました（12：10―14）。つまり、もしイスラエルの民が古代の日本にやって来ていたとしても、動物の生贄を捧げることは基本的に許されなかったでしょう。

日本人が神社の拝殿の前で祈る時、最初にその前面中央にある金の鈴を鳴らします。古代イスラエルにも、同じ習慣がありました。大祭司アロンは、祭服の縁に金の鈴をつけていました。これは、その鈴の音が聞こえるように、それによって就任中は死なないように、という目的によるものでした（出エジプト記28：33―35）。

日本人は、神社を参拝する時に、拍手《かしわで》を二回打ちます。この行為は、古代イスラエルでは、〝私は約束を果たします〟という意味でした。聖書には、誓約〝pledge〟と訳されている言葉があります。この言葉のヘブライ語の本来の意味は、〝手を叩く〟です（エゼキエル書17：18、箴言6：1）。古代イスラエルの民は、誓約をする時、あるいは何か重要なことをする時に、手を叩いたのです。

日本人は、拍手を打って、祈る前と後に神社の前でお辞儀をします。また、人に会った時、丁寧な挨拶として、お辞儀をします。お辞儀は、古代イスラエルにおいても習慣でした。ヤコブは〝みずから彼らの先に立って進み、七たび身を地にかがめて、兄に近づいた〟(創世記33：3)と書かれています。

現代の一般のユダヤ人は、お辞儀をしませんが、祈りを唱える時には、お辞儀をします。現代のエチオピア人には、お辞儀の習慣がありますが、それはおそらく古代にユダヤ人がエチオピアに移住したためではないでしょうか。エチオピア人のお辞儀の仕方は日本人のそれと全く同様です。

偶像がないことも、神道とユダヤ教で同じである！

仏教の寺には、仏陀や他の神々の形に彫られた偶像(彫像)があります。しかし、日本の神社には、偶像はありません。

神社の本殿の中央には、鏡、剣、あるいは祓幣などが置かれています。とはいえ、神道の信者は、これらの物を神とみなしているわけではありません。神道では、神は不可視な存在と考えられているのです。鏡、剣、祓幣などは偶像ではなく、見えない神が降臨する聖所であるということを示す物に過ぎません。

古代イスラエルの契約の箱の中には、神の十戒が刻まれた石板、マナの壺、アロンの杖が収められていました。これらは、偶像ではなく、不可視な神が降臨する聖所であることを示す物なのです。日本の神社に安置された物にも、同じことが言えます。

古代日本人は、ヤハウェを信仰していた
――スサノオはバアルに、アマテラスはアスタロトに酷似している!

今日の神道と、ユダヤ教の一番大きな違いは、神道は多神教であり、ユダヤ教は唯一の神を信仰する点でしょう。

しかし、現代のユダヤ教と違い、古代イスラエルにおける宗教、特に北朝イスラエルの十支族においては、偶像崇拝と、多神教の傾向がみられました。信仰していたのは唯一の真の神ヤハウェだけでなく、バアル(Baal)、アスタロト(Astaroth)、モレク(Molech)など、他の神をも信仰していました。神道の多神教システムは、古代の北朝イスラエルの多神教に由来しているように思われます。たとえば、神道の神であるスサノオは、いくつかの点において、バアルに似ており、神道の

女神であるアマテラスは、同様にアスタロトに似ていると、宗教学者たちは、述べています。

さらに、現在の神道は多神教ですが、古代の神道はヤハウェを信仰していたと筆者はみています。神道の神の中で、最初に現れたのは、アメノミナカヌシノカミ（天之御中主神）でした。この神が、最初の神であり、宇宙の中心に住み、形が無く、不死であり、不可視な宇宙の主であり、究極の神であったといわれています。この神は、宇宙の主としての性質から、聖書の神とよく似ています。


古代バビロンとエジプトの宗教は、元々は〝空《そら》の神〟と呼ばれる唯一の神を信仰していたと、考古学者は述べています。〝空の神〟は聖書にある〝天の神〟と同じです。しかし後に、これは、多神教へと変化していきました。神道にも、同様の現象が起きたといってもいいのです。古代の神道はヤハウェ神を信仰していたけれども、後になって、多神教へと変化していきました。日本人は、かつてのように、聖書の説く唯一の神を信じる信仰に戻るべきだと信じています。


友人の辻さんという方が、こんな出来事を話してくれました。彼の友人で、熱心な神道信者が彼の元に来ました。この信者は、トーラー（聖書）を読んだあと、興奮してこういったそうです。

「トーラーを読んだよ。古代イスラエルの宗教的儀式について知って、もの凄く驚いた。だって、神道の儀式と同じなんだ。祭祀、神殿、祓い清めることの貴さ、みんな神道と同じじゃないか！」

これに対し、辻さんは友人にこう答えたそうです。

「そうなんだ。僕もそこに気づいているよ。でも、そこに気づいたのなら、聖書が教える神を信じたらどうだい？　それこそが、君が信仰する神道を本物にし、完成させる道だと、僕は信じている」。

これを聞いた辻さんの友人は、あまりに仰天して、しばらく黙っていたそうです。辻さんの意見には、私も全く同感です。私は、すべての日本人が、もう一度聖書の神を信じるよう、祈っています。なぜなら、この神こそが、日本国民の父でもあるからです。

日本神話と聖書の記述には驚異的な共通点があった！

聖書の記述と日本神話には、驚くべき類似性があります。日本神話のニニギノミコトに関する物語が、聖書のヤコブに関する物語に酷似しているのです。

日本神話によれば、日本の皇室と、大和民族（日本人）は、高天原《たかまがはら》（天国）から来たというニニギノミコトの末裔ということになっています。ニニギノミコトは、大和民族、あるいは日本国民の祖先なのです。一方、ヤコブはイスラエル民族の祖先です。

日本神話では、当初、ニニギノミコトではなく、別の者が、天から降りてくるはずでした。ところが、その者が準備をしている間に、ニニギノミコトが生まれ、結果的に、その者の代わりに、ニニギノミコトが天から来て、大和民族の祖先となったのです。これと同様に、聖書によると、ヤコブの兄であるエサウが、民族の後継者になるはずでしたのに、祝福はエサウではなく、ヤコブに与えられ、結果的に、ヤコブがイスラエル民族の祖先になったのです。

そして、ニニギノミコトは天から降りてきたあと、コノハナサクヤヒメという美しい女性に恋をします。彼は、彼女と結婚しようとしました。すると、コノハナサクヤヒメの父は、彼女だけでなく、彼女の姉とも結婚するよう、ニニギノミコトに求めました。しかし、姉は醜いので、ニニギノミコトは姉をその父に送り返します。これと同様に、聖書によると、ヤコブは美しいラケルに恋をし、彼女と結婚しようとしました（創世記29章）。しかし、ラケルの父は、彼女の姉より先に、妹であるラケルを嫁がせるわけにはいかないので、ヤコブに、姉のレアとも結婚するよう求めます。しかし、レアが美しくないために、ヤコブは彼女のことが嫌いでした。このように、ニニギノミコトと、ヤコブの間には、共通点があります。

日本神話では、ニニギノミコトと妻であるコノハナサクヤヒメは、子をもうけて、ヤマサチヒコ（山幸彦）と名付けます。ヤマサチヒコは、兄にいじめられ、海神《かいじん》の国へ行かされます。そこでヤマサチヒコは、神秘的なパワーを手に入れ、兄を困らせるために、兄に飢饉を与えますが、後に彼の罪をゆるしました。同様に、聖書によれば、ヤコブと妻のラケルは子をもうけ、ヨセフと名付けます。ヨセフは兄たちにいじめられ、エジプトに行かなければなりませんでした。エジプトでヨセフは宰相となり、権力を手に入れます。兄たちが飢饉で困ってエジプトにやってくると、ヨセフは兄たちを助け、彼らの罪をゆるします。このように、ヤマサチヒコとヨセフの間にも、共通点があるのです。

日本神話では、ヤマサチヒコは、海神の娘と結婚し、子をもうけます。その子は、ウガヤフキアエズと名付けられました。ウガヤフキアエズは4人の息子を授かりましたが、2番目と3番目の息子は、親元とは別の場所へ行かされました。4番目の息子が、神武天皇であり、大和の国を統治しました。これが、日本の皇室の血統なのです。

では、聖書にはどのように記述されているのでしょうか？　ヨセフはエジプトの祭司の娘と結婚します。彼らは、二子をもうけ、マナセとエフライムと名付けます。エフライムは4人の息子をもうけましたが、2番目と3番目の息子が若くして死に、4番目の息子の子孫のヨシュアがカナンの地（イスラエルの地）を統治しました。この点においてエフライムはウガヤフキアエズに似ています（第Ⅰ歴代誌7：20―27）。エフライムがイスラエルの北朝十支族の王室の血統なのです。

このように、聖書の系図と日本神話の間には、ニニギとヤコブ、ヤマサチヒコとヨセフ、日本の皇室とエフライムの王室といった具合に、驚くべき共通点が見られます。

さらには、日本神話では、天国はタカマノハラ（あるいはタカマガハラ：高天原）と呼ばれています。ニニギはタカマノハラから降臨し、日本国を造られたのです。研究者である小谷部全一郎《おやべぜんいちろう》は、タカマノハラとは、ヤコブと彼の先祖がかつて住んでいたトガルマ地域のハランという都市であると考えました。ヤコブはしばらくの間「トガルマのハラン」（タガーマのハラン→タカマノハラ）を住処《すみか》としたあと、カナンにやって来て、イスラエルを建国しました。

ヤコブは、かつて神の使いの天使が天国と地上の間を行ったり来たりする夢をみました（創世記28：12）。そのとき、ヤコブは彼の子孫が、カナンの地の相続者になるという約束を、神から与えられたのです。この物語は、天国からやって来たニニギの天孫降臨神話とは異なるものの、イメージ的には似ています。

これまで述べてきたように、細かい点を除けば、日本神話の大筋は聖書の記述に酷似しています。8世紀に編纂された日本の歴史書である『古事記』及び『日本書紀』の神話は、元々聖書の物語に基づいていたものが、後に、様々な多神教的（異教的）要素が加えられたと推測することができます。日本神話は、本来日本人がヤコブ、ヨセフ、エフライムの血統であるということを示す系図の一種であるという考え方さえ可能です。

「月経時と妊娠中の穢《けが》れ」における日本・ユダヤの共通点！

月経時と妊娠中の穢れという観念は、古来より日本に存在していました。

月経時の女性は、神社の神聖な行事に参加してはならないというのは、古来より日本の習慣でした。月経時には、夫と性行為はできず、小屋（月経小屋）にこもっていなければなりませんでした。

この小屋は、月経時と月経前の数日あるいは一週間後まで、村で女性が共同で使用するように建てられたものです。この習慣は明治時代まで、日本各地で広範に見られました。小屋にこもる期間が終わったあとには、女性は川、井戸、海などの自然水で身を清めなければなりませんでした。自然水が無い場合は、浴槽で行われました。

古代イスラエルにも、これに非常に似た習慣があります。古代イスラエルでは、月経時の女性は神殿の神聖な儀式に参加することができず、夫とも性交渉をもってはなりませんでした。月経の期間中と月経の7日後まで小屋にこもっていることが、習慣でした（レビ記15：19、28）。小屋にこもる目的は、〝女性の血の清めを続けるため〟だったといわれており、これは浄化のため、家や村から不浄なものを隔離するためだったのです。

これは、現在でもなお習慣として引継がれています。月経期間中と、その後7日間の夫婦関係はありません。その後、女性はミクヴェ（沐浴《もくよく》）と呼ばれる身の清めを水で行います。ミクヴェの水は、自然水でなければなりません。雨水を集めてミクヴェ用の浴槽に張られる場合もあります。十分な自然水を確保できなかった場合は、水道水が加えられます。

現代人にとっては、こうした穢れの概念は非合理的に思われますが、月経と妊娠期間中の女性には、身体的にも精神的も休息が必要なのです。女性自身も、月経時の血液が不浄であるような気がするといっています。〝女性の血の清めを続けるため〟とは、血液の休息の必要性を指しているのです。

月経に関してだけでなく、妊娠に関する観念も、日本の神道は、古代イスラエルに似ています。妊娠した女性は、特定の期間にわたって不浄とみなされています。この概念は、現代の日本では希薄となっていますが、古代にはごく当たり前のことでした。古代神道の書、『延喜式《えんぎしき》』（10世紀）は、出産後の7日間は、女性が神事に参加することを禁じています。これは、古代イスラエルの習慣に似ています。というのは、妊娠し、男子を出産した女性は〝7日間不浄である〟と聖書に記されているからです。その後、女性は〝33日間血の清めを続ける〟のです（計40日）。女性が女子を出産した場合には、その女性は〝14日間不浄〟となり、その後〝66日間血液の浄化を続ける〟のです（計80日）（レビ記12：2―5）。

日本では、妊娠中と産後に小屋（産屋《うぶや》）にこもり、そこで生活する習慣は明治時代まで広く浸透していました。生活する期間は通常、妊娠期間中と産後30日間程度（最長のケースでは100日近くに及ぶ）です。これも、古代イスラエルの習慣に似ています。

古代イスラエルでは、この浄化期間を終了して、はじめて母親は子供と一緒に神殿に来ることが許されました。日本の神道の習慣も同様で、この浄化の期間のあとに、母親は赤ちゃんと一緒に神社にお参りできます。現代の日本における清めの期間は、一般的に、男の子を出産した場合は32日間（あるいは31日間）で、女の子を出産した場合は33日間になっています。

また、神社に参拝する際の決まりごとがあり、赤ちゃんを抱いていいのは母親ではありません。通常、夫の母、つまり義理の母が、赤ちゃんを抱くというのが伝統的な習慣です。以上が、出産後の女性の穢れと清めに関する、日本と古代イスラエルの習慣の、注目すべき共通点です。

割礼の習慣が日本に存在していた可能性は、大！

もし古代イスラエルの民が日本にやって来たら、割礼の習慣は日本にあったのでしょうか？　日本の皇室内では、割礼が行われていたということを耳にしたことはありますが、今日、一般の日本人の間では割礼の習慣を見ることはできません。しかし、お七夜《しちや》（7番目の夜）と呼ばれる、日本の伝統的な習慣は存在します。日本では、赤ちゃんが生まれてから7日後の夜に、両親が、赤ちゃんを親戚や友人に紹介して、赤ちゃんの名前を広める祝いを行います。

7日後の夜は、ユダヤ人の日の数え方によると、実際には、赤ちゃんが生まれた日から8日目にあたります。なぜなら、ユダヤでは日没から翌日がはじまるからです。これが、ユダヤの習慣である、8日目の割礼の習慣の名残です。イスラエルの人々は8日目、それは子が生まれた日から7日後の夜になるのですが、その日に集まりました。両親は赤ちゃんを親戚と友人に紹介し、割礼を行い、名前を紹介し、誕生を皆で一緒にお祝いしたのです。日本の習慣と同様、その日までの7日間は、赤ちゃんには名前がありません。

DNAが示すユダヤの親戚・日本

近年、細胞内のY染色体DNA（遺伝子）に関する研究が進み、日本人の約40％は「D系統」遺伝子の持ち主であることがわかりました。Y染色体は父から息子へのみ伝えられ、その遺伝子的特徴によって現在A〜Tの系統（ハプログループ）に分けられています。Y染色体のD系統遺伝子は、世界の中でも珍しく、日本人とチベット人だけが高率で保有しています。D系統は、中国人や韓国人などにさえほとんどみられません。

DNA研究者によれば、このD系統は、世界中のユダヤ人グループにみられるE系統と近縁であり、また同祖です。両者は中近東あたりで二つに分かれたものであり、もとは一つだったのです。

ウィキペディア百科事典（英語版）はこう述べています。

「E系統と同様に、D系統は特有のYAP遺伝子マーカーを持つ。これは両者が同じ祖先から来たことを示している」［Haplogroup D（Y-DNA）の項］。

今日、ユダヤ人の多くはE系統ないしJ系統を持っていますが、「ファミリー・ツリーDNA」（Family Tree DNA。DNA検査を一般に提供している団体）によれば、中でもE系統（とくにE

1b1b1というタイプ）は、

「世界中のあらゆるユダヤ人の間にみられ、アシュケナージ系、スファラディ系、またクルド系やイェメン系のユダヤ人、またサマリア人、さらには北アフリカ・チュニジアのジェルバ島のユダヤ人にさえみられる」

とのことです。彼らは、このE系統が見いだされるか否かを、ユダヤ人グループであるか否かの重要な判断目安としています。

E系統はまた、「イスラエルの失われた十支族」の末裔といわれる「パタン族」（パシュトゥン族ともいい、アフガニスタンやパキスタンに住む）にも顕著にみられます。さらに十支族中の「ナフタリ族」「イッサカル族」の末裔との伝承がある「ウズベク・ユダヤ人」（ウズベキスタン）も、約28％がE系統です。十支族中「ダン族」に属するといわれる「エチオピア・ユダヤ人」（ファラシャ）も、約50％がE系統です。

このようにE系統は、イスラエルの失われた十支族の末裔とされる人々にさえみられるのです。E系統が古代の捕囚以前の時代からイスラエル人に特徴的な遺伝子だったことは、こうしたところからも読み取れます。

先ほど述べたように、このE系統は、日本人やチベット人の持つD系統と近縁・同祖です。チベットの近く、中国南西部に住む「チャン族」（チャン・ミン族）は、チベット・ビルマ語族に属する言葉（チャン語）を話し、一般に「チベット系民族」といわれていますが、彼らも約23％がD系統です。チャン族は、古代イスラエル人の風習文化を色濃く持っている部族で、多くの研究者から「イスラエルの失われた十支族」の末裔といわれています。

同じくチベット・ビルマ語族の言葉を話すチベット系民族「シンルン族」（ブネイ・メナシェ インド北東部）や、「カレン族」（ミャンマー）も、古代イスラエル人の風習・文化を色濃く持っています。イスラエルの失われた十支族の調査・帰還運動の団体「アミシャーブ」によれば、彼らも古代イスラエル人の末裔です。

アミシャーブの代表ラビ・アビハイルはまた、彼らチャン族、シンルン族、カレン族はみな、もともと同族だったと考えています。というのは彼らはみな、かつて中国を放浪している間に中国人に迫害され、そこでトーラーを失うなど、同様のいい伝えと同様の風習を持っているからです。彼らは迫害を受ける中で、バラバラにされ、いくつかの部族に分かれたのです。

これら「イスラエル系チベット諸族」と、日本人は遺伝子的につながりがありますから、日本人もまた遺伝子的に古代イスラエル人とつながっていると考えてよいでしょう。

Y染色体DNAは、パタン族やウズベク・ユダヤ人など西方に残った十支族の間ではE系統として、またイスラエル系チベット諸族や日本人など東方に進んだ十支族の間では、D系統として残っていったのです。D系統とE系統はもともと一つでした。

ところで、現代ユダヤ人はアシュケナージ・ユダヤ人も、スファラディ・ユダヤ人も、おもにJ系統、E系統、R系統などを持っています。このうち、R系統は西暦70年の離散以降に混血により

アフガニスタンのパタン人。彼らは自分たちを「バニ・イスラエル」（イスラエルの子孫）と呼ぶ。E．レクルス画 1876～1894年

インドのコチン・ユダヤ人の二人の女性（E.レクルス画1876～1894年）。

1920年にキリスト教宣教師トーマス・トランスが撮影したチャン族の女性たち（中国とチベットの国境付近にて）。

チャン・ミン族の祭司（1920年。トーマス・トランス撮影）。

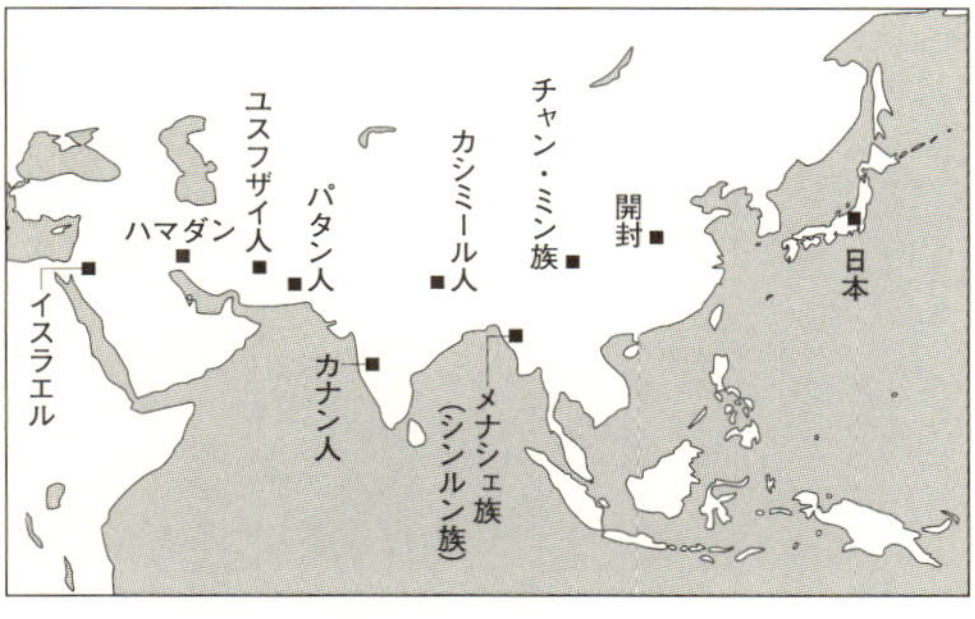

シルクロードに沿って、イスラエル十支族の足跡が残されている。

〔出典：『日本・ユダヤ封印の古代史』ラビ・マーヴィン・トケイヤー著　久保有政訳〕

ユダヤ人に入ったと思われ、古代ユダヤ人はおもにJ系統とE系統を持っていたと考えられます。

ある人々は、大祭司アロンの子孫といわれる「コーヘン」の姓を持つユダヤ人に、J系統が突出して多いことから、J系統こそ古代ユダヤ人特有のDNAだったと考えます。しかし、大祭司アロンが属していたレビ族の間では、J系統は突出しておらず、他の部族同様にE系統が多くみられます。また、E系統が世界中のユダヤ人グループに広くみられることを考えれば、E系統はやはり古代からイスラエル人における特徴的なDNAだったのです。

またチャン族(中国南西部)、シンルン族(インド北東部)、カレン族(ミャンマー)、ベネ・エフライム(南インド)、ファラシャ(エチオピア)、ブカラ・ユダヤ人(イラン)、イボ・ユダヤ人(ナイジェリア)などは、いずれもイスラエル十支族の末裔といわれる人々ですが、J系統を持っていません。日本人も同様です。彼らは古代からJ系統を持っていなかったと考えたほうがいいでしょう。むしろ古代において彼らはE系統、ないしDE系統(DとEの先祖型)を持っていたと考えられます。

日本人の持つD系統と、ユダヤ人のE系統は、かつて一つで、同じ先祖から来ました。日本人は遺伝子的にいっても、古代イスラエル人の血が多分に入っているのです。

十支族が辿り着いた最果ての地アルザルとは、やはり日本だったのか⁉

一世紀の終わりに執筆された、第4エズラ書という本があります。この本は聖書ではなく、古代ヘブライ文書の一つに過ぎませんが、面白いことが書かれていました。

〝彼らが、アッシリアの王、シャルマネセルに捕囚され、ホセア王の治世に国外追放された十支族である。アッシリア王は川向こうへと彼らを追放し、彼らは見知らぬ国へと連れ去られた。しかし、彼らは、異教徒の住む国を去り、人間が一度も住んだことのない最果ての地へ行くことを決意し、そこでようやく自国では守ることのできなかった、自らの法に忠実に従うことができた。彼らがユーフラテス川の狭い通路を通り抜けたとき、全知全能の神が、彼らが通り抜けるまで、川の水路をせき止めるという奇跡を起こした。ARZARETH《アルザル》と呼ばれる、その地域を通り抜ける彼らの旅は長く、一年半の月日を要した。その後、彼らは終わりの年まで、そこに住み続け、彼らが祖国へ戻るときには、全知全能の神は、彼らが通れるように、再び、川の水路をせき止めるであろう〟（13：39—47）。

この記述は、幻視の形で描写されたものなので、これが果たして史実に基づいているのかどうか、即座に判断を下すことはできません。しかし、この記述の背景となった事実がいくつか存在したと考えることは可能です。イスラエル十支族が、東を目指して旅をはじめ、一年と半年かかってたどりついた地を安住の地としたという情報、あるいは、伝説があったのかもしれません。

十支族がたどり着いたといわれているARZARETH《アルザル》とは、一体どこにあるのでしょう？　地図を見ても、世界のどこにもその地名を見つけることはできません。

シラー・スジネッセイ博士（Dr. Schiller Szinessy）は、この地名は、ヘブライ語で、〝別の土地〟を意味する、〝eretz ahereth〟（ARZ AHRTh）以外の何ものでもないと指摘しています。あるいは、もしこの地名をヘブライ語の〝eretz aherith〟（ARZ AHRITh）と解釈するなら、それは、〝地の果て〟、あるいは〝最果ての地〟を意味することになります。その土地が日本を意味すると考えた人は少なくありません。

「水」と「塩」にみる日本・ユダヤの多くの共通点

神道では、神事において水や塩を使う習慣があります。日本の神社のほとんどが、清浄な河川、池、湖、海の近くに建てられています。その理由は、そこで清めを行うためです。神道では、水は人間を浄化するためのものです。古代イスラエルでも、この習慣がありました。その理由は、祭司は、神聖な行事の前、あるいは神殿で神事を行う前には、〝衣服を洗わなければならない〟、また、〝沐浴《もくよく》しなければならない〟と、聖書にあるからです（民数記19：7）。

そのため、古代イスラエルにおいても、礼拝場の近くに清浄な水場があることが、理想的でした。神道の神官も、神事を行う前には衣服を洗い、水で清めます。一方、仏教の僧侶には、一般的にこの習慣はありません。

神道では、清めのために塩も使います。日本の相撲力士は、取組みの前に、土俵に数回塩をまきます。日本では、神社の聖所を清めたり、またお神輿を清めるために塩を使います。

不愉快な人が立ち去ったあとに、塩をまくこともあります。テレビで時代劇を見ていたら、登場人物の女性が、自分の嫌う人間が去ったあとに塩をまいていました。古代イスラエルにも似た習慣がありました。アビメレクは敵地を占領したあと、〝塩をまいた〟のです（士師記9：45）。

ユダヤ人が引っ越すとき、新居をコーシャーなものとするために、塩をまくと聞いたことがあります。日本にも同じ習慣があります。和食のレストランでは入り口付近によく盛塩《もりじお》をします。

現在でもなお、ユダヤ人は新しく引っ越してきた近隣者や著名人を迎えるとき、塩で歓迎するという伝統があります。もし世界的なリーダーがエルサレムを訪問することになったとしたら、ラビのリーダーは、ハラ（ユダヤのパン）と塩を携えて、市の入り口で歓迎することでしょう。

ユダヤ人の食事は、常に塩をかけたパンで始まります。こうすることで、すべての食卓は、祭壇に変わります。肉類は塩を振りかけて血抜きすることで、コーシャ食に変わります。

日本では、宗教的な供物をする際には、必ず一緒に塩をお供えします。日本の祝宴での供物も同じです。仏教では、塩をお供えしません。塩を供える習慣は、イスラエルにもあります。というのは、供物には、必ず塩を入れなければならない、と聖書にあるからです。〝あなたの素祭の供え物は、すべて塩をもって味をつけなければならない。あなたの素祭に、あなたの神の契約の塩を欠いてはならない。すべて、あなたの供え物は、塩を添えてささげなければならない〟（レビ記2：13）。

ユダヤ教において、塩は不可欠です。タルムード（ユダヤ教の智恵）でも、生贄にはすべて塩を備えること、と述べられています。塩は保存料です。蜂蜜と酵母《こうぼ》は、発酵・腐敗・分解を象徴するために、生贄と一緒に供えられることが禁じられていましたが、塩はその対極にありました。聖書には、〝永遠の塩の契約〟という表現があります（民数記18：19）。塩は、腐敗防止性、永続性の意味を持ち、永遠なる神の神聖な契約を象徴しています。エルサレムの神殿には、特別な塩の部屋がありました。一世紀のユダヤ人歴史家であるヨセフスは、ギリシャの王は、375かご分の塩を神殿に奉納したと記録しています。

小谷部全一郎《おやべぜんいちろう》氏によると、明治時代より前の日本国民は、赤ちゃんのお風呂に塩を入れる習慣があったそうです。古代イスラエルの民は、新生児を塩で優しくこすったあとに、水で洗いました。聖書にも〝赤ちゃんを塩でこする〟ことに関する記述があります（エゼキエル書16：4）。塩には洗浄作用と殺菌力があるため、新生児を塩でこすったのです。

以上のように、古代イスラエルと日本に、水と塩に関して共通の風習があったのです。

死に対する不浄の概念は、日本とユダヤで共通している！

日本では、葬式の参列者に一袋の塩が配られます。参列者は、葬式が終わって、帰宅し、玄関に入る前に、浄化のために、塩を自分に振り掛けなければなりません。古代イスラエルでは、遺体に触れた人や、葬式に参列した人は、ある特定の方法で清められなければなりませんでした。聖書には、穢れていない人が、ヒソップ（半常緑の低木）の枝を水に浸し、葬式に参列した人、あるいは遺骨・遺体・墓に触れた人に、振り掛けるとあります（民数記19：18）。このように、イスラエルでは、遺体に触れた人は、自分自身を清めることが必要でした。

今でも、ユダヤの墓地と家の外側には、墓地や葬式から戻った人が、家に入る前に手を洗えるように、水桶があるのに気づくでしょう。葬式に出かける前に、家の外側に水を準備しておきます。こうすれば、帰宅した時に、家に入る前に、手を洗えるからです。日本神話でも、イザナギが、死んだ妻を連れ戻すために、死の世界（黄泉《よみ》の国）へ行き、そこから戻ってきた時には、川の水で体を洗うことで、死者の穢れを祓い清めたという一節があります。さらには、神道が言うところの死者の国である、黄泉の国は、聖書で言うところの死者の国である、シェオルに非常によく似ています。

日本神道の極めて重要な特徴は、死者に対する穢れ・不浄の概念を持っていることです。死者を出した家、あるいは葬式に参列した人は、穢れにふれたと言われます。西洋人には、このような概念はありません。この穢れは、物理的な意味ではなく、宗教的あるいは、儀式的な意味合いにおいての穢れです。この神道の概念も、古代イスラエルと同じです。というのは、だれであれ死者に触った者は、〝7日間不浄とする〟と、聖書にあるからです（民数記19：11）。

神道においては、家族か親戚に死者が出た人は、ある一定期間、不浄だとみなされます。この期間、その人は神社へ行くことができません。そして、古代イスラエルにも、同じ習慣がありました。

仏教の葬式は寺院の中で行われますが、神道の場合は、不浄なものを神社の中に持ち込まないよう、常に神社の外で行われます。葬式に参列した神官は、葬式で使用した物を神社に持ち込みません。もし、どうしても持ち込む必要がある時には、神官は使用した物を祓い清めた後、持ち込みます。彼自身をも水などで清めなければなりません。古代イスラエルでも、葬式は、決して神殿内では行われませんでした。

聖書には、モーセの死と、アロンの死に際して、イスラエル国民は、30日間、喪に服した、という記述があります（申命記34：8、民数記20：29）。10世紀に執筆された古代神道の書、『延喜式《えんぎしき》』は、神聖な儀式に参加することができない、不浄の期間を30日間と設定し、生まれて3カ月以内の胎児の死亡と、体の部分を失った人の死亡の不浄期間を7日間と設定しています。このように、神道の、死に対する不浄の概念は、古代イスラエルのそれと似ています。

土の祭壇における日本・ユダヤの共通点

石の代わりに土が祭壇に使われることがあります。『日本書紀』には、日本の初代天皇、神武天皇が、天《あめ》の香具山《かぐやま》からお土取《つちとり》をし、その土からたくさんのレンガを造り、神を崇拝するための祭壇を作ったと記録されています。

聖書にも、〞あなたはわたしのために土の祭壇を築き、その上にあなたの燔祭《はんさい》、酬恩祭《しゅうおんさい》、羊、牛をささげなければならない。わたしの名を覚えさせるすべての所で、わたしはあなたに臨んで、あなたを祝福するであろう〟(出エジプト記20：24)。と記述されていることから、古代イスラエルの民も土から祭壇を作ったらしいのです。

祭壇は土からも作ることができました。祭壇が土から作られたということは、それはレンガ造りであることを意味します。レンガの歴史は非常に古く、中近東では、バベルの塔の時代、すなわち約4千数百年前からすでに、たくさんのレンガが使用されていたのです(創世記11：3)。

イスラエルの民は、時には、土からレンガを造り、そのレンガで祭壇を作っていたようです。しかしながら、石に比べるとレンガは脆弱《ぜいじゃく》で、経年によりいともたやすくくずれるため、周辺諸国では、考古学者によって、レンガの祭壇が発見されてはいるものの、イスラエルでは、いまだ発見されていません。

青銅のへびも神道とユダヤで共通している!

エジプト脱出の後、砂漠をさまよっていたイスラエルの民は、ヘビの一群に遭遇し、多数の人間

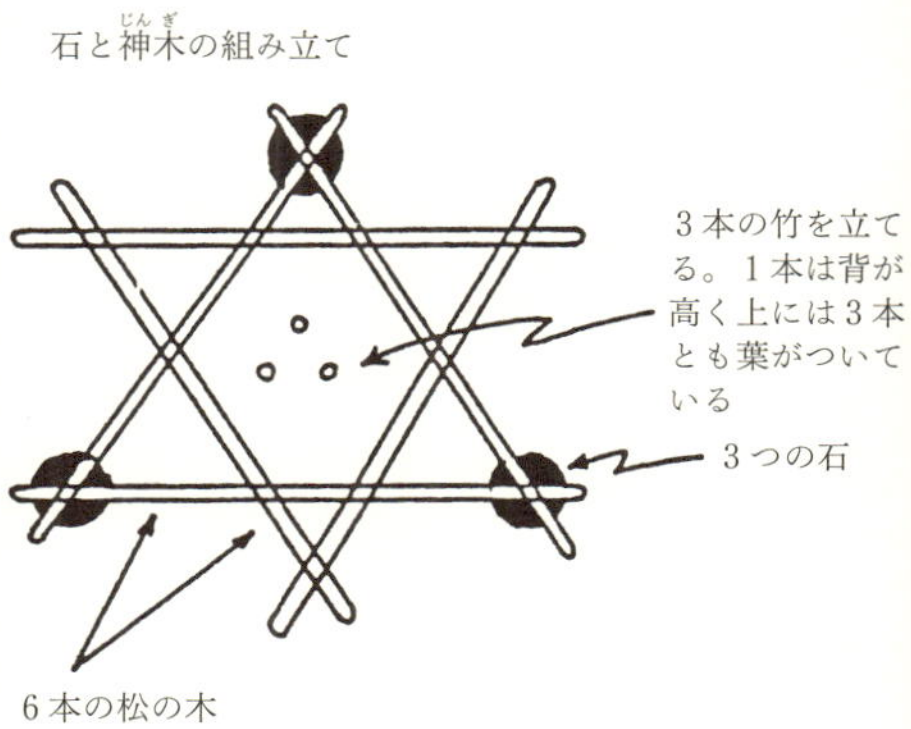

千把焚き（大分県の猪群山）
　過去の干ばつには、古いしきたりで、潮汲み（御神石の上部に凹部があり、これに海水を汲み上げるもの）や割れ木を山頂に運び、夜になって千把焚きをした風習がある。ここでは昭和33年まで雨乞いの儀式が行なわれた。この焚き木の組み立て方は図のように、中に３本の竹を立て、その内、１本は背が高く、３本とも上に葉を残しておく。その先に蛇の抜け殻を巻き付けられた御幣（ごへい）を刺す。昼間、神官が天日（てんび）で火を起こし、鬼と神官が松明に移し取り、これで火付けの儀式は終了する。
　午後６時、宮司から蛇の抜け殻を巻き付けられた御幣が神官に渡される。そして千把へと向かう。千把焚きは中央から燃えなければならないと言い伝えられているので、そのため火はなるべく奥へ奥へと入れられる。最後に松の木で穴をふさいであとは燃え上がるのを待つばかり。モウモウと吹き上がる煙り、これで蛇の抜け殻をいぶすのだ。大昔から地元の人々に伝えられてきたという真玉町（現在は豊後高田市）の千把焚きとは、いったい何なのかいまだ不明だ。
〔出典：『日本・ユダヤ封印の古代史』ラビ・マーヴィン・トケイヤー著　久保有政訳〕

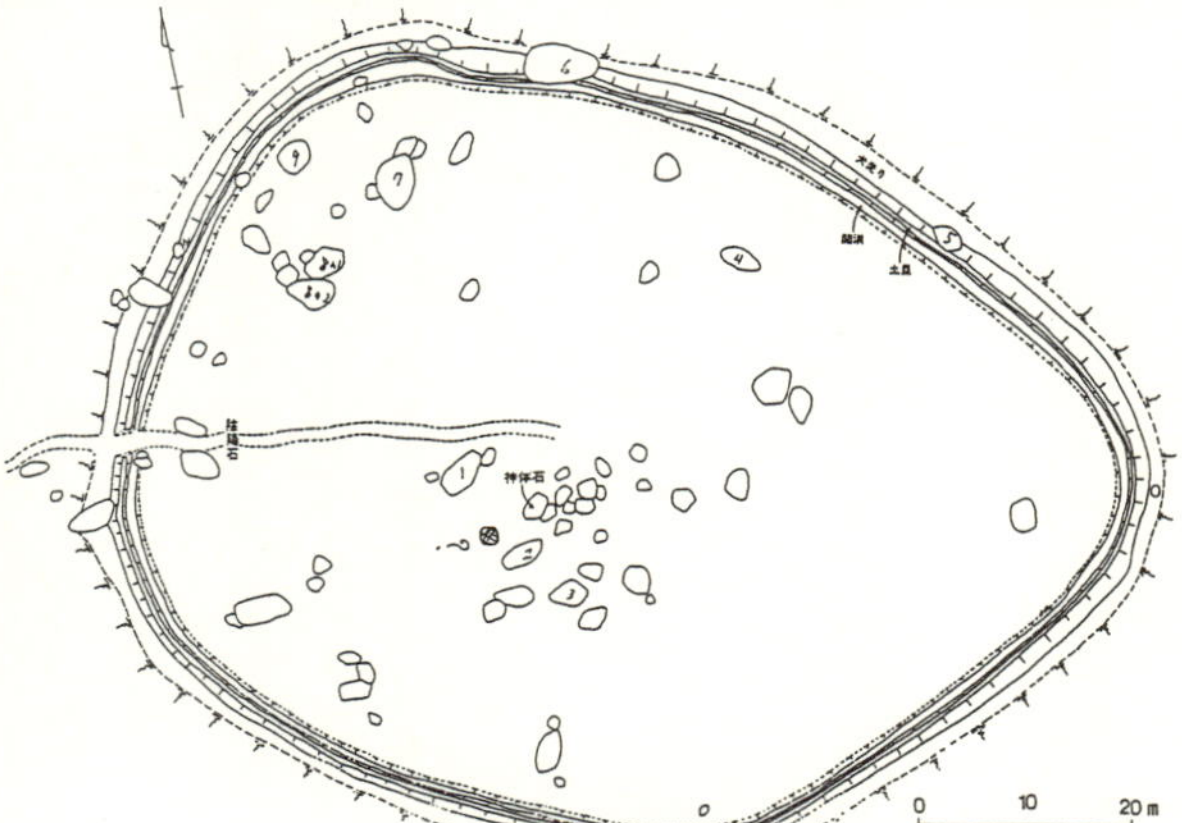

（資料提供／山上智）

猪群山

大分県、国東半島の真玉町（またままち）に標高458メートルの猪群山がある。山頂には、周囲が約300メートルもある環状列石（ストーン・サークル）があり、大小53個の石で二重の環状をなしている。中心には高さ４、５メートルもある御神石（メンヒル）と呼ばれる太陽石が東向きに約60度の傾斜で立てられ、上部に凹みがある。

昔から女人禁制として、女性はこのストーン・サークルの中に入ることができない。もしこのタブーを破ると天災がおこると言われている。このストーン・サークル内を土地の人は「おみせん」と呼ぶ。この「おみせん」には多くの謎めいた伝説がある。

〔出典：『日本・ユダヤ封印の古代史』ラビ・マーヴィン・トケイヤー著　久保有政訳〕

が嚙《か》まれ、死亡しました。ヘビの猛毒はまるで炎のように強力でした。彼らを救うべく、モーセは神の命令に従って、〝青銅のヘビ〟を作り、イスラエルの民がそれを見られるように、旗ざおの先に取付けました。ヘビに嚙まれても、その像を見つめると、その人は死なずにすみました（民数記21：9）。

この一件が終わった後、青銅のヘビは、イスラエルの民の間で保管されました。イスラエル民族の信仰が健全であった間は、この像の存在は問題ではありませんでした。ところが、その後、民の信仰が堕落すると、彼らは真の神ではなく、青銅のヘビを偶像として拝みはじめました。その結果、紀元前8世紀の南王国ユダのヒゼキヤ王が、偶像崇拝を止めさせるためにこの像を壊しました。王はモーセが作った青銅のヘビを、粉々に砕きました。なぜなら、イスラエルの民は、そのときまで、〝そのへびに向かって香をたいていたからである〟と聖書は記述しています（第Ⅱ列王記18：4）。

イスラエルの十支族は、この事件が起きる前に、すでにアッシリアへ追放されていました（紀元前722年）。つまり、十支族は、追放されたときには、青銅のヘビを崇拝する習慣があったと推測されます。

大分県にある猪群山《いのむれやま》の神社では、約40年前までは、雨乞いを目的としたユニークな祭祀を催していました。この祭では、6トラック分の木材でダビデの星の形に土台を作り、その上にたくさんの小枝を積み上げて塔にします。塔のてっぺんには、ヘビの抜け殻を巻きつけた棒を垂直に立てます。このタワーに火をつけ、雨乞いをします。つまり、超自然的パワーがあると信じて、へびにお香を焚いているのです。

この様子をビデオで見た私は、古代イスラエルの民が青銅のヘビを崇拝していた習慣を思い出しました。日本神道では、ヘビを神として信仰することがあります。これは、古代イスラエルとなんらかの関係があるのではないでしょうか。

正月の習慣は、日本とユダヤで酷似している！

日本人は伝統的に新年を盛大に祝う国民です。また、毎年7月15日か、8月15日のお盆も、国民的行事となっています。日本には、こんないい回しがあります。〝まるで盆と正月が一緒に来たみたいだ〟。これはもの凄く忙しい、という意味です。つまり、この二つの行事が、日本では、一年の中でもっとも盛大な行事なのです。

まず、お正月から見てみますと、1月1日には、たくさんの日本人が、すでに夜明け前から、神社に集い始めます。さらに、この日は、和気あいあいと家族団らんの時間を過ごし、餅（日本版のマツァ＝ユダヤの種《たね》なしパン）を食べます。新年から7日間餅を食べ、7日目には、七種の薬草の入ったお粥《かゆ》を食べます（七草粥《ななくさがゆ》）。

現在日本人が使っているのは太陽暦です。元旦は1月1日で、七草粥を食べるのは、1月7日です。けれども、日本人が元来使ってきたのは太陰暦であり、元旦は第1月の15日でした。なぜなら、その日が一年で最初の満月だからです。現在でも、1月15日が小正月《こしょうがつ》と呼ばれるのは、その名残です。さらにこの日は、〝餅の正月〟とも呼ばれています。新年のお祝いは、餅がご馳走《ちそう》でした。

太陰暦の時代には、第1月の15日が、日本国の祝日でした。

小谷部全一郎氏によると、12世紀までは、日本では第1月の15日に七草粥を食べ、それ以降に新年の収穫を祈念する祭祀を行っていました。これは、古代イスラエルの習慣に似ています。イスラエルの民もまた、第1月の15日から、7日の間、種《たね》なしパンを食べて、種なしパンの祝い（過越《すぎこし》の祭）を行いました（レビ記23：6）。

ヘブライ語でマツァと呼ばれる種なしパンは、イースト菌を使わずに、無発酵で焼く、ごく薄いパン（クラッカー）です。日本の餅の作り方は、小麦粉の代わりにもち米を使う点を除けば、マツァのレシピに非常に似ています。イスラエルのマツァと日本の餅は、レシピだけでなく、その意味においても、目的においても、とても似通っています。

イスラエルの民は、マツァを第1月の15日に〝苦菜《にがな》〟と一緒に食しました（出エジプト記12：8）。つまり古代日本で第1月の15日に七種の苦い薬草を食したように、イスラエルの民も第1月の15日に〝苦菜〟を食したのです。

ユダヤのカレンダーでは、第1月の15日は祭の初日であり、満月であり、安息日です（レビ記

23：7）。安息日の翌日は、イスラエルの民は初穂を捧げ、その年の豊作を祈願しました（レビ記23：11）。

日本では元日の前に、家をくまなく掃除します。もしユダヤ人がこれを聞いたら、彼らはこう思うに違いありません。「私たちの習慣と同じだ！」。なぜなら、彼らもまた、種なしパンの祭の前に、家を隅々まで掃除しなければならないからです。というのは、〝七日の間あなたがたは種入れぬパンを食べなければならない。その初めの日に家からパン種を取り除かなければならない。第一日から第七日までに、種を入れたパンを食べる人はみなイスラエルから断たれるであろう〟（出エジプト記12：15）、と聖書にあるからです。イスラエルの民は家を浄化し、パン種を取り除かなければならなかったのです。インド在住のユダヤ人の過越祭は、家の掃除の休日と呼ばれており、家からすべてのパン種を取り除き、掃除します。

日本の7月15日または8月15日のお盆（魂祭）のイベントは、十支族の北の王国や南ユダ王国と同じ起源か⁉

次に、お盆について検証してみましょう。日本には、7月15日または8月15日にお盆という行事があります。陰暦を用いていた頃には、第7月の15日が、お盆でした。

今日、お盆は仏教の風習の一環とみなされていますが、仏教が日本に伝来するかなり前から、お盆の原型である、魂祭《たままつり》（霊祭）と呼ばれる行事が存在していました。仏教が日本に伝来した時、仏教の行事にこの魂祭が採り入れられ、それがお盆に変わったのです。古代イスラエルでは、第7月の15日に、仮庵《かりいお》の祭（収穫祭）と呼ばれる大きな行事が催されていました（レビ記23：39）。

日本では、現在太陽暦を用いており、1カ月おくれの第8月の15日にお盆を行うのが主流です。奇遇なことに、十支族の北王国で、収穫祭が行われていたのも、この日でした。北王国のヤロブアム王が、南王国ユダの祭の日から1カ月おくれの第8月の15日を祭の日と定めた、と聖書に記されています（第I列王記12：32）。

第7月の15日に収穫祭を行うのが、古《いにしえ》の頃より、イスラエルの伝統でしたが、ヤロブアム王はこの伝統を廃止し、代わりに第8月の15日を新しい収穫祭の日と定めたのです。

イスラエルでは、種なしパンの祭（新年）と、第7月の15日（あるいは第8月の15日）の仮庵の祭（収穫祭）が、一年を通して、もっとも重要なイベントです。日本人はイスラエルの民と同時期に、同様に、盛大な祭のイベントを催してきたのです。現在の日本では、第8月の15日は、終戦記念日でもあります。

日本人が十五夜《じゅうごや》を祝っているその日、ユダヤ人は仮庵《かりいお》の祭を祝っている！

日本では、古来の暦である陰暦の第8月の15日の夜に、十五夜と呼ばれる風習があります。現在用いられている太陽暦でいうと、9～10月の間にあたります。これは、ユダヤのカレンダーで、仮庵の祭の日である、第7月（ティシュリ）の15日に該当します。日本人が十五夜を祝っているちょうどそのとき、ユダヤ人は仮庵の祭を祝っているのです。

この日、日本では、供物台をセットして、花瓶にススキを飾り、団子、芋、梨など季節の収穫物を供え、家族が集って、中秋の名月の美を愛《め》でます。仮庵を建てることもあります。イスラエルの場合、北王国イスラエルでは第8月の15日、あるいは、南王国ユダでは第7月の15日に、仮庵（掘立小屋）を設け、家族が集い、季節の恵みを供え、秋の美しい満月を眺めながら、収穫を祝いました（レビ記23：39―42）。

土地の初穂は神社に奉納――これも日本とユダヤで共通！

日本には、初穂を神に供えるという、よき風習があります。穀物と果物の初穂、つまり最初の収穫物の一部を供えます。

神嘗祭《かんなめさい》は、10月に伊勢神宮で行われる、初穂を神に捧げる祭祀です。古代イスラエルにも、初穂を捧げる習慣がありました。なぜなら、土地の初穂は、神殿に奉納しなければならない、と聖書に記されているからです（出エジプト記34：26）。

伊勢神宮では、神嘗祭のとき、装束、テーブル、道具をすべて新調します。これは、新年を迎えるという意識に基づいているのです。ユダヤ教においても、収穫祭の月（ティシュリ、9〜10月）が、新年です。

伊勢神宮の神嘗祭の約一カ月後に、新嘗祭《にいなめさい》と呼ばれる祭祀が、皇室で執り行われます。名称は違っていても、これも、収穫の一部を捧げる祭祀です。

新嘗祭は、次の要領で行われます。祭祀は夜の6時頃にスタートし、大体夜中の1時に終わります。これは、夜に執り行われるのです。天皇は神に収穫物を奉納したあと、それを神の御前で頂きます。この儀式によって、天皇は国のリーダーの役割を神から与えられます。古代イスラエルにおいても、イスラエルのリーダーであるモーセ、アロン、70人の長老なども神の御前で食しました（出エジプト記24：11）。

また、天皇が即位後はじめて行う新嘗祭を、新嘗祭のさらに盛大なものとして、特に大嘗祭《だいじょうさい》と呼んでおり、収穫物を供えるための特別な仮庵が設けられます。今上《きんじょう》天皇である明仁《あきひと》天皇の大嘗祭のときには、シンプルでありながら、巨大な仮庵が設けられ、儀式終了後には、仮庵は解体及び焼却されました。

大嘗祭も、夜間に執り行われます。明仁天皇の大嘗祭は、6時半にスタートし、翌朝まで続きました。天皇は収穫物を奉納し、神の御前で頂きました。古代そして現代のイスラエルでは、ユダヤの仮庵の祭は、日没に始まります。イスラエルの民は、収穫物が盛付けられた仮庵にやって来て、神の御前でそれを頂き、みんなで楽しむのです。

日本の神道の結婚式とユダヤ教の結婚式に見られる共通点！

日本の神道式の結婚式と、ユダヤ式の結婚式の間に、共通点をいくつか見つけました。

神道式の結婚式では、花婿と花嫁はひとつの杯で、酒（日本酒＝ライス・ワイン）を飲みます。同様に、ユダヤの結婚式でも、花婿と花嫁はひとつの杯で、ワインを飲みます。ただ、この習慣は聖書ではなく、タルムードに由来しています（3～6世紀）。

今日のユダヤの結婚式では、ワインを飲んだあと、花婿がワイングラスを割ります。これは、エルサレム神殿が破壊された過去を思い出すためです。この風習はエルサレム神殿が破壊された70年にさかのぼり、この出来事の前には、グラスを割る風習は存在しませんでした。

神道の結婚式では、花嫁は頭にショールをかぶって顔の半分を覆います。現在は、ショールで目の高さまでを覆いますが、昔は、顔全体を覆っていました（被《かず》きと呼ばれる）。かつては、女性が神社を参拝する時にも、このショールをかぶっていました。このショールの習慣も、古代イスラエルにありました。イスラエルの民の先祖であるヤコブは、ラケルと結婚したと思っていましたが、実際には花嫁はラケルではなく、彼女の姉のレアだった、と聖書にあります。暗闇だったことと、彼女が被っていたショールによってヤコブは見分けがつかなかったのです。

現在でも、ユダヤの花嫁は、結婚式で顔にヴェールをかけます。古代イスラエルの女性は外出する際、顔を覆うためにショールを被りました。女性はシナゴーグに行くたびに、顔にショールをかける決まりになっています。

神道でもう一つ重要な要素が、神官は普通、既婚者だということです。神道では、神官は独身でなければならないという決まりがありません。現代の日本では、ほとんどの仏教僧が既婚者ですが、これは、明治時代以降の習慣です。明治時代より前には、仏教僧は、独身であることが決まりでした。日本以外の国では、仏教僧は、皆独身です。カトリックの神父も独身です。神道の神官にかぎり、既婚者です。これは、有史以前からの伝統です。古代イスラエルの祭司も既婚者でした。現代のユダヤ教のラビも同じです。

日本の結婚について、一人の日本人女性が、思い出を語ってくれました。ある日のこと、彼女の母親が彼女の叔母の結婚について彼女に話したそうです。叔母の夫が戦死した後、叔母夫婦には子供がいなかったのですが、叔母は、独身だった亡き夫の兄と結婚しました。この結婚について、母親は彼女にいったそうです。「これが、日本の伝統的な習慣なのよ」と。それをきいた彼女は思いました。「現代は、自由恋愛の時代であり、愛する人と結婚するのが当然なのに」。彼女には、母親のいっていることが理解できませんでした。ところが、後に、これがユダヤの習慣と同じだと知って、彼女は驚きました。

これが、ユダヤの習慣と同じだというのは、事実です。もし兄弟が一緒に暮らしていて、そのうちの一方が、子供のいないまま、死んだとします。残された妻は、家族以外の他人と結婚してはならない。亡き夫の兄弟が彼女を妻として迎え、彼女のために夫としての役割を果たさなければならない、と聖書に記されているのです（申命記25：5）。

現代の日本では、通常はこの習慣を見ることはありませんが、最近まで、日本で広範に実践されてきた習慣なのです。

皇室の大祓《おおはら》えの儀は、古代イスラエルの贖罪《しょくざい》の理念を表している

日本では、古代イスラエルに似た贖《あがな》いの概念が伝統的にあります。

古代神道においては、国家のすべての罪と穢れを退散させる儀式である、大祓《おおはら》えという、贖いの儀式があります。

大祓えの儀では、天皇は、白い麻の装束《しょうぞく》（粗末な格好を象徴）をまとって、現れます。儀式のあと、衣装を小舟にのせ、川に流します。舟は、川を流れ、姿が見えなくなるまで、人々に見送られますが、その間、祝詞《のりと》が詠唱されます。その内容は、「日本の天皇家は、天（高天原）から降臨し、自然の恵み溢れる国、日本を統治されはじめたが、国家で多くの罪が起こったため、その処理が必要であるが、その罪はあまりに深く、処理するのが困難である。そこで、我々は、償いのための特定の期間を設け、国のために、天皇に、贖いと浄化の儀式を行っていただかなければならない」というものです。天皇が、儀式を行う際に白い麻の装束をまとうのは、国家のすべての罪をそこに背負わせるためであり、その後、装束を川に流すのは、その罪を清めるためです。

一方、国民と、神社の神官たちは、人形《ひとがた》に切った白い紙に、人々の罪を移し、その後川に流しま

す。古代の日本人は、罪を贖うことなしには、新年を迎えられないと考えていました。大祓えの贖いは、日本全国の神社と皇室で、毎年6月30日と12月31日の2回行われます。実のところ、ユダヤのカレンダーには、正月が2回あります。それは、第7月の1日と、第1月の1日です（前者は、世界の創世に基づいており、後者は出エジプト記に基づいている）。

大祓えという概念は、ヘブライ聖典の概念と似ています。日本の大祓えの習慣は、エルサレム神殿でイスラエルの大祭司が行う儀式の、贖罪のヤギ（アザゼルのヤギ）の習慣に似ています。大祭司はヤギの頭の上に手をのせて祈り、イスラエルの民のすべての罪をヤギに背負わせ、荒野に連れて行き、地平線の彼方にヤギが消えていくのを見守りました。このとき、イスラエルの民は、もう見ることの無い、見知らぬ土地に贖罪のヤギと一緒に自分たちの罪を追い払ったこと、そして神にも、もはや罪を見られなくて済むことに感謝しました。この儀式は、毎年行われました（レビ記16）。

日本には、流し雛《びな》という風習もあります。これも、雛に罪を背負わせて川に流す、贖いの儀式です。日本の大祓えと流し雛の概念は、基本的に、ユダヤの贖罪のヤギの概念に似ているようです。

さらに、大祓えの儀の祝詞に挙げられた罪の種類が、レビ記で挙げている罪の種類に酷似していると、指摘する日本の神道信者もいます。大祓えの祝詞で挙げられている罪の種類は、〝生きた人間に対する傷害、死体に対する傷害、ハンセン病患者、せむし、母親との姦淫、実子への強姦、母と子への強姦、動物との姦淫、呪術など〟ですが、これらは、レビ記で禁じられている罪の種類に非常に似ています。その罪として、他者の体あるいは自分の体を傷つけること（19：28）、死体を穢すことがあげられています。またハンセン病患者、せむし、あるいは他の肢体不自由者は、神殿で仕えることは許されませんでした（21：17―23）。母親及び実子あるいは動物との強姦あるいは姦淫は当然禁じられました（18：6―23）。呪術も罪です。このように、日本の大祓えの祝詞にある罪は、ヘブライ聖典の罪と酷似しています。

ユダヤの過越の祭は、沖縄で看過の風習として残っていた！

ユダヤには過越の祭があります。過越の祭は、聖書の出エジプト記に由来しており、今から3000年以上前に、エジプトで奴隷だったイスラエルの民が、モーセの指揮の下、エジプトを脱出した出来事を想起させる祭です。イスラエルの民がエジプトから脱出する前の晩、過越と呼ばれる出来事が起きました。エジプトのすべての家の長子（長男）が死ぬという災禍が起こったとき、その災禍はイスラエルの民のすべての家庭を過ぎ越したのです。

イスラエルの民は神の指示に従い、羊を屠《ほふ》り、その血を彼らの家の門に塗りました。ヒソップの小枝の束を血に浸して、門に塗ったのです。血が塗られた家は、死の天使が通り過ぎていきました。

その晩、イスラエルの民は羊を焼いて食べました。

これと似たような習慣が、日本の琉球地方にも見られます。キリスト教リーダーの中田重治《なかだじゅうじ》は、琉球では、約70年前まで牛を屠り、その血を家々の門に塗ってすべての悪しきことを退散させる風習があった、と著しています。この風習は看過《かんか》と呼ばれています。過越と同じ意味です。中田は、看過では、羊ではなく、牛を屠る理由について、日本には当時羊がいなかったのがその理由と考えました。

沖縄の教育委員会にこの風習についてたずねたところ、沖縄には実際に、看過、あるいは島《しま》クサラシ（退散という意味）の風習があるとのことでした。牛を屠り、ススキか、桑の葉を血に浸し、邪《よこしま》なものが入って来ぬように、その血を門と家の四隅、村の入り口に塗るのです。牛は、その日に焼いて食べます。

これは、古代イスラエルの過越の祭の風習を連想させます。

看過の風習は、現在でも見ることができますが、たくさんの町では、牛は豚に取って代わられました。疑問に思い、なぜ豚なのかとたずねたところ、牛は高価なために、豚に変えたそうです（沖縄タイムス社出版の沖縄大百科事典に記事が掲載）。

看過の風習は、主に、陰暦の第2月と第8月に行われています（1年に2、3回）。陰暦の第2月は、太陽暦でいうところの春、3月あるいは4月に該当します。面白いことに、これは、ユダヤの過越の祭のシーズンとほぼ重なっているのです。聖書によると過越の祭の小羊は、ユダヤ暦の二サン（アビブ）の月の14日に屠られており、これは、太陽暦の3月か4月に該当します。

皇室の大嘗祭及び履物を脱ぎ、足を洗う習慣は、聖書から来ている⁉

日本の天皇は即位後、大嘗祭（大きな収穫祭）を執り行いますが、そのとき、全身純白の装束に着替えて、裸足で神の御前に進みます。そこで、天皇は神から神託を賜り、真の天皇及び国のリーダーとなるのです。

これは、聖書にある概念に似ています。モーセが神の御前に進んだとき、彼は履物を脱いで裸足になりました（出エジプト記3：5）。ヨシュアも同じようにしました。そこで二人は神から神託を賜り、国家の真のリーダーとなりました。

日本人は、家に入るときも、靴を脱ぎます。西洋人、中国人は靴を履いたまま家に入りますが、日本人はそうしません。小谷部全一郎によると、明治時代初期までは、外から来た人が家に入る前に足を洗うための、水かお湯をはった洗い桶を用意する習慣が日本にありました。小谷部氏は、これは日本独特の伝統的な習慣であり、アジアの他諸国から伝来したものではない、といっています。

古代イスラエルの民も、足を洗う習慣がありました。聖書には、足を洗うことに関して記述している箇所がいくつかあります（士師記19：21他）。家に入る前に足を洗うのは、古代イスラエルの民にとって、日常的な習慣でした。

皇室が太陽に奉納した馬は、イスラエルの伝統と同じもの！

日本の神道では、太陽の女神、アマテラスは、日本の皇室の皇祖神であり、国家の祖神として崇められています。伊勢神宮はアマテラスのために建てられました。

伊勢神宮の内部に入ると、入り口付近にある、太陽神アマテラスに奉納した馬が目に入ります。この馬は、普通の馬ではなく、日本の皇室が太陽神に奉納した馬です。馬は、1年に3回、綺麗な衣装を着せられ、神社の聖所へと連れていかれ、太陽神にお辞儀します。

この日本の伝統は、古代イスラエルの風習から来ていると、ユダヤ人のヨセフ・アイデルバーグは指摘しています。なぜなら、南王国ユダのヨシヤ王は、それまでの歴代の王たちが〝神殿の入り口で〟〝太陽に奉納した馬〟を、取り除き、さらに〝太陽の戦車を火で焼いた〟、と聖書に記録されているからです（第Ⅱ列王記23：11）。聖書の中で、馬の奉納について触れているのは、一箇所だけですが、この行事がイスラエルに存在していたのは、驚きに値します。

紀元前639年から608年まで即位していたヨシヤ王は、宗教改革を断行し、太陽に馬を奉納するこの習慣を撤廃しました。そのときまで、こうした異教的な習慣は歴代の王によって代々継承されていました。この撤廃は、アッシリアへイスラエルの十支族が連れ去られたあとの出来事です。太陽に馬を奉納する習慣は、北イスラエル王国でも実践されていたと推測されます。その理由は、南王国に存在した異教的習慣は、ほぼ例外なく、北王国でも実践されていたからです。太陽に馬を奉納する伊勢神宮の習慣は、これが起源に違いありません。

そして、他の日本の多くの神社では、馬の絵が描かれた木製の板がたくさんぶら下がった場所を見ることがあります。その板は、絵馬《えま》と呼ばれており、奉納した人の願いごとが書かれています。ある神社の神官の話によると、昔は生きた本物の馬を奉納していたのが、後にそれが難しくなり、絵馬にとって代わられた、ということでした。

メソポタミア地方では、馬の奉納はごく一般的です。古代イスラエルはこうした近隣諸国と交流があったため、馬の奉納の風習をとり入れていたのです。

大化の改新の骨子は、モーセの律法そのもの!!

古代日本では、日本の統治にあたり、神道派と仏教派の間ですさまじい闘争が繰り広げられました。神道派の物部《もののべ》氏と、仏教派の蘇我《そが》氏との間の闘争です。統治の権力は、いったんは、仏教徒が手中に収めたものの、後に、大化の改新（645年）によって、神道派が統一の権力を奪回しました。この大化の改新は、神道復権の時だったため、古代イスラエルとの関係が見え隠れしている、とヨセフ・アイデルバーグは指摘しています。

たとえば、新政府による、大化の改新による新時代開始の発令は、第7月の初めでした。古代日本の年代記、『日本書紀』は、第7月の2日目に、新しい妃を決定したと記録しており、実際には、第7月の1日が、大化の改新後の時代のスタートだったようです。第7月の1日目は、ユダヤ人の元日です。ユダヤ人はその日（ティシュリの最初の日）を元日として祝福します。その日は安息日であるため、宗教的な物事以外では、仕事は禁止されています。紀元前5世紀に、祭司エズラが民衆にトーラーを説き、宗教改革を実行したのが、第7月の1日目でした（ネヘミヤ記8：2、3）。一種の大化の改新です。けれども、この種の宗教的出来事以外の公式な行事は、第7月の2日目以降でなくてはなりませんでした。

『日本書紀』は、新政府は、神道の神へ伝統的な供物をするために、〝第7月の14日〟に、使いを派遣した、と記録しています。ユダヤの習慣では、この日が、ユダヤの大きな祭典である、仮庵の祭のために、神に供物を捧げる日です。これは、偶然の一致にしては、出来すぎです。

これがすべてではありません。大化の改新では、土地を国民に分配するために新しい法律が制定されました。900年頃まで続いたこの法律は、政府が国民に6年ごとに土地を再分配するものでした。この法律のモデルとなったのが、中国の法律ですが、その法律では、再分配の施行は、農夫が60歳に達したときか、彼が死亡したときであり、周期も6年ごとではありません。では、なぜ日本の政府は土地を6年ごとに再分配したのでしょうか?

古代イスラエルでは、土地を6年間使用し、7年目に土地を休ませる法律がありました(レビ記25:3、4)。持続的な農耕により土地がやせてしまうのを防ぐ目的があり、このヘブライの法律が、大化の改新の再分配の法律のモデルとなったようです。日本では、7年目を土地の再分配の年にあてたと推測する人もいます。

再分配する土地の広さは、家族の人数に応じて決められました。これは、古代イスラエルも同様で、相続できる土地の大きさは、支族の人数によって決められていました(民数記26:54)。

しかも、大化の改新に伴って施行された法律の中には、トーラーの法との関連性を匂わせるものが多数あります。たとえば、大化の改新の男性と女性の法律には、次のように書かれています。

〝男奴隷と女奴隷の間に生まれた子供は、その母である女奴隷に与えよ〟

この法は、古代イスラエルでも同じでした。主人は、男性の奴隷と女性の奴隷の間に生まれた子供を、女性の奴隷である、母親に渡し、男性の奴隷は一人で去らねばなりませんでした（出エジプト記21：4）。また、大化の改新の「朝集使」のページには、次のように書かれています。

〝不正に獲得した者からは、二倍徴収すること〟

これは、自分の所有物ではないのに、自分の所有物だと偽って不正に何かを得た者からは、その二倍の金銭を徴収することを意味します。これは、トーラーの律法と同じです。トーラーは、横領事件の罰金はその二倍支払うことと、規定しています（出エジプト記22：9）。

大化の改新の中で、「旧俗の廃止」のページには、次のように記されています。

〝生きている人間が死者のために断髪すること、あるいは股を刺したりする……旧俗はやめよ〟

たくさんの国々で、死者のために生きている人間が故意に自分を傷つける習慣があります。台湾では、自分を傷つけて血を流す祭があります。日本にも確かに同じ習慣がありましたが、大化の改新がそれを廃止したのです。トーラーの律法も同じでした。トーラーには、〝死人のために身を傷つけてはならない。また身に入墨をしてはならない。わたしは主である〟、とあります（レビ記19：28）。

ユダヤ人は、聖書によって、体を傷つけること、タトゥー（入墨《いれずみ》）を入れることを禁じられています。トーラーの法でも、祭あるいは一般の人々が、死者のために頭髪を剃ることを禁じています（レビ記21：5、19：27）。仏教僧は、頭を坊主にしますが、神道の神官はしません。そしてタトゥーもしません。

旧俗の廃止と同じページに、裁判について書かれているのは、興味深いことです。

〝たとえ三名の確かな証人がいたとしても、全員が事実を述べてはじめて、官に案件を提出しなければならない。安易に訴訟を起こしてはならない〟

なぜ、〝三名の確かな証人〟なのでしょうか？　この記述には、最低でも、二、三名の証人が必要であり、たとえ三名の証人がいたとしても、訴訟は軽率に起こすべきでない、そして、訴訟の前には、詳細な事実を証言すべきである、という考えが、背景にあります。この考えは、モーセの律法と関連しています。いかなる不法行為、あるいは罪についても、一人の証人によっては立証されない。〝二人ないし三人の証人〟の証言によって案件は立証されるべきである、と聖書に記されているからです（申命記19：15）。

その理由は、一人の証言者の言葉は、容疑者を陥れるための嘘である可能性があるからです。旧俗の廃止のページには、たとえば、ある男性が、だれかに馬を預けている間に、預かった人の不注意により、馬が事故で死んだような場合、これまで馬主の男性は、相手に過剰に賠償を請求する傾向にあったといわれています。しかし大化の改新の法律は、この種の損害賠償の請求を禁止しました。これは、モーセの律法で記されているのと、同じ精神です。ある男性が、ロバ、雄牛、羊、あるいは別の動物を預かってもらいに、近隣に連れて行って、動物が死んだ、あるいは負傷した、あるいはだれも見ていない間に持ち去られたと仮定します。このとき、両者の間で主の宣誓が交わされなければならない。隣人の財産に絶対に手をかけなかったという誓いです。持ち主がこれを受け入れるなら、隣人は賠償しなくてよいのです（出エジプト記22：10―11）。

このように大化の改新で発布された法律は、モーセの律法と酷似しています。

古代日本人はヘブライ語を話していた？

『古事記』、『日本書紀』、その他の古代文書を読むと、意味と発音において、ヘブライ語に似たたくさんの言葉を発見します。

たとえば、日本の初代天皇である神武天皇は、当時の指導者たちに、〝県主《あがたぬし》〟という職名を授けました。県は、地域を意味し、主は、指導者を意味します。ヘブライ語でも、〝アグダ〟はグループを意味し、〝ナシ〟は指導者を意味します（現代のヘブライ語では、それをナシ―アグダという）。

日本では、天皇は〝ミカド〟という称号で呼ばれていますが、これは、ヘブライ語で高貴を意味する、〝ミガドル（migadol）〟に発音が似ています。日本の天皇は全員ミコトという尊称で呼ばれますが、これは、ヘブライ語で王国あるいは王を意味する〝マークート（malkhut）〟と発音が似ています。日本の天皇は、スメラミコトという尊称とともに呼ばれることもありますが、この尊称は、日本語としては、なんら意味を持ちません。ところが、その尊称をヘブライ語の、〝ショムロン・マークート（shomron malkhut）〟だと解釈すると、〝彼の王国サマリア〟、あるいは〝サマリアの王〟という意味になります。神道の神官の、古代の名称は、〝禰宜《ネギ》〟ですが、ヘブライ語の〝ナギイド（nagid）〟は、指導者を意味します。

天皇と皇后の墓の、日本古代の名称は、〝御陵《ミササギ》〟ですが、ヘブライ語の〝ムット　サガル（mut sagar）〟は、死者を閉ざすことを意味します。

ヨセフ・アイデルバーグは、カナン（のちのイスラエルの地）というヘブライ語は、葦の原という意味の、〝カナ・ナー〟の組合せであると、解釈しました。一方、かつて日本は、〝葦原国〟と呼ばれていました。

日本の古書、『古事記』と『日本書紀』には、ほかにも、イスラエルを連想させるたくさんの言葉が見受けられます。奈良県のとある地域（桜井市から橿原《かしはら》市にかけて）の古名は、〝磐余《イワレ》〟ですが、これは、ヘブライを意味するヘブライ語の〝イヴリ〟を連想させます。奈良県の〝飛鳥《あすか》〟は、ヘブライ語で幕屋を意味する〝ハスカ〟に似ています。飛鳥には、かつて天皇の御所が建てられていました。ある日本の学者は、〝ア〟は接頭辞であり、〝スカ〟は、住居を意味すると述べています。同様に、ヘブライ語でも、〝ハ〟は接頭辞であり、〝スカ〟は、住処とか幕屋、仮庵を意味するのです。

『古事記』は、聖書の物語を下敷にして作られている⁉

聖書の物語と、日本の古書の間にいくつかの共通点が見受けられます。たとえば、イスラエルのダビデ王（第2代の王）と、日本の崇神《すじん》天皇（第10代天皇、紀元前148～前30年）が、その一例です。

ダビデ王の治世には、3年間にわたる飢饉《ききん》の期間があり（第IIサムエル記21：1）、その後の疫病では、7万人が死亡した（24：15）と、聖書に記されています。一方、『日本書紀』によると、崇神天皇の治世には、疫病が3年間続き、人口の約半分が死亡したといわれています。王と天皇の双方が、これらの惨状に責任を感じ、ダビデ王は預言者を通じて、崇神天皇は、占いを通じて、神に罰を求めました。

『古事記』は、崇神天皇が、〝イドミ〟の地で戦ったとも記録しています。一方、聖書には、ダビデ王が、〝エドム〟の地で、戦ったと記されています（第IIサムエル記8：14）。このように、発音にとどまらず、内容にも共通点がみられます。

ダビデ王の息子であるソロモン王は、天の神のために、最初の神殿を建立しました。一方、崇神天皇の息子である垂仁《すいにん》天皇は、最初の神社である、伊勢神宮を建立しました。両者の間には、ほかにもいくつかの共通点があります。

ほかには、イスラエル初代王のサウル王と、第14代天皇である仲哀《ちゅうあい》天皇の間にも、興味深い共通点が見つかっています。

サウル王は、〝容姿端麗で、だれよりも背が高かった〟と聖書に記されています（第Iサムエル記9：2）。一方、『日本書紀』は、仲哀天皇が〝容姿端麗で、身長が約3メートルだった〟と、記録しています。両者共に、容姿端麗で非常に長身でした。

サウル王は、ベニヤミン族の出身でした。ベニヤミンの地には、〝アナトト（Anathoth）〟と呼ばれる、有名な町がありました。一方、『古事記』によると、仲哀天皇は、アナトトに発音が似ている、穴門《アナト》の国を治めていました。サウル王は、モアブ人と戦いました。モアブ人の別名はケモシュ人であり、（民数記21：29）これは、仲哀天皇が戦った〝熊襲《クマソ》〟族と発音が似ています。サウル王は神託に従わなかったという罪を犯したために早逝しましたが、仲哀天皇も、神託を無視したことによって早逝したと記述されています。

これに加え、聖書と日本の神話に登場する支族の名前に関しても、古代日本のヤマト族が戦った民族であるエミシ、あるいはエブス（蝦夷）の名は、古代イスラエル人が戦ったエブス人に似ています（ヨシュア記15：63）。

日本語とヘブライ語の類似性――５００語以上がリストアップされている！

ユダヤ人で研究家のヨセフ・アイデルバーグは、日本語の中には、意味と発音において、ヘブライ語に極めて近いものが、多数あると指摘しています。

例を挙げると、私たちは、不名誉あるいは屈辱という意味で、辱《はずかし》めという言葉を使いますが、ヘブライ語では、これを〝ハデク・ハーシェム〟（名前を踏みつけにする。ヨブ記40：12参照のこと）といいます。発音も意味も、ほぼ同じです。

日本語であなたは、〝あんた〟とも呼ばれ、九州の方言では、〝あたー〟ともいいます。ヘブライ語でも、あなたは〝アター〟か、〝アンタ〟です。日本語の歩くは、ヘブライ語では〝ハラク〟です。

日本語に測るという言葉がありますが、ヘブライ語にも調査する、測るを意味する〝ハカル〟があります。日本語には滅ぶという言葉がありますが、ヘブライ語にも、衰滅する、滅ぶを意味する〝ホレブ〟があります。日本語には照るという言葉がありますが、ヘブライ語には照明を意味する〝テウラー〟があります。

京都の護王神社で見習い神官となったヨセフ

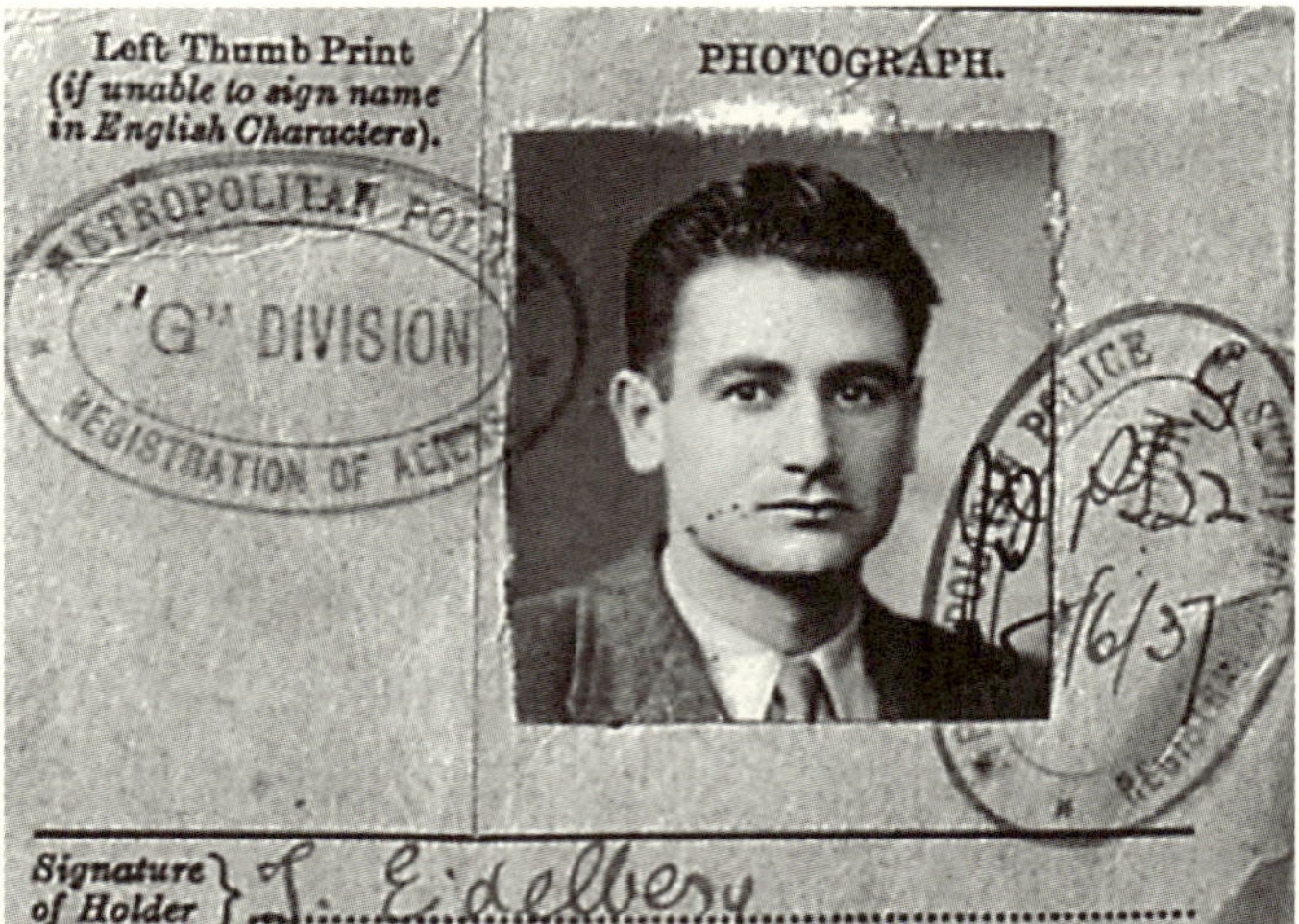

イギリス時代のヨセフ・アイデルバーグ

日本語には、巡る、曲がるという言葉がありますが、ヘブライ語には回るという意味の〝マガル〟があります。日本語には、取るという言葉がありますが、ヘブライ語でも同じ意味の〝トル〟があります。日本語には構うがありますが、ヘブライ語の〝カマル〟は、気遣うことを意味します。日本語には黙るという言葉がありますが、これが、ヘブライ語では、〝ダマム〟になります。日本語には走るという言葉がありますが、ヘブライ語には急ぐという意味の〝ハシ〟があります。日本語には眠るという言葉がありますが、ヘブライ語には居眠りするという意味の、〝ヌム〟があります。

日本語には、糸という言葉がありますが、ヘブライ語では、〝フト〟になります。神官が振るジグザグ形の白い紙が上部に付いた棒を幣《ぬさ》といいますが、ヘブライ語の〝ネス〟は旗を意味します。日本語には腕という言葉がありますが、ヘブライ語の〝ヤド〟は手を意味します。日本語には肩という言葉がありますが、これが、ヘブライ語では、〝カタフ〟になります。日本語には終わりという言葉がありますが、ヘブライ語には終わる、終えるという意味の〝アハリト〟があります。

日本語には今日という言葉がありますが、これが、ヘブライ語では、〝カヨム〟になります。日本語には辛いという言葉がありますが、ヘブライ語には、災難あるいは不運を意味する〝ツァラー〟があります。日本語には軽いという言葉がありますが、これが、ヘブライ語では、〝カル〟になります。ヘブライ語で冷たさを意味する〝コール〟は、日本語の凍る、あるいは氷という言葉を連想させます。

日本語で貴族の人に仕える、従う、あるいは護衛するという意味の侍《さぶら》うは、ヘブライ語で護衛するを意味する〝シャマルゥ〟に似ています（創世記2：15）。日本語では、侍うを語源として、侍《さむらい》という言葉が派生しましたが、ヘブライ語でも、職業という意味の接尾辞を〝シャマルゥ〟に付けると、〝シャマライ〟になり、日本語の侍に発音が近くなります（［訳注］これは、ヘブライ語で〝バナー〟（建設する）と〝アイ〟（職業を意味する接尾辞）の組合せで、建設者を意味する〝バナイ〟になるのと同じ事例である。現代のヘブライ語には、〝シャマライ〟という言葉は存在しないが、ヘブライ語の文法上、問題なく成立する）。

研究者たちは、この他にも、日本語とヘブライ語の間に、数多くの共通点があると指摘しています。５００語以上の類似単語が、リストアップされています。それらの中で、もしかすると、すでに述べたリストも含め、偶然に似てしまった単語もいくつかあるかもしれません。しかし、それらの全部が全部、偶然の結果ということがあり得るでしょうか？　二つの言語の間で、発音と意味において、数個の類似した単語が存在するというのは、単なる偶然としてあり得るとしても、それが、おびただしい数ともなれば、二つの言語の間には、語源的な関連性があったと考えるのが適切ではないでしょうか。日本語には、ヘブライ語を語源としていると思われる数多くの言葉が存在します。

ヘブライ語が起源となっている古代日本の言葉！

日本人が数を数えるとき、〝ひい、ふう、みい、よ、いつ、むう、なな、や、ここの、とお〟という言葉を使うことがあります。

これは、伝統的な言葉ですが、中国語にも韓国語にもなく、日本語だとみなされているものの、意味は不明です。この言葉は、古代日本神道の神話が起源となっているといわれてきました。神話の中で、世界の太陽の光を司る女神、〝アマテラス〟は、一度天《あま》の岩戸《いわと》（岩の洞窟）に姿を隠し、世界は闇に包まれました。その後、最古の日本の歴史書によると、コヤネと呼ばれる祭司が、他の神々を前に、アマテラスが岩戸から出てくるように、岩戸の前で祝詞《のりと》を唱えて祈りました。祝詞の内容は書かれていないものの、伝説によると、これこそが、〝ひい、ふう、みい……〟だったというのです。

ヨセフ・アイデルバーグは、これは若干のなまりを考慮するなら、美しいヘブライ語であると述べました。これはヘブライ語では、

〝ハイ・ファ　ミ　ヨツィア　マ・ナーネ　ヤ・カケナ　タヴォ〟

となります。これがなまって「ひい、ふう、みい、よ、いつ、むう、なな、や、ここの、とお」になったというわけです。

このヘブライの表現が意味するところは、

〝美しい女神よ、だれが彼女を出すのか。いざなわれて出て来るために何を叫べばよいのか〟

どうでしょう？　これは、驚くほど、神話の状況にマッチします。


さらに言うと、日本人は、〝ひい、ふう、みぃ……〟だけでなく、〝ひとつ、ふたつ、みっつ、よっつ、いつつ、むっつ、ななつ、やっつ、ここのつ、とお〟という数え方もします。〝トツ〟あるいは〝ツ〟が、言葉の語尾にくっつく形になっています。ただ、最後の〝トォ〟だけは、そのままで変化がありません。〝トツ〟は、ヘブライ語では、〝テツェ〟に対応している可能性があり、これは、〝彼女は出てくる〟を意味します。また〝ツ〟はヘブライ語の〝ツェ〟に対応している可能性があり、これは〝出てくる〟を意味します。

アイデルバーグ氏は、これは、祭司のコヤネを取り囲んでいた神々から発せられた言葉だと考えました。具体的に説明しましょう。コヤネが〝ひい〟と言うと、神々が〝トツ〟(彼女は出てくる)の言葉で応え、次にコヤネが〝ふう〟と言うと、神々が〝トツ（タツ）〟の言葉で応える、といった具合です。こうすれば、〝ひい、ふう、みい〟は、〝ひとつ、ふたつ、みっつ〟に変わります。

そして、最後の〝トォ〟だけは、祭司のコヤネと、神々が同時に発したのです。もしこの言葉がヘブライ語の〝タヴォ〟だとするなら、それは、〝彼女は出てくるだろう〟という意味です。コヤネと神々がこの言葉を発した時、女神アマテラスは姿を現しました。

こうした由来をもった〝ひい、ふう、みい〟と〝ひとつ、ふたつ、みっつ〟は、後に数を数える言葉として使われはじめたのです。

さらには、祭司の名前である〝コヤネ〟は、祭司を意味する、ヘブライ語の〝コヘン〟に発音が似ています。

また、古代日本の民謡には、日本語としては意味不明な言葉がたくさん登場します。川守田英二《かわもりたえいじ》博士は、それらの多くは、ヘブライ語であると考えました。

ネストリウス派は、イスラエルの失われた十支族なのか？

1841年に、『ネストリウス派は失われた支族か――彼らの正体の証拠』という著書がニューヨークで出版されました。著者は医師であり宣教師であったアサヘル・グラント（Asahel Grant）です。ネストリウス派キリスト教徒はたくさん日本にも来ていますから、その意味でもこれは興味深い本です。

ネストリウス派キリスト教徒（景《けい》教徒）は、中東で誕生し、東方へと広がり、中国の唐王朝（西暦7－10世紀）に、多大な勢力を持つにいたりました。また、アジア諸国で、後世に、さらに影響力を拡大させました。現在では、ネストリウス派はわずかしかいません。グラント氏は19世紀に生きた人で、ネストリウス派と多くの時間を過ごしました。

ペルシャ（イラン）、イラク、アルメニア、クルディスタンの各地域に住む人々はみな、ネストリウス派が、失われた十支族の末裔であると信じており、実際に、ネストリウス派は、イスラエルの支族と非常に似た風習をもっていると、グラント氏は主張しています。ネストリウス派の使用言語は、古代イスラエルと中東諸国で使われたアラム語です。ネストリウス派は、聖書で禁じられた食品は、口にせず、ヘブライかイスラエル人の名前を持っています。例を挙げると、アブラハム、ヨシュア、ベニヤミン、ダン、ヨセフといった具合です。

さらに、彼らは、十分の一献金、生贄、初穂、またユダヤ人同様に安息日の遵守を実践しています。彼らは安息日には、料理を全くしないか、あるいは火を使わずに調理します。ユダヤ人と同様に断食《だんじき》の日を設定し、ユダヤ人同様の至聖所を設け、過越の祭、生後8日目の割礼及び洗礼を遵守し、古代支族に倣った生活を営みます。過失致死罪を犯した者が、身の安全のために避難する「のがれの町」の風習もありました（民数記35）。これらすべては古代イスラエルの伝統です。

ネストリウス派については、手島郁郎《てしまいくろう》（後述、キリスト幕屋創始者）が、同様の証言をしています。１９３９年、手島氏は、中国の奥地に滞在し、彼の指揮の下《もと》で雑用をするために、イスラム教徒の村からやって来た使用人を雇っていました。この使用人が彼に語ったところによると、彼の出身の村人は、現在はイスラム教徒として生活してはいても、豚肉も、ものつがいの上の腰の肉も食べず（創世記32：32）、彼らの祖先はイスラエル人であり、家屋が約100年前に戦火で焼失したために、その地に逃れてきたということでした。

これを聞いた手島氏は、詳細を調査しはじめました。彼はそこで、50年前から伝道のために働いていたスウェーデン人の宣教師であるブロム牧師夫妻から、こんな話を聞きました。〝中国の奥地には、古代ネストリウス派クリスチャンの子孫が住んでおり、そのうちの多くは、現在道教の迷信の影響下にあるか、イスラムあるいはカトリックに改宗してしまいました。……ネストリウス派はシルクロードを通って中国にやって来ました。ネストリウス派が、実のところユダヤ系キリスト教徒であることは、特筆に値します。彼らはイスラエル人なのです〟。

秦氏《はたうじ》は、ユダヤ系キリスト教徒――佐伯好郎《さえきよしろう》の研究

1908年、東京文理大学の学長である佐伯好郎は、日本に来た古代東方キリスト教徒に関する貴重な本を出版しました。佐伯氏は、西暦3あるいは4世紀に朝鮮半島を経由して来日した秦氏一

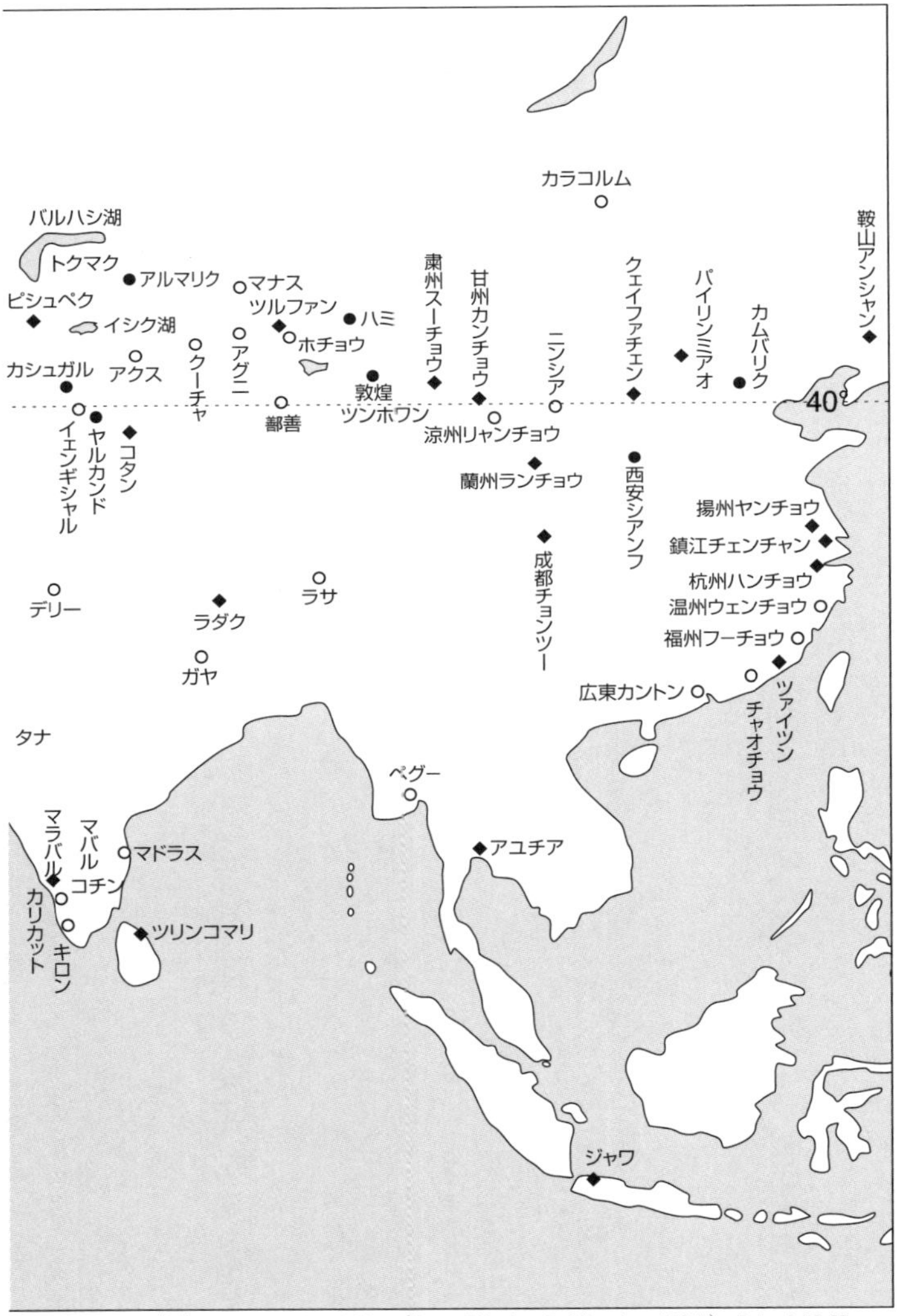

出典：By Foot To China (Grey Pilgrim Publications,USA)、John M.L.Young

［出典：『日本・ユダヤ封印の古代史2【仏教・景教篇】』久保有政、ケン・ジョセフ著］

シルクロード全域に広がった景教の教会（5〜14世紀）

カスピ海
黒海
アラル海
コンスタンチノープル
デルベンド
ディレム
スルタニヤ
ジュルジャン
アラン
ベルダ
コハネス
タブリーズ
ニシビス
モスル
エデッサ
アンティオケ
ベト・ガルマ
ハルワン
セレウシア
ヒラ
イルビル
バグダッド
ハマダン
ライ
カスイン
アムル
ニシャプル
トス
メルブ
バルク
ヘラート
ボカラ
サマルカンド
タシュケンド
コカンド
カブル
ガズニ
ビスト
ザラン
ガンダーラ
ダマスコ
エルサレム
イスファハン
シラズ
イスタール
ボスラ
ブカル
ハッタ
ベト・カラジ
ダリン
ホルムズ
キショ
ウパ
メッカ
ネジラン
サナ
ソコトラ島
大徳教区（Bishopric）
京城大徳教区（Metropolitan）
大主教所在地（Patriarchite）
景教遺跡地（Relics found）

族は、ユダヤ人キリスト教徒であると、主張しました。

兵庫県坂越市《さこし》（現在は赤穂市《あこう》坂越）にある大避神社《おおさけ》では、秦氏の族長的人物である、秦河勝《はたのかわかつ》が中央アジアから日本に持ち込んできた、外国製のマスクがあります。セム人の特徴である、高い鼻が際立ったこのマスクは、天狗のお面を思わせます。そもそも、天狗のお面は、このマスクが起源なのかもしれません。

『日本書紀』には、皇極《こうぎよく》天皇の在位中（642－645年）に、秦氏の噂が人々の間に広まると同時に、ある歌が口ずさまれるようになりました。〝太秦《うずまさ》は神の中の神とおききする。常世《とこよ》の神（当時の新興宗教の教祖をさす）を打ち破ったのだから〟。

この「太秦」は秦氏一族が信奉した神の名でした。佐伯好郎氏によれば、「ウズマサ」は、ヘブル語やアラム語でイエス・キリストを意味するイシュ・マシャがなまったものだろうとのことです。太秦は、京都で秦氏が多く住んだ所の地名にもなりました。京都の太秦には、秦氏が建立した大酒神社があります。入り口の柱には、〝太秦明神〟の文字が刻まれています。

大酒神社の歴史を説明する掲示板によると、大酒（もとは大辟《おおさけ》）という言葉は、ダビデに中国語をあてたものということです。そのため、この神社は秦氏の出身の地である古代イスラエルの王のダビデを祀ったものと考えられてきました。ダビデはハープの名演奏家として知られています。大酒神社の入り口の柱には、〝管弦楽舞之祖神〟とも刻まれており、これはダビデにちなんでいるようです。

広隆寺　太秦の広隆寺にはいさら井という井戸がある。

「いさら井」の前に立つラビ・トケイヤー氏。〔出典：『日本・ユダヤ封印の古代史』ラビ・マーヴィン・トケイヤー著　久保有政訳〕

広隆寺近隣には大酒神社があるが、神仏分離政策に伴って、広隆寺境内から現社地へ遷座したものである。京都府京都市右京区太秦蜂岡町に鎮座する大酒神社。

さらに、神社の近くには、秦氏の子孫の屋敷があり、その敷地内には、今日も、〝いさら井〟と呼ばれる井戸があります。かつては、この地域には、このような井戸が、12箇所ありました。佐伯氏は、いさら井は、イスラエルという言葉が起源だと考えました。

大酒神社の近くには、これも秦氏によって建立された、広隆寺があります。儒学者であった太田《おおた》錦城《きんじょう》（1765－1825年）は、この寺について次のような言葉を残しています。〝この寺は、寺という名称になってはいるものの、仏教の寺院ではなく、景教の寺院である〟。太田氏は、景教（東方キリスト教の中でもとくにネストリウス派キリスト教）は、かなり初期の時代に日本に伝来していたと考えました。

広隆寺では、牛祭という、ユニークな祭が伝統的に行われています。どんな祭かというと、日本人にはないようなな顔のマスクを被った男性が、牛に乗ってやって来て、あらゆる災禍を退散させる祈りを唱えたあと、お堂へ走り去る、というものです。これは、ユダヤの儀式に、いくつかの異教的要素が加味された儀式だという研究者もいます。

佐伯氏は、1908年11月27日付の、中国・上海のユダヤ系週刊誌「イスラエルのメッセンジャー」に、〝日本のユダヤ人〟という見出しの記事を寄稿しました。彼によると、日本には、強制的に町はずれに住まわされ、過酷な労働を強いられている、〝穢多《えた》〟と呼ばれる人たちがいます。彼らは最も低い社会階級に属し、厳しい差別を受けていました。〝穢多〟は、侮蔑の意味を含んだ差別的な名称です。

佐伯氏は、〝穢多〟と呼ばれる人々の中には、ユダヤ人のような人々がいると、主張したのです。彼らは、様々な産業に従事していましたが、特に靴職人が有名でした。ヨーロッパのユダヤ人のように、彼らはゲットー（貧民街）に住み、ほかの人々から離れ住んでいました。佐伯氏は文中で、彼らを有能な労働者として描いており、〝彼らの中には、商業に携わり、ビジネスマンとして成功を収めた者もいる〟と、記述しています。

佐伯氏によれば、彼らの外見は日本人には見えず、女性の場合は、モンゴロイド系というよりは、セム系（ユダヤ系）に見えた、ということです。

記事の中で、もっとも着目すべき点は、〝穢多〟と呼ばれる人々が、ユダヤの習慣を遵守していた、ということです。長崎にあるゲットーの〝穢多〟の人々は、安息日を忠実に励行している、と佐伯氏は言明しています。彼らは、熱心なユダヤ人同様、その日には、タバコを吸わず、火も使わず、仕事もしません。

ただし今日の日本には〝穢多〟と呼ばれる人はいないので、佐伯氏の論説内容を確認することはできません。

とはいえ、この佐伯氏の調査結果を、ネストリウス派が、失われたイスラエル十支族だったという、アサヘル・グラントの主張と共に考えてみるのは、面白いことです。

来日した多数のネストリウス派については、日本全土に見られる遺跡によっても知ることができます。群馬県には、たくさんの外国人という意味の、〝多胡《たご》〟と呼ばれる場所があります。日本の学者たちは、そこに、たくさんの外国人が住んでいたために、そう名付けられたと主張しています。

そこに多胡碑あるいは羊太夫碑《ひつじだゆう》と呼ばれる碑があります。711年に建立されたものですが、碑のかたわらから十字架、及びJNRIの文字（INRIと同じで、「ユダヤ人の王、ナザレのイエス」を意味する頭文字）が発見されています。

記念碑の名前の羊は、多胡の地のリーダーであった人の名で、この地域には羊も多く飼われていました。『日本民族秘史』の著者、川瀬勇《かわせいさむ》は、中国で調査を行った結果に基づき、中国北部産の寒羊《かんよう》は、イスラエル産のアワシ種の羊と同じものであると述べています。川瀬氏は、群馬県で奈良時代（8世紀）まで育てられてきた羊も、寒羊だとみなしました。

日本には、もともと在来の羊はいませんでした。群馬県の羊は、イスラエル人の可能性をもった、秦氏景教徒たちが日本に連れて来た羊なのかもしれません。

日本でもっとも多い八幡系神社のヤハタ神は秦氏の神――手島郁郎《てしまいくろう》の研究

日本には「キリストの幕屋」と呼ばれるグループがあります。その創始者である手島郁郎は、イスラエルの失われた十支族、ユダヤ人、秦氏その他をも調べた優れた研究家でした。

手島氏によると、日本のすべての神社の中で、もっとも多いのが、八幡系神社で、これは、かつては八幡（ヤハダ）と呼ばれていました。

八幡の神は、秦氏が信仰していた神です。手島氏は、佐伯氏と同様に、秦氏はユダヤ系東方キリスト教徒だと考えました。さらに、ヤハダは、元々ヘブライ語で、ユダヤを意味する〝イェフダー〟が起源だとも、考えました。そうすると、ヤハダの神は、ユダヤの神と同一だということになります。日本の古代歴史書である『古事記』には、ヤハダの神は外国の神であると、明確に記されています。手島氏は、さらにこう主張しています。

〝日本の古代歴史書である、『続日本紀《しょくにほんぎ》』は、736年、聖武天皇が、唐人・皇甫《こうほ》と、ペルシャ人李密翳《りみつえい》に、位階を与えた、と記録しています。これは、ネストリウス派の来日の最初の公式な記録といわれています。それ以前に、秦氏はユダヤ系キリスト教徒として日本で活動していました。〟

〝静岡県浜名湖の奥にそびえる山に建つ半僧坊の本尊は、ユダヤの景教僧アキバといわれる。〟

〝日本では、第二次世界大戦までは、赤ちゃんが生まれた時、男子の場合は白、女子の場合には赤のチャンチャンコを、近隣や友人がプレゼントして祝福するのが、慣わしでした。チャンチャンコの背中には、赤ちゃんの幸福を願って、ダビデの星の形を縫い付けてありました。終戦後、この風習は次第に廃れはじめ、欧米スタイルの洋服が、伝統的着物に取って代わるようになりました。しかしながら、はるかいにしえの頃より、新生児の幸福の伝統的なシンボルとして、着物の背中にダビデの星が縫いつけられてきました。幸福を願うこの風習は、日本のほとんどの地域に広まっていました。ダビデの星は、イスラエルの12支族を象徴するように、12針で縫いつけられるのが、伝統でした。〟

〝日本には、桃太郎というお伽噺《とぎばなし》がありますが、その中で、桃太郎は、鬼ヶ島へ征伐《せいばつ》に行った時、〝エンヤラヤー〟と歌って、家来を元気づけました。しかし、もし子供から掛け声の意味を尋ねられても、大人はその意味を知りません。〝エンヤラヤー〟は、ヘブライの表現、〝エアニ・アーレル・ヤー〟に似ていますが、これは、〝私はヤハウェを讃える〟を意味します。以前、熊本県八代《やつしろ》市にある、妙見宮のお祭を見物した際、参加者が、〝ハレルヤ、ハーリヤ、ハーリヤ、トーセ……ヤウェ、ヤウェ、ヨイトンナー〟と歌っているのを聞きましたが、それもまるでヘブライ語のように聞こえました。〟

これらはすべて、興味深い記述です。手島氏は、京都にある秦氏の墓に関しても、墓のスタイルが、ユダヤのそれに似ていると、主張しています。古代ユダヤ人はトンネルを掘るか、あるいは岩を積み上げることで洞穴をつくり、それを墓としました。秦氏の墓も同じ様式になっています。また、奈良県の大神神社《おおみわ》の近くの山で、2500年前のオイルランプが発見されたことも、興味深いので、触れておきます。手島氏の話によれば、これらのオイルランプは、古代イスラエルで使用された物に似ているそうです。

平安京と祇園祭に見られる失われた十支族の影響！

794年に、日本の都は奈良から京都に移りました。平安京を造り、京都を日本の首都にするのに、積極的に動いたのが、秦氏でした。秦氏は敷地、財産、テクノロジーを駆使して平安京を造営しました。

日本の初期に、大勢を伴って渡来した秦氏は、日本各地に移り住み、8世紀にはすでに日本で大きな影響力を持っていました。ここで、思い出していただきたいことがあります。それは、アサヘル・グラントは、ネストリウス派が失われたイスラエル支族であると主張していること、そして佐伯と手島の両氏は、秦氏がユダヤ系キリスト教徒だと信じていたことです。事実、平安京という名称は、平和を意味するため、ヘブライ語で平和の都という意味の、エルサレムという都市名を連想させます。もし、エルサレムを日本語に訳すとすれば、まさに平安京となるでしょう。この名称には、ユダヤ人のエルサレムに対する憧憬《しょうけい》の気持ちが込められているように思えます。

平安京への遷都のあと、祇園祭と呼ばれる祭が京都で開催されるようになりました。現在もなお、7月17日、あるいはその頃に日本各地で祇園祭が開かれています。なかでも、その中心となるのが、京都の八坂神社で行われる祇園祭です。京都の祇園祭の主要な行事は、7月17日、及び7月17日以降の8日間と、7月1日及び7月10日です。第7月の17日は、奇遇にも、ノアの方舟がアララト山に漂着した日と一致しています。〝箱舟は第七の月の十七日にアララテの山にとどまった。〟と、聖書に記述してあります（創世記8：4）。

この出来事以降、古代ヘブライ人は、この日を感謝祭の日に定め、毎年の行事にしていたのかもしれません。モーセの時代以降には、感謝祭は、仮庵の祭（スコット）に取って代わられ、この行事は第7月の15日以降の8日間に行われてきました。しかしながら、イスラエルの民は、第7月の17日は、聖書に記述してあるため、ノアの方舟が休息した日だということを、よく承知していました。

京都の祇園祭は疫病が発生しないようにとの願いが起源でした。これは、エルサレムの祭がソロモン王によって制定された経緯と似ています。彼は、疫病が発生しないようにとの願いから、祭を催しました。ソロモン王は、第7月の15日から、8日間にわたり（最後の「きよめの集会」の日を含む）、祭を開催しました（第II歴代誌7：8—10）。ソロモンの祭と祇園祭との間に、2日のズレはあるものの、同じ動機に基づき、1年の中で、ほぼ同時期に、8日間行われていたのです。

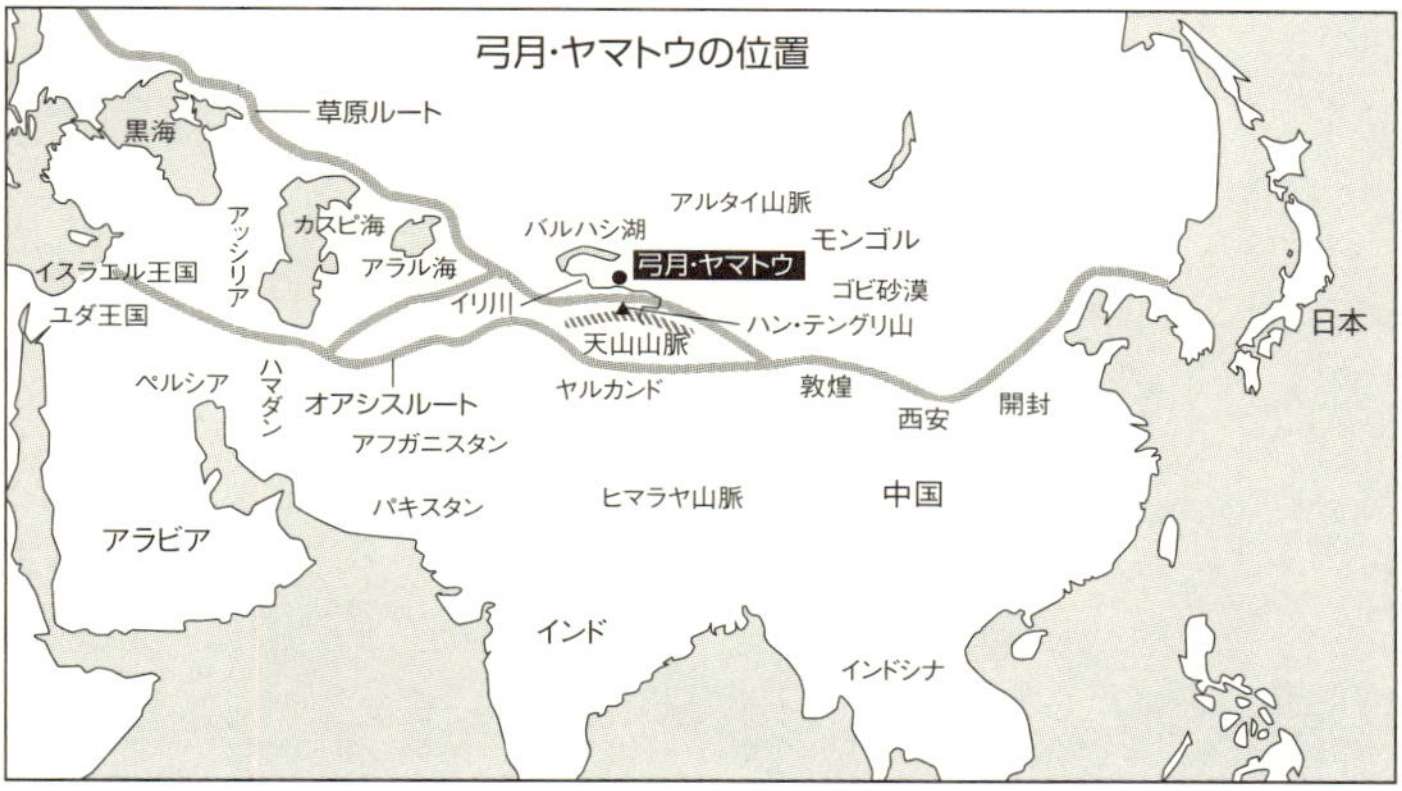

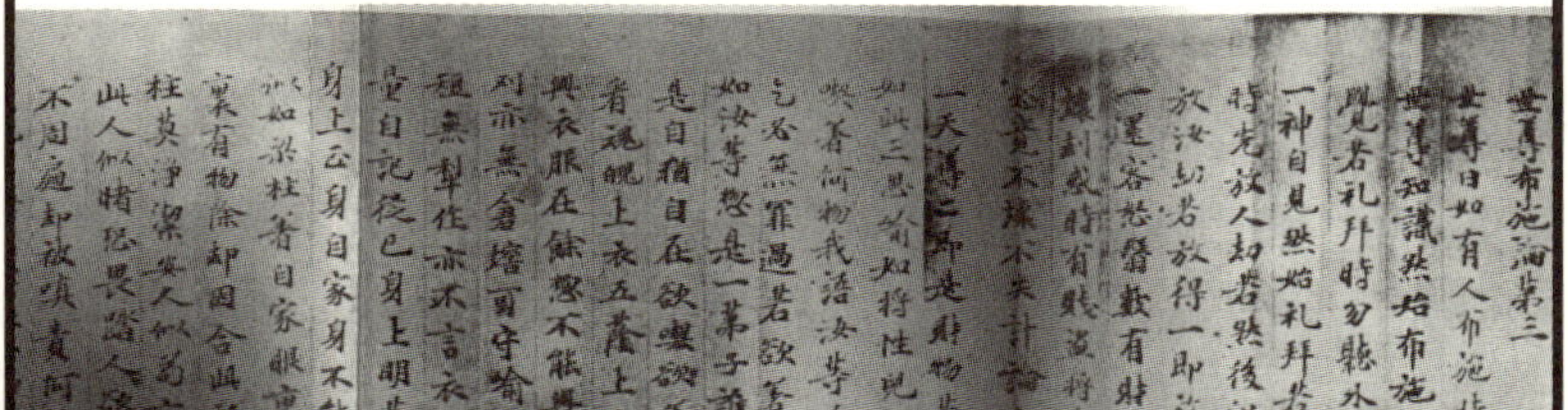

親鸞も読んだ景教の教典「世尊布施論」。

［出典：『日本・ユダヤ封印の古代史②【仏教・景教篇】』久保有政、ケン・ジョセフ著］

秦氏創建の広隆寺の弥勒菩薩像。手の形が景教の大主教のものと同じであることに注意。（広隆寺蔵）

中国西部・敦煌で発見された景教の大主教の壁画。オーレル・スタイン卿によって1908年に発見された。傷んだ状態だったが、この絵はロバート・マグレガーが復元したものである。1036年に封印された洞窟から、景教の書物を含む多数の書物とともに発見された。景教の十字架が、棒の先、額、胸の３ヶ所にある。また右手の形に注目してほしい、親指の先と中央の指１本とをつけて三角形をつくり、他の３本の指は伸ばしている。景教徒は象徴を好んだことで知られるから、これは彼らの信仰である三位一体信仰を二重に象徴として表現したものだろうと言われている。（大英博物館蔵）

［出典：『日本・ユダヤ封印の古代史②【仏教・景教篇】』久保有政、ケン・ジョセフ著］

スコットランド出身のビジネスマン、ノーマン・マクレオドは、明治時代に来日し、京都の祇園祭を見物しました。マクレオド氏は、祇園祭は、数々の点において、シオンの祭を想起させると記しています。

祇園祭では、16世紀などにシルクロードを経由してペルシャから輸入されたタペストリーが、現在もなお、祭の車を装飾するのに、使われています。日本の歴史家は、それ以前の時期から、しかもかなり昔から、世界屈指の国際都市である京都には数多くの渡来人が住んでいたと述べています。祇園祭に参加した、あるいは見物を楽しんだのは、シルクロードを経由して来日したごく少数のユダヤ人だけではなかったようです。

祇園祭はいつも〝エンヤラヤー〟の掛声と共にはじまります。しかし、当の日本人に掛声の意味を尋ねても、〝わからない〟という答えが返ってくるだけです。けれども、前述した通り、ユダヤ人にとっては、〝私はヤハウェを讃美する〟を意味するヘブライ語の表現、〝エァニ・アーレル・ヤー〟に聞こえるのです。

秦氏は、本当に古代の離散ユダヤ人なのか？

秦氏の人々は、紀元後の古代日本に渡来した外国人のなかで、多数派の一つでした。古代の日本の書、『新撰姓氏録《しんせんしょうじろく》』によれば、太秦《うずまさ》の王、宿禰《すくね》に導かれた秦氏一族が、仲哀天皇の治世に（一説には西暦３５６年）来日しました。

さらに応神天皇の治世には、融通王《ゆうずう》に率いられた2万人近い秦氏が渡来し、日本に帰化しました（一説には３７２年）。これは、実に大勢でした。王は、シルクロードを経由して持ち込んできた大量の金、銀、シルクその他の財宝を、皇室に献上しました。

秦氏は、5世紀にも来日しています。それ以後にも、大勢の秦氏が来日し、日本に帰化しました。彼らは長身で、外見、言語、習慣の点において、日本人とは異なっていたと記されています。

秦氏は、養蚕とシルクの機織《はたおり》の技術にとても長《た》けていました。京都の太秦にある、彼らの神社の一つ、蚕《かいこ》の社《やしろ》の名前の由来は、ここから来ています。このことは、シルクロードに住むユダヤ人が、非常に養蚕とシルク生地の技術を得意としていたことを思い出させます。

秦氏の子孫の多くは、帆船のシンボルを家紋に使っていました。これは、イスラエルの失われた

115,000,000

האם ייתכן שנתגלו
עקבות עשרת השבטים
האבודים, שנעלמו לפני
למעלה מאלפיים שנה?
האם אפשרי שמיליוני
צאצאיהם חיים כיום
כאומה? ✶ החוקר

מאת צביה גרנות

「日本人１億1500万人はイスラエルの失われた支族？」と報ずるイスラエル紙。写真は、平和を祈りエルサレムでヘブル語の歌を歌いながら行進する「幕屋」の人々。

アブラハム小辻教授

エルサレムにある小辻教授の墓。

〔出典：『日本・ユダヤ封印の古代史』ラビ・マーヴィン・トケイヤー著　久保有政訳〕

十支族の一支族である、ゼブルンの紋章が帆船であることと、関係しているのでしょうか？

秦氏は、古代東方キリスト教の主要な本拠地となっている中央アジアに位置していた、クンユエ（弓月）から来たと言われています。手島氏の調査によれば、秦氏は、秦の始皇帝が築き始めた万里の長城の建設を命じられたのですが、その苦役に耐えられず、満州を経由して、朝鮮半島に逃れました。そこで再び苦難に遭遇したものの、秦氏から卓越した文明を学びたかった日本の天皇が秦氏に手を差し伸べ、ようやく彼らは救われたのです。秦氏はこの時の天皇の慈悲に感謝したので、一族は日本の天皇家のために、忠実に仕えたのです。この過程の中で、秦氏の宗教が次第に変化していったようです。

京都の秦氏の本拠地だった広隆寺の内部には、弥勒菩薩像が安置されています。なぜ秦氏の寺院に、仏教像があるのでしょうか？　弥勒菩薩への信仰心は、Ｅ・Ａ・ゴードン女史の見解によれば、インドに伝来したユダヤ教あるいはキリスト教のメシヤ信仰から生じたということです。インドに伝来したメシヤ信仰は、のちにマイトレーヤに変わり、それが中国に伝わってミレフへと変わり、それが後に日本に伝来してミロク菩薩に変わった、とゴードン氏は述べています。

弥勒菩薩（メシヤ）信仰は、秦氏の故郷であるクンユエでも盛んでした。秦氏は弥勒の中に、メシヤ、イエスを見ていたようです。

秦氏と日本の皇室の関係

秦氏と日本の皇室の深い関係に関して、アメリカのモンマス大学（ニュージャージー州）の元教授アブラハム小辻《こつじ》氏が、面白い見解を述べています。京都出身の彼の家は、京都の下鴨《しもがも》神社で、初代から宮司をしていました。小辻氏自身も、将来は神官になるつもりでいました。下鴨神社は8世紀に、秦氏の長を祀って建てられました。小辻氏は、自分の祖先もまた、秦氏の一族出身だと思っています。

かつては、皇居は京都にあり、下鴨神社は皇室と親密な交流をしていました。皇室に関係した年間70を超える祭儀が、そこで行われていました。これが示すことは、秦氏と皇室は、密接な関係にあったということです。

小辻氏はセム語とヘブライ聖典の学者でした。1939年、彼は松岡洋右《ようすけ》（満鉄総裁）の要求に応じて、満鉄（日本政府による満州の鉄道会社）に関するユダヤの案件の顧問となりました。小辻氏は、秦氏をユダヤ人とみなしていました。

後に彼は日本に戻り、第二次世界大戦の初期に、ユダヤ人がナチスドイツから神戸に逃れて来るのを助けた有名な人物の一人となりました。1959年、彼はユダヤ教に改宗しました。彼はエルサレムに行き、割礼を行い、アブラハムの割礼名を授かりました。

彼は1973年鎌倉で没しましたが、自分の祖先の故郷であるイスラエルに埋葬して欲しいという彼の遺言は、ラビ・マーヴィン・トケイヤーに届けられました。それは、第四次中東戦争の最中のことで、イスラエル行きの便は皆無でしたが、ラビはイスラエル行きのチャーター便を手配しました。イスラエルでは、ユダヤ難民に対する神戸での彼の親切を覚えていた数千人が彼を出迎え、小辻氏の亡骸《なきがら》は、彼らの手でエルサレムの地に敬意をもって埋葬されました。

小辻氏は聖書の宗教を、〝イスラエルの神道〟あるいは〝よりハイレベルの神道〟と名付けました。彼は日本とイスラエルの架け橋となりました。というよりも、彼の中では、日本とイスラエルは一つだった、と表現するほうがいいでしょう。

天皇の存在とイスラエルの失われた十支族

日本とイスラエルの十支族の関係を考えるにあたっては、日本の天皇の存在を考慮することが重要です。日本の天皇は、王であるだけでなく、一種の大祭司でもあるのです。彼は祭祀王《さいしおう》なのです。

天皇は神道と深い関係にあり、神道の中心的存在です。

アフガニスタン、パキスタン、インド、カシミール、ミャンマー、中国などにも十支族の子孫は住んでいますが、彼らの場合、日本の天皇に匹敵《ひってき》するような聖職の王は存在しませんでした。日本は、一体どのような経緯で世襲制の天皇システムを構築し始めたのでしょうか？　研究者は、イスラエルの王家の家系（エフライム）が来日したためであると考えました。

古代イスラエルの王も、単なる王ではなく、聖職者でもありました。ほかに大祭司は存在しましたが、イスラエルの王は、ひんぱんに宗教的行事にも参加していました。王は、政治的な役割だけでなく、宗教的行事でも、中心的役割を果たしていました。こうした観点からすると、イスラエルの王は、日本の天皇に似ていました。

ソロモン王の没後、古代イスラエルでは、王家の血統は二つに枝分かれしました。一方は、南ユダ王国、もう一方は、北イスラエル王国に継承されました。南王国では、王の血統が統治しましたが、バビロン人による追放後、その権力を失いました。では、北王国は、どうだったのでしょうか。

北王国の最初の王は、エフライム族の出身であるヤロブアム王であり、アッシリア捕囚直前の王国の、最後の王は、ホセア王でした。聖書によれば、北王国のすべての王が神の教えを無視しましたが、それでもホセア王はほかの王たちに比べればマシなほうだったようです。彼は悪政を行いましたが、彼以前の王ほどではなかったという記述が聖書にあるからです（第Ⅱ列王記17：2）。ホセア王と彼の配下は紀元前722年にアッシリアへ追放されました。

イスラエル北王国の王家の血統は、元々ユダの王家の血統に対する反逆から生まれました。そうした背景から、追放の後、イスラエルに戻るよりは、はるか彼方の地へ行って新たに建国し、自分たちが実現しえなかったことを実現しようと試みたという可能性は十分にあります。

では、日本の天皇はいつから存在し始めたのでしょうか？　伝承の上では、初代天皇である神武天皇が即位したとされる紀元前660年からといわれています。日本の皇室は、秦氏が最初に来日するより前にすでに存在していたのです。日本の皇室は、早くから渡来したイスラエル十支族の王家血統とつながっているのでしょうか？

神武天皇の正式名称

この件に関しては、先に述べたニニギとヤコブ、ヤマサチヒコとヨセフ、ウガヤフキアエズとエフライムの共通点が興味深いです。これは、日本の皇室とイスラエル十支族の王室の血統との間の、神話における驚くべき共通点です。

また、『古事記』あるいは『日本書紀』に記されている日本の初代天皇である神武天皇の正式名称は、注目すべきものです。彼の正式な呼び名は、

〝カム・ヤマト・イワレ・ビコ・スメラ・ミコト〟

といいます。『古事記』と『日本書紀』では、この名称に漢字が使われていましたが、この発音は、漢字が中国から伝来するより前に存在していました。つまり、この名称の本来の意味は、後付けの漢字とは関係がありません。

〝カム・ヤマト……〟は、日本語として意味を訳そうとしても、なんら筋の通った解釈は得られませんが、ヨセフ・アイデルバーグは、これをヘブライ語で解釈しました。ある程度のなまりを考慮してヘブライ語に訳すと、この名称の意味は、次の通りになるでしょう。

〝サマリアの王、ヤハウェのヘブライ民族の高尚な創設者〟

これは、必ずしも、神武天皇が実際にサマリアの王、イスラエル十支族の王であったという意味というより、むしろ来日したサマリアの王家の記憶が、日本の初代天皇の神武天皇伝説に取り入れられたということを意味するのかもしれません。

焼失した皇室の図書館

６４５年、日本では、極めて貴重な古い文書や古記録が保管されていた朝廷図書館が全焼するという、大変残念な出来事がありました。

神道推進派と仏教推進派の間で闘争が起こり、その結果、仏教推進派である蘇我氏が、図書館に放火したため、収められていた重要な書物も記録もすべて焼失してしまったのです。

現存する日本の書物の中で最古のものは、『古事記』ですが、この『古事記』でさえも、７１２年成立で、朝廷図書館が全焼した67年後になります。『古事記』が存在する前に、数多くの古書、記録、文書が日本に存在していたということです。その図書館には、『古事記』よりも古い書物が山のように所蔵されていたのです。トーラーの巻物もそこにあったのではないか、と憶測をめぐらす人もいます。その可能性は否めませんが、先ほど述べたように、大化の改新で制定された法律は、どうやらトーラーの教えを参考にしたようなのです。

もし古代日本にトーラーが存在したとしたら、その保管場所は、間違いなく、不幸にも焼失してしまった朝廷図書館でしょう。図書館には、日本国の起源に関するその他の重要な書物もあったに違いありません。皇室の祖先の系図もそこに保管されていたことでしょう。図書館が焼失したとき、日本はその過去を失ってしまったのです。

紀元前7世紀、南ユダ王国では、神殿の中から金（ゴールド）を取り出していたとき、偶然にもトーラーの巻物が発見されました（第II歴代誌34：15）。当時の王ヨシヤは、祭司にトーラーを読ませました。それを聞いている間、王は声を出して嘆き悲しみ、自分の服を引き裂きました。なぜなら、彼の国民が、神の教えに従っていないことをはっきりと悟ったからです。

このことから、古代の人々は、トーラーを日常的に読んでいたわけではなかったということがわかります。トーラーは、通常大切な場所に保管されており、だれもそれを見ていなかったのです。もしトーラーが日本に存在していたのなら、灰になってしまう前に、発見されていればよかったのに、と残念で仕方ありません。

けれども、たとえ日本人の過去が失われてしまったとしても、日本人の過去あるいは起源を知る方法が絶たれてしまったと諦める必要はありません。多くの日本の天皇陵の内部は、いまだ調査されていないか、あるいは未公開だと聞きました。それらが調査されるときには、日本人のルーツについて、もっと知ることができると私は信じています。エジプト王たちの墓の内部は、念入りに調査され、公開されています。日本の天皇陵が、学術的に調査されたら、日本人は自らの過去を取り戻すことができるのかもしれません。

いつか、明白な証拠が陵から見つかる日も来るかもしれません。イスラエルの燭台（メノラ）が見つかるのではないかと推測する人もいます。あるいは、失われたイスラエルの支族の神器（あるいは標章）が見つかるのではないかと、推測する人もいます。

日本の皇室の神社である伊勢神宮では、ダビデの星のマークが使われている！

三重県にある伊勢神宮は、日本の皇室のために建立された神社です。神宮への参道の両側には、石造の灯籠があります。それぞれの灯籠の最上部付近に、ユダヤのダビデの星のマークと同一のものが彫刻されています（現在は別の紋におきかえられている）。

伊勢神宮内宮《ないくう》の別宮である伊雑宮《いざわのみや》に使用されている紋章も、ダビデの星と同じデザインです。これは、いにしえの頃より存在していました。京都府宮津市には、元伊勢神宮である、真名井《まない》神社があります。真名井神社の紋章もまた、ダビデの星と同じデザインなのです。

ダビデの星がユダヤの正式なシンボルとなったのは、17世紀のことですが、ユダヤは古来より、このシンボルを記念碑によく使用していました。そのシンボルは、2世紀に建てられたイスラエルのシナゴーグにも残されています。聞いたところでは、そのシンボルは、3世紀には、すでにユダヤの墓に使用されていたことのことです。ゲルショム・ショーレム教授は、著書である『カバラ』

（エルサレム1974年、362ページ）の中で、紀元前7世紀のダビデの星のマークがついた標章が、シドンで見つかったと述べています。その標章は、名前から、ユダヤ人であることが明白な、ジョシュア・ベン・アサヤフ所有のものでした。

ただし、このマークが、他国でも使用されてきたことも事実です。アメリカの保安官のバッジもダビデの星の形ですが、これは保安官がユダヤ人だということを示しているわけではありません。このマークは、その幾何学的な美しさから、様々な国で使用されてきたのです。

日本人がデザインしたユダヤのダビデの星は、ユダヤのシンボルが起源なのでしょうか、それとも単なる偶然でしょうか？　この答えを知るには、さらなる調査が必要です。

最後に、古来より伊勢神宮に保管されている神聖な鏡に、神の名前がヘブライ語で書かれているという噂についてお話しましょう。

伊勢神宮に保管されている神聖な鏡に、神の名前がヘブライ語で書かれている

日本の皇室では、古代の日本神話に由来する三つの貴重な宝物があります。その三つとは、剣、勾玉《まがたま》（宝石のペンダント）、鏡です。

鏡は、八咫鏡《やたのかがみ》と呼ばれており、伊勢神宮に保管されています。この神聖な鏡の裏側には、ヘブライ語で神の名前が記されていると噂されています。この鏡は、極めて神聖なものとみなされており、通常はだれもそれを見ることを許されていません。ところが、それを見たことがあると主張する数名の人物がいるのです。

約百数十年前、当時の文部科学大臣、森有礼《もりありのり》（1847―1889）は、〝I AM THAT I AM〟（私は「私は在る」という者である）と主張しました。森氏がいうには、そこに書かれていた神の名前は、〝I AM THAT I AM〟（私は「私は在る」という者である）に相当するヘブライ語であり、これは、神がモーセに語ったときに使った名前です（出エジプト記3：14）。

第二次世界大戦後、青山学院大学の教授である左近《さこん》博士は、皇居で所蔵している、神聖な鏡のレプリカ版を見たことがあると、発言しました。左近氏によると、そこに書かれていたのは、ヘブライ語の神の名前で、〝I AM THAT I AM〟（私は「私は在る」という者である）だったそうです。

後に、熱心な神道信者である矢野祐太郎《やのゆうたろう》が、神聖な鏡を見て、その裏側にある文字を書き移した、といわれています。矢野氏は鏡を拝観させて欲しい、と伊勢神宮の宮司に何度も頼みました。矢野氏の熱意に動かされた宮司は、内密で鏡を拝観することを許したのでした。矢野氏は、慎重に、鏡の裏側にある文字を書き写しました。

この写しは、矢野氏の娘が率いる神道グループ、神政龍神会が数年にわたり保存してきました。神政龍神会は、写しを秘密裏に保管していましたが、後に、昭和天皇の弟にあたる三笠宮殿下にお

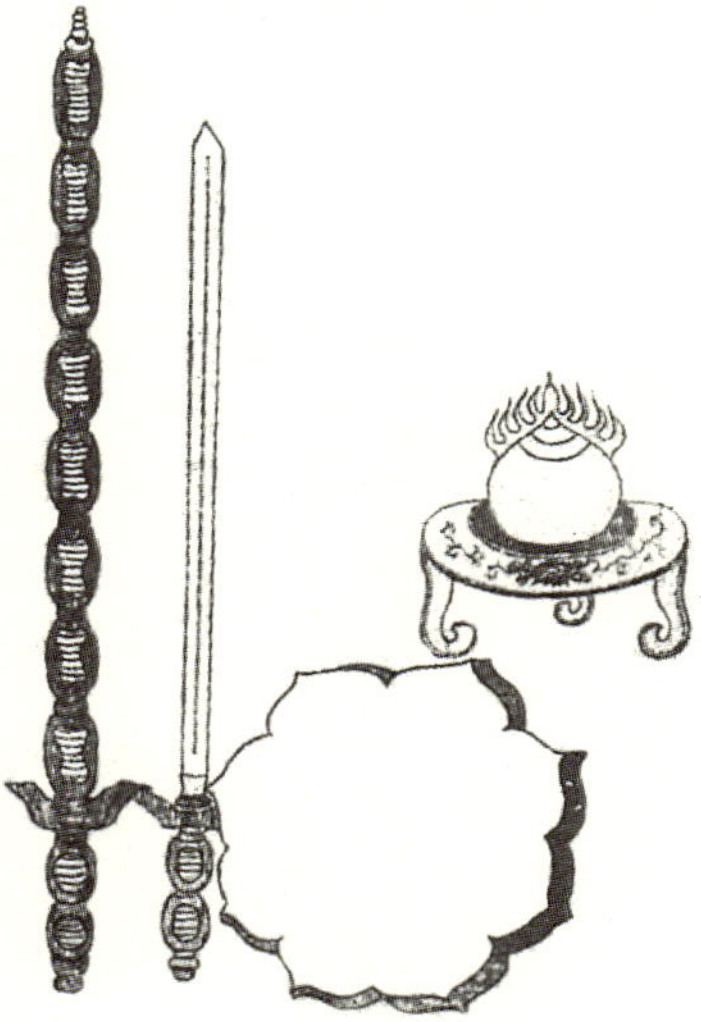

（上左）［マクレオドの注釈］
皇室の三種の神器《じんぎ》
鏡は伊勢神宮（三重県伊勢市）に、剣は熱田神宮（愛知県名古屋市）にある。勾玉《まがたま》は、下関における源氏と平家の海上合戦の際に失われた、と言われている［その時失われたのは、崇神《すじん》天皇（第10代）が造ったレプリカだけ、と述べる歴史家もいる。］
（上右）三種の神器の勾玉《まがたま》。元伊勢籠《この》神社では、勾玉でなくマナの壺《つぼ》と伝えられている。
（下）太陽神に捧げられた馬（白またはクリーム色）。背中に御幣がある。伊勢神宮には今もこのような馬がいる。この太陽神に捧げる馬の風習は、古代イスラエルにあった異教的風習である。
［出典：『日本固有文明の謎はユダヤで解ける』ノーマン・マクレオド、久保有政著］

（上）仁徳天皇陵とされる古墳。（下）マナの壺。両者の形は非常によく似ている。

［出典：『日月神示 縄文サンクチュアリ【麻賀多神社編】』中矢伸一、ジュード・カリヴァン著］

見せするようにとの、〝神のお告げ〟があったと、述べました。

神道研究家である、高坂和導《こうさかわどう》は、この写しを三笠宮殿下に渡すという役割をしました。その後、高坂氏は、日本人が真実を知るべきだという信念から、自著の中で、写しを公開することを決意しました。その本は数年前に出版されました。

矢野氏が神聖な鏡の裏側から写したとされている文字

鏡の文字を解読するのに、二通りの方式があります。一つは、中国から日本に漢字が伝来するよりも前から存在していた古代日本の文字とみなされている神代《じんだい》文字の一種＝ヒフ文字として翻訳する方法です。もう一つの方法は、古代へブライ語として翻訳する方法です。

ヒフ文字としての解釈は、矢野氏自身の考案によるものですが、彼の翻訳には矛盾があります。同じ文字を別の文字として解釈しているといった矛盾です。加えて、ヒフ文字を実際に知っている人は、だれもいません。したがって、鏡の文字をヒフ文字だという理論を受容するわけにはいきません。知られている日本古代の神代文字は、すべて縦書きであり、横書き神代文字は見たことがありません。

鏡中央の円の中の7文字は、〝アシェル・エヘイェ〟すなわちヘブライ語の〝THAT I AM〟（私は在るという者）と判読できる、あるいはエヘイェを二回読むと〝エヘイェ・アシェル・エヘイェ〟すなわち〝I AM THAT I AM〟（私は「私は在る」という者である）だと判読できるのではないか、という見解の人たちがいます。また、ヘブライ語で〝or Yahweh〟（〝or〟は光を意味する）、すなわち〝ヤハウェの光〟と判読できるという見解の人たちもいます。

しかしヘブライ語に似ている文字はあるものの、似ていない文字もあります。古代イスラエル人が使用していたという、ヘブライ語とは少々異なるアラム語の可能性も考慮する必要があります。サマリア文字もヘブライ語のそれとは異なります。古代文字と現代文字の違いも考慮する必要があります。矢野氏が所持している神聖な鏡の裏側の写しが、原本通りだという確固たる証拠も存在しません。これは、依然として謎のままです。いつか、鏡の現物か、あるいはその写真でも構わないので、公開される日を待ち望んでいます。

建国地固め唄（仙台）

by Mr. Nomura
♩=70
ヤ レ コ ノ エ ンヤ ラ ヤ エ
Ya le ko no e n ya la ya - weh
ヤ レーキタコラサ ノ エ ン ヤ ラ ヤ エ
ya le__ ki ta kora sa no e n ya la ya - weh

〈ヘブル語表記〉

יהל כנה יעו יהלל יהוה
יה עלי התסרא שרנו יעז יהלל יהוה

〈現代語解〉

（神武天皇が）イハレと改名されたのは、
彼がヤハウェを信じていたからである。
イハレが私たちの支配者を自称されたのは、
彼がヤハウェを讃えていたからである。

〈解説〉

「イハレ」とは、イハレ・ビコノミコトとも呼ばれる神武天皇のこと。「イハレ」は、「ヘブル」を意味するヘブル語のイブリに由来するとも言われる。神武天皇の正式称号「カム・ヤマト・イハレ・ビコ・スメラ・ミコト」も、ユダヤ人ヨセフ・アイデルバーグ氏によればヘブル語であり、「サマリヤの王、神ヤハウェの民のヘブル民族の高尚な創設者」の意味になるという。

都ノ城地固め唄（宮崎）

by Mr. Nomura
♩=60
エンニャ エンニャ エンニャトナ ー エ ン ンニャト ナ ー エン ニャ
Ea_nya ea_nya ea_nia to na a ea_n_ni a to na a en ya

〈ヘブル語表記〉

אני יה אני יה
אני אתננה אני אתז נוה
אני יה

〈現代語解〉

わたしは《エアニ》ヤハウェ《ヤハ》、わたしは《エアニ》ヤハウェ《ヤハ》である。
わたしはこれをあなたに与える。
わたしはこれをあなたに与える。
わたしはヤハウェである。

〈解説〉

「エンニャ」が、ヘブル語のエァニ・ヤハとすれば、「わたしはヤハウェ」の意味である（エァニは「わたし」、ヤハはヤハウェの短縮形）。また、「これを」とは「居住地」をさす。この歌は、アブラハム、イサク、ヤコブら、イスラエルの三父祖に対し、神ヤハウェが繰り返しお与えになった御約束を歌ったもの、と思われる。

［出典：『日本・ユダヤ封印の古代史②【仏教・景教篇】』久保有政、ケン・ジョセフ著］

漁船漕付唄

by Miss. Sadanaga

5
ヨ モ セ ヨ- モ セ ヨー イ ヤ マ カ セ ノ ヨ イ ヤ ナ
yo mo se yo mo se yo i ya ma ka se no yo i ya na

〈現代語解〉

ヤハウェは救い主、ヤハウェは救い主。
ヤハウェは私たちの敵を滅ぼされた。
ヤハウェは愛である
（またはヤハウェは安漁息をくださった）。

〈ヘブル語表記〉

יו מושיע יומושיע יהוה
ימחה שורנו יהוה
יחנן (ינח)

〈解説〉この唄は、厳島の方より大漁の旗印として舟先にノボリを２本立てて、その対岸である広島の一漁村へ威勢よく帰るときのものである。

漁船引揚唄

by Miss. Sadanaga

ヨン ヨン ヨンヨンヨーン ア リャ リャンコ リャリャンヨーオ イ ト ナー
Yon yon yonyon yon a lya lyan ko ra lyan yo o i to na

〈現代語解〉

ヤハウェは恵み深い。ヤハウェは大いに恵み深い。
私はヤハウェをほめたたえます。
わたしはヤハウェに呼ばわります。
ヤハウェがこれ（獲物）を賜ったからです。

〈ヘブル語表記〉

יחן יהוה יחן יחן יהוה
אהלל יהוה קרא אל יהוה
יהוה יתננה

〈解説〉能登の高松の唄。

田掻き唄（紫波郡亀ヶ森）

by Prof.Takeda

♩=44
コ ー オ ー オ ー リャ ハ ア ア ー ヨ オ オ オ ー ー
Ko o o lya ha yo o o
ヨ エ ー ド ー オ ー コ ー オ オ ー リャー ヤ ア ラーヨー オーウ
yo e do o ko o ‘o lya ya a la yo o u
ウ ー ヨオ ー ーオ エ ー ド コオーー リャアー ー ア サァー ー
u yo o e do ko lya sa

〈現代語解〉

ヤハウェの御声は、おお主よ、
ヤハウェの御声は確立された。
ヤハウェはほむべきかな。
ヤハウェの御声は主権者を確立された。

〈ヘブル語表記〉

סול-יה היהוה
יידע סול-יה
יהלל יהו
יידע סול-יה השר

［出典：『日本・ユダヤ封印の古代史②【仏教・景教篇】』久保有政、ケン・ジョセフ著］

東北民謡「ナギャドヤラ」

（六戸地方のもの。ナニャド・ヤラともいう）

♩=88–92
Na gha ha__ a d ya ala__ ya - o, na gha ha__ a d na
sa le da ha__ a dea sa iye, nau gha ha a d ya ala ya __ o,

〈ヘブル語表記〉

נגד העדה יעל יהו
נגד העדה נסער לדוד השעיר
נגד העדה יעל יהו

ナーギャッ　ハアド　ヤーラ　ヤウ
ナギャッハアド　ナサル　リダウデ　ハサーイェ
ナーギャッ　ハアド　ヤーラ　ヤウ

〈現代語解〉

ヤハウェよ、民の先頭に進み出て下さい。
私たちは民の前方から、ダビデのために敵を追い払います。
ヤハウェよ、民の先頭に進み出て下さい。

ヘブル語アルファベット

（ヘブル語は右から読む）

t s(sh) r q ts p ‘ ṡ n m l k y t kh z w h d g b ’(a)

אבגדהוזחטיכלמנסעפצקרשת

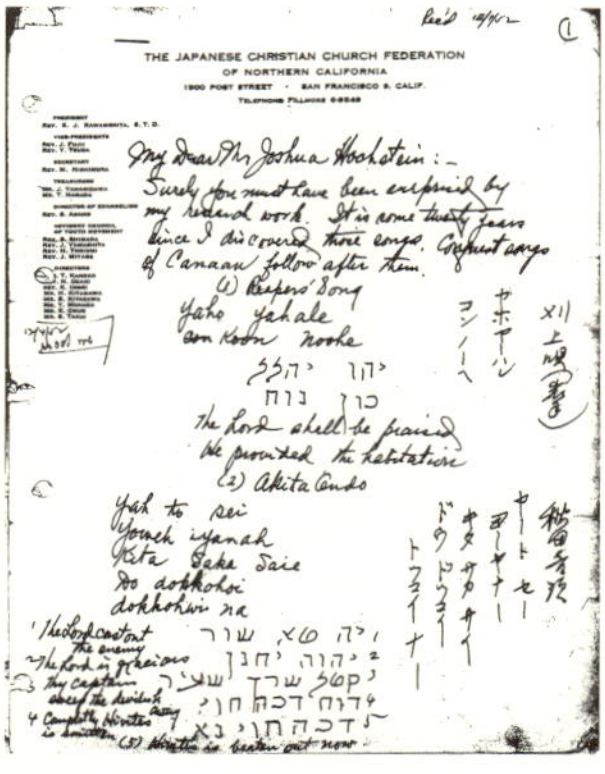
THE JAPANESE CHRISTIAN CHURCH FEDERATION
OF NORTHERN CALIFORNIA
1900 POST STREET · SAN FRANCISCO 9, CALIF.

My dear Mr. Joshua Hochstein:
Surely you must have been surprised by my research work. It is some twenty years since I discovered those songs. Conquest songs of Canaan follow after them.
(1) Reapers' Song
Yaho yahale
Aon koon nooke
The Lord shall be praised
He provided the habitation
(2) Akita Ondo

日本民謡におけるヘブル語を説明する川守田英二直筆の手紙

日川守田英二

［出典：『日本・ユダヤ封印の古代史②【仏教・景教篇】』久保有政、ケン・ジョセフ著］

第4部　イスラエルの失われた十支族とは、何か［資料篇］

出典：http://jewsandjoes.com/the-10-lost-tribes-of-israel.html
http://jewsandjoes.com/

翻訳　快東みちこ

失われた十支族とは何か？

失われた十支族とは、以下の者たちを祖とする支族のことです。

〃イスラエルの失われた十支族〃は、一般的には、ルベン（Reuben）、シメオン（Simeon）、ダン（Dan）、ナフタリ（Naphtali）、ガド（Gad）、アシェル（Asher）、イッサカル（Issachar）、ゼブルン（Zebulun）、エフライム（Ephraim）、マナセ（Manasseh）の各支族で構成されている。彼らは古代に北王国イスラエルをつくっていた（ユダ〈Judah〉、レビ〈Levi〉、ベニヤミン〈Benjamin〉は含まれず）。

これらの支族は紀元前740年～722年の間に、アッシリア帝国による侵略、征服、隷属、度重なる国外追放を経たあと、ヘブライ聖典の本文から姿を消しました。いくつかの諸説は、十支族の多くが、目前に迫ったアッシリア帝国による捕囚と追放の前に、比較的敵意の少ないヨーロッパやアフリカ方面へ離散した可能性を示唆《しさ》しています。

多くのユダヤ人グループ（大半が古代の南王国ユダの子孫）は、十支族が人知れず存続し続けること、また彼らが将来復活することが密接に結びついた、「救世主的な望み」を抱いています。現代に彼らの子孫を見つけるのは、このテーマが、多くの不必要な謎に包まれているために、白熱した議論を醸《かも》すものとなっています。ここでいう不必要な謎とは、いとも簡単な努力で、いわゆる〝失われた支族〟にたどり着くよう仕組まれた、数多くの聖書のヒントと歴史的な道しるべを意味しています。

イスラエルの十二支族の背景

聖書によると、族長のヤコブ（ヤハウェにより、イスラエルと改名された）は、二人の妻と二人の内縁の妻との間に、十二男と、少なくとも一女をもうけました。

ヨシュアの時代に、イスラエルの土地が支族に割り当てられたとき、レビとシメオンの各支族は、シケムでの裏切り及び残虐行為によって、まとまった大きな土地を受け取れませんでした（創世記49：5－7、ヨシュア記13：33、14：3）。けれども、彼らは居住のために、空き地に囲まれた都市を与えられました。ユダ支族は、当時必要とする以上に所有していたので、その支族の区画にあった多くの都市が、当初シメオンに与えられました（ヨシュア記19：1－9）。

また、ヤコブは、ヨセフとエジプト人妻のアセナテの間の二人の息子であり（創世記41：50－52）、彼の孫にあたるエフライムとマナセを、支族の地位へと昇格させました（創世記48：1－6）。これは、実質的に、一つのヨセフ支族を、二支族に分割したことになります（ヨシュア記14：4）。

イスラエル支族の伝統的な2タイプのリスト

▼土地分配によるリスト

ルベン　Reuben
ユダ　Judah
イッサカル　Issachar
ゼブルン　Zebulun
ダン　Dan

ナフタリ　Naphtali
ガド　Gad
アシェル　Asher
ベニヤミン　Benjamin
エフライム　Ephraim（ヨセフの息子）
マナセ　Manasseh（ヨセフの息子）
シメオンとレビには、他支族の区画にある点在した都市以外は、広い領土としての区画は分配されなかった（創世記49：5～7を参照のこと）。

▼生まれ順によるリスト

ルベン　Reuben（母：レア）
シメオン　Simeon（母：レア）
レビ　Levi（母：レア）
ユダ　Judah（母：レア）
ダン　Dan（母：ビルハ）
ナフタリ　Naphtali（母：ビルハ）
ガド　Gad（母：ジルパ）

アシェル　Asher（母：ジルパ）
イッサカル　Issachar（母：レア）
ゼブルン　Zebulun（母：レア）
ヨセフ　Joseph（母：ラケル）
ベニヤミン　Benjamin（母：ラケル）

上記十二支族のうち、どの支族が失われた十支族となったのでしょうか？

〝失われた十支族〟という名称は、聖書には登場していないため、実際にかかわりのあった支族の数に疑問を持つ人もいるでしょう。〝列王記Ⅰ11：31〟には、ヤハウェがソロモン王の手から王国を取り下げ、十支族をヤロブアムに引き渡すと記述されています。

〝ヤロブアムにいった、「あなたは十切れを取りなさい。イスラエルの神、主はこういわれる、『見よ、わたしは国をソロモンの手から裂き離して、あなたに十支族を与えよう。〟（列王記Ⅰ11：31）

〝そして、わたしはその子の手から国を取って、その十支族をあなたに与える。〟（列王記Ⅰ11：35）

しかし、どの支族が、伝説の〝失われた十支族〟に該当するのかは、明確ではありません。ルベン、イッサカル、ゼブルン、ダン、ナフタリ、ガド、アシェル、エフライム、マナセは通常十支族に数えられますが、それでは一支族足りません。シメオン支族は、この「一支族不足の謎」でスポットライトを浴びるようになりました。なぜなら、シメオン支族は、一度も北王国に住んだこともなければ、政治的に北王国の王に支配されたこともないと、信じられているからです。シメオンは当初ユダの領地内に多数の居住地が分配されたというのは事実ですが（ヨシュア記19：1）、その後、シメオン支族の中で、後に北王国の支配下となった、ヨルダン川の東へ移動した者もいました（歴代誌Ⅰ4：38－43）。ラビの見解によると、シメオン支族の中には、そのままユダ支族に吸収されていった者がいたという説がありますが、ユダが侵略されたときに、アッシリアのセンナケリブ王によって、シメオン人の残存者の多数は、追放されたという説もあります（列王記Ⅱ18：13）。また、約束の地に一度も足を踏み入れなかった、〝行方知れずのシメオン人〟は、〝方程式〟にさらなる謎の〝変数〟を加えています。彼らは、ヨーロッパに散らばって移住した十支族の、どこに加わったのでしょうか？（Steven M. Collins の記事：The Missing Simeonites を参照）。

「一支族不足の謎」は、ヨルダン川を境に東西に分裂してしまった、マナセ支族をカウントすることによっても、単純に解決することができるということも、記しておくべきでしょう。東側の半マナセ支族は、実際には西側の半マナセ支族より数年も前に、アッシリアから追放されていました。

イスラエルとユダの領土の小史

ユーフラテス川からエジプト国境までの領域を支配していた、古代イスラエル王国（ダビデ王の治世で大きく拡大）は、紀元前約931年にソロモン王から息子のレハベアムに政権が交代したあと、分割されました。ヤハウェは、偶像崇拝を理由に、ソロモンの統一された王国を引き裂くと宣告しました（列王記Ⅰ11：1－13）。ソロモン税制軽減の要求をレハベアムに拒まれた十支族は、反乱を起こし、ヤロブアム一世を彼らの王として、北に自治国家を樹立しました。このとき、イスラエル統一王国は南北に分断されたのです。

その数世代後、北王国イスラエルは、紀元前740年頃から、たびたびアッシリア帝国によって侵略を受けたのち、紀元前722年の首都サマリアの陥落を頂点に、ついに壊滅させられました。

一方、南王国ユダのユダヤ人は、紀元前597年～586年に、バビロニアの捕囚となりました。その後、ペルシャの王は、捕囚民に対し、祖国に戻り、後に、第二ユダヤ神殿として知られることとなるゼルバベル神殿を建設する許可を与えました。バビロニアから帰国したのは、元々のユダヤ人のうち、ほんの少数でした。

約600年後の70年に、第二ユダヤ神殿は、ローマ人に破壊されました。ローマ人によるユダヤ人の殺害および離散はその後数十年間続きました。

失われた十支族は今も存在するという根拠になっている主な情報源

〝失われた十支族〟という概念の、主な情報源は、ヘブライ聖典（聖書）です。ヘブライ聖典の本文は、単なる〝宗教の道具〟ではなく、深遠で正確に記された〝歴史の道具〟とみなされています（ウェルネル・ケラー著の『歴史としての聖書』を参照）。

聖典は、十支族について、多くの物議を醸しているものの、宗教一切抜きの考古学的証拠が、彼らの歴史上の実在性を裏づけています。イスラエル十支族が、現代さらには終末の預言において、今も重要性をもっているという概念あるいは確信は、聖典にもユダヤの伝統にも、根強く残っています。

エゼキエル書37：16－17によると、預言者は、一本の棒に〝ユダのために〟、もう一本の棒に〝ヨセフのために〟と書くように、いわれています。次に、預言者は、その〝棒〟あるいは〝木〟

は、一人の羊飼いの下で、いつの日か一つに結ばれるだろう、何世代も前に、すべての支族を一つにまとめるのに成功したダビデ王の時代は、終末に回復されるだろう……と述べました。

〝人の子よ、あなたは一本の木を取り、その上に『ユダ及びその友であるイスラエルの子孫のために』と書き、また一本の木を取って、その上に『ヨセフ及びその友であるイスラエルの全家のために』と書け。これはエフライムの木である。あなたはこれらを合わせて、一つの木となせ。これらはあなたの手で一つになる。〟

タルムードの情報源は、失われた十支族が、いずれは、ユダの家（＝ユダヤ人）と統合することになるかどうかについて論じています。

失われたイスラエル十支族を見つけるための、シンプルな聖書のヒント

探し場所としては、大人数の団体あるいは大規模な国家を形成する、失われたイスラエル十支族に着目すべきです。聖典を最小限主義者的見解で読み、結果的に、孤立し、離れた地域に住む、パ

ンくずのように分散した人間の中に探すようなことはすべきではありません。ホセア書1：9－10は、国外追放後のイスラエル十支族が、まるで〝海の砂粒〟のように人数が増えることを示唆しています。創世記48：19は、エフライム族が〝国家にあふれるほど〟増えることを示唆しています。ほかには、アブラハムとイサクから派生した名前（ブラフマン、サカ等）をもつ、移住者をチェックしてみるべきです。創世記21：12にこう記されています。〝神はアブラハムにいわれた、「あの少年のため、またあなたの侍女のために心配することはない。サラがあなたにいうことはすべて聞きいれなさい。イサクに生まれる者が、あなたの子孫と唱えられるからです。〟創世記48：15－16では、このことをより明確にし、イサクの名前を、ヨセフの息子のエフライムとマナセに当てはめました。このように記されています。

〝そしてヨセフを祝福していった、
「わが先祖アブラハムとイサクの仕えた神、
生まれてからきょうまでわたしを養われた神、
すべての災いからわたしをあがなわれたみ使よ、
この子供たちを祝福してください。
またわが名と先祖アブラハムとイサクの名とが、
彼らによって唱えられますように、

また彼らが地の上にふえひろがりますように。」〟

つまり伝統的なキリスト教の信条及び、このテーマに対する意見に反しても、イスラエル十支族が、見捨てられた、あるいは地上から姿を消した、あるいは忘却の彼方に消え去ったという観念は捨てるべきです。エレミヤ書51：5にはこう記されています。

〝イスラエルとユダは
その神、万軍の主に捨てられてはいないが、
しかしカルデヤびとの地には
イスラエルの聖者（神）に向かって犯した罪が
満ちている。〟

ほかに、十支族の探し場所としては、イスラエル十支族としてアッシリア帝国を征服した、あるいは少なくとも十支族を支援している国家か人々に着目すべきです。イザヤ書14：2bにこうあります。

〝そしてイスラエルの家は、主の地で彼らを男女の奴隷とし、さきに自分たちを捕虜にした者

を捕虜にし、自分たちをしいたげた者を治める。〃

紀元前627年~605年に、スキタイ人、キンメリア人、メディア人は、エジプト国境にいたるまで、アッシリアを略奪しました。覚えていますか？　アッシリアが、かつてイスラエル人をメダの地域まで追放したことを。結果的に、アッシリアの元々の土地は、パルティア帝国（スキタイ／サカ族系）によって、ほぼ500年近く支配されることになりました。パルティア帝国の最初の王は、〃アサク〃（〃イサク〃との類似性に注目）という都市で、紀元前247年に戴冠しました。母国の中世ペルシャから移住していった人たちも探すべきですが、ダニエルの預言期間に、メディアへもペルシャへも追放されなかった、はるか遠方にいた人たちも同様に探すべきです。ダニエル書9：7にはこう記してあります。

〃主よ、正義はあなたのものですが、恥はわれわれに加えられて、今日のような有様です。すなわちユダの人々、エルサレムの住民及び全イスラエルの者は、近き者も、遠き者もみな、あなたが追いやられたすべての国々で恥をこうむりました。これは彼らがあなたにそむいて犯した罪によるのです。〃

必ずしも、特定の肌の色、あるいは、いわゆる〃人種〃にスポットを当てることはせずに、文化・習慣・伝統において、様々な種類の人たちを探すべきです。創世記37：3にはこう記してあります。〝ヨセフは年寄り子であったから、イスラエルはほかのどの子よりも彼を愛して、彼のために長そでの着物をつくった〟

必ずしも、ユダヤ系あるいは、候補になっている文化の中のユダヤの習慣にこだわって探すべきではありません。というのは、イスラエル十支族は、追放の直前の頃には、すでにトーラーを信奉しておらず、偶像崇拝と様々な異教を織り交ぜて崇拝する生活になっていたからです。そして、そもそも、これこそが、ヤハウェが、彼らをイスラエルの地から追い出した引き金だったのです（ダニエル書9：7）。これは、イスラエル十支族の中で、後に、ある程度のユダヤ教の名残（例：カザールがユダヤ教に改宗）を取り戻した人が皆無だということではなく、ユダヤの習慣の有る無しを、特定のグループが十支族かどうかを判断するリトマス試験紙（多数の最小限主義者の方法）にすべきではない、ということです。

また、ユダヤ人を〝最後の日々〟に支援した国を明らかにすることによっても、イスラエル十支族を探すべきです。エレミヤ書3：17－18、33－34、50：4－5、20のすべてに、彼ら（イスラエル十支族とユダ族）が、共に歩き、共に終末の神秘のバビロンから脱出し、シオンへ戻ってくるだろうと記してあるからです。

さらに、歴史上、敵の門（例：主要な海港、狭くても重要な海峡、主要な貿易ルート等）を打ち取った人々の中にも、イスラエル十支族を探すべきです。創世記24：60にこう記されているからです。

〝彼らはリベカを祝福して彼女にいった、
「妹よ、あなたは、ちよろずの人の母となれ。
あなたの子孫はその敵の門を打ち取れ。」〟

ヨセフスによる、イエスの時代のスキタイとパルティア

1世紀のユダヤ人歴史家、フラヴィウス・ヨセフスは、その著書において、イスラエル十支族という神秘的な存在について、聖書と無関係でありながら、パワフルなヒントを提供しています。彼はこう記しています。

〝……イスラエルの民の全体が、その国に留まった……二支族はアジアと、ローマ支配下のヨーロッパにいる。一方十支族はユーフラテス川の向こうにいて、数えきれないほど膨大な民衆となっている。〟

ほとんどの十支族説は、スキタイ人（［訳注］南ウクライナ中心に活動した世界最古の遊牧騎馬民族）、あるいはスキタイ人とつながりをもったユーラシア移民説がベースになっています。スキタイ人は、アッシリアによって、黒海北部とコーカサス・ペルシャ中央地域に、イスラエル十支族が追放されたのとほぼ時期を同じくして、同地域に現れた人々です。アメリカ百科事典には次のように記載されています。

スキタイ人とは、紀元前約700年に黒海北部地域を占領した種族であり、国家がいくつかに分離した紀元前4世紀までは、結束力のある単一の独立した政治形態を維持していた。

ギリシャ人によって、西部のスキタイ人として認識されている人々は、アジア内部のさらに東部に居住していた種族と親密につながりのあった多数の人間から枝分かれした人たちに過ぎないということは、歴史家の間では周知の事実です。スティーブン・M・コリンズはこう付加えています。

スキタイ人に、黒海スキタイ地域よりも東部に居住する〝血縁の一族〟がいたということは、イスラエルが、多くの親族の支族によって構成されているという事実と符合します。タマラ・ライスの著書、『スキタイ人』には、アジアの東部奥地に居住したスキタイ人、〝血縁の一族〟の場所を示した地図が掲載されています。彼らの埋葬場所は、東端では、ロシア国境と、中国およびモンゴル国境の西端が接する、ロシアのパジリク・アルタイ地域まで確認されています。スキタイ人は、アッシリアのサルゴン王の治世でアジアに出現しています（紀元前722－705）。これは、イスラエル王国の崩壊と、イスラエル人のパレスチナからアジアへ脱出の時期と、見事に一致しています。

ペルシャのベヒストゥン碑文

追放されたイスラエル人と、キンメリア人（[訳注] 南ウクライナ中心に勢力をふるった古代遊牧騎馬民族）、及びスキタイ人との間のミッシング・リンクをつなぐものとして、しばしば引合いに出されるのが、ベヒストゥン碑文です。ジョージ・ローリンソンは、こう記述しています。

紀元前7世紀にアッシリアとメディア王国の国境に最初に出現したギミルライ、またはガミルとも呼ばれたキンメリア人と、その約2世紀後のベヒストゥン岩の碑文に記されたスキタイ人は、サマリアすなわちイスラエルの家の十支族と同一である、と考えるべき理由があります。

ベヒストゥン碑文は、旧ペルシャ人とエラム人の中で、サカ、サカエあるいはスキタイ人として知られる人々と、バビロニア人の中でギミルライあるいはキンメリア人として知られる人々を結び付けるものと、信じられています。

黒いオベリスク——シャルマネセル3世の足元にひざまずくイエフ、オムリの息子あるいはイエフの大使

最初に明らかにすべきことは、〝キンメリア〟と〝スキタイ〟の二つの語が、交換可能だということです。たとえばイスクザイ（アスグザイ）は、アッカド語では、極めて例外的な名前です。ギミルライやガミルの名は、アッカド語におけるスキタイと同様に、キンメリアをも表す通称でした。

考古学者のE・レイモンド・キャプトは、ブラック・オベリスク右手の尖った頭巾をかぶったイ

エフ王と、ベヒストゥン磨崖碑上部に描かれた捕虜のサカ／スキタイ王との類似性を指摘しました。さらに、アッシリア語でイスラエルの家を表す〝グムリ〟は、紀元前8世紀のイスラエルのオムリ王の名前から取ったものですが、これが発音的に〝ギミルライ（ガミル）〟と似ているとも、彼は主張しています。

〝サマリア（Samaria）〟と〝キンメリア〟（Cimmeria辞典によればcはsのように発音される）の二つの語の、驚くほどの、発音の類似性に気づいてください。このキンメリア人がその頃メディアに到着したことは、彼らが、サマリアからのイスラエル人の捕虜と同一であるという説の信憑性をさらに高めています。イスラエルに移住させられたサマリア人は、反アッシリア派であるはずなので、当然、反アッシリア派同盟に加わるでしょう。

「イスラエル人とスキタイ人の同一説」の批判派は、スキタイ人とキンメリア人の習慣が、古代イスラエル人のものとかなり違うということを根拠に反論します。しかし、ローリンソン氏とコリンズ氏のような著述家は、こうした反論を否定するでしょう。北王国イスラエルの民は、アッシリアから追放される前に、トーラーをベースにした自国の文化から遠ざかり、周囲の人々の偶像崇拝を信奉するようになったという見解を述べる人たちもいます。また、イスラエル十支族は、そもそも〝ユダヤの習慣〟の多くに、触れておらず、ユダヤの習慣が発展したのは、その何世紀も後のことであるため、〝ユダヤの習慣〟の有る無しを、イスラエル出身かどうかのリトマス試験紙に使うのは、決定的な過ちです。

キリスト教の伝統は、スキタイ人はセムではなく、ノアの息子ヤペテの子孫だと反論する傾向にあります。このような批判に対して提供される反論材料は、大抵は創世記9：27にあります。そこに書かれた内容は、ヤペテは、セムのテントに居住するだろうという預言です。すなわち、北のヤペテ族は、〝ヨセフの家〟と一緒になったか、あるいは、彼らによって、脇へ押しやられてしまったと信じられています。というのは、〝彼（ヨセフ）は、国々の民を、一度に、地の果てまで突き倒すだろう〟とあるからです（申命記33：17）。スキタイ人は、発祥時及び後期においても、一度も単一民族のグループだったことがありません。その点は、真に〝純血〟だったことがない、イスラエル十支族も同様で、彼らはむしろ他民族と混じる傾向にあり、エジプトを最初に離れたときでさえ、すでに〝混血〟した群衆となっていました（メモ：エフライムとマナセの母はエジプト人であった）。

17世紀から20世紀までの間の失われた十支族とユダにフォーカスする

少なくとも、17世紀以来、ユダヤ人とキリスト教信者の双方が、失われた十支族に関する独自の理論を提示してきました。アシュケナジム系ユダヤの人の伝統は、失われた十支族を〝小さな赤いユダヤ人〟Die Roite Yiddelech、という言葉で呼んでいます。彼らは、伝説のサンバチオン川によって、他のユダヤ民族から隔絶しています。〝サンバチオン川の泡立つ水は天高く上昇し、火煙の壁はその川を通り抜けることが不可能〟とされています。

１６４9年12月23日、著名なアムステルダム出身のラビである、マナセ・ベン・イスラエルは、〝失われた十支族の中には、南米のアンデスにネイティブ・アメリカンと共存していた人々もいる〟と、アントニオ・デ・モンテシノスからいわれたとき、こう記しました。

〝……十支族は、アンデスに住んでいただけでなく、世界各地の、それ以外の土地にも散らばったと思う。この人々は、その後、第二神殿（エルサレム）には戻らず、こんにちまで、ユダヤの教えを信仰し続けている、と私は考えます〟

１６５5年、ラビ・イスラエル氏は、ユダヤ人がイギリスに戻れるよう、その許可をオリバー・クロムウェル（イギリスの政治家）に嘆願しました。１２９０年以降、イギリスはユダヤ人の居住を法律で禁じていたからです。ユダヤ人のイギリス帰国に対して、クロムウェル氏側は興味を持ちましたが、その理由の一つは、当時、世界終末論に関する仮説が溢れていたことでした（いくつかは、アイザック・ニュートン卿が研究し、普及させた）。こうした終末論の概念の多くは、１６６

6年に定着し、第5王国派は、この物質界を千年の間支配する最後の王国を創造する人物である救世主イエスの帰還を待っていました。彼らは、ユダヤ人帰還は来たる第5王国への準備との期待から、クロムウェルのイングランド共和国を支持しました。第5王国とは、アッシリア、ペルシャ、ギリシャ、ローマの世界帝国の次に来る世界王国（キリストの千年王国をさす）のことです。

失われた特定の支族の子孫であると主張しているグループ

数多くのグループが失われた特定の支族の子孫だと主張しています。

ベネ・エフライム（南インド）――エフライム支族の子孫と主張
ブネイ・メナシェ（北東インド）――マナセ支族の子孫と主張（[訳注] シンルン族のこと）
ペルシャのユダヤ人（特にブカラ・ユダヤ人）――エフライム支族の子孫と主張
ベタ・イスラエル人（エチオピア出身）――ファラシャ、あるいはエチオピア系ユダヤ人とも呼ばれ、ダン支族の子孫と主張
ナイジェリアのイボ（イグボ）・ユダヤ人――エフライム、マナセ、レビ、ゼブルン、ガドの各

支族の子孫と主張
サマリア人（約600人いる）――エフライムとマナセ支族の正統な子孫と主張

支族を特定せず失われた支族の子孫を主張しているグループ

十支族の子孫であると信じていても、どの支族に該当するのか不明なグループ（メモ：これはユダヤ人一般にも共通の難しい問題である）。


レンバ族（アフリカ南部出身）――現在のイエメンから逃れ南へ旅した、失われた支族と主張。

ガーナのイスラエルの家――イスラエル十支族の一つであると主張。

パシュトゥン族（アフガニスタンとパキスタン出身）――伝統的にイスラエル十支族の子孫と主張。彼らの大規模なユスフザイ一族は、〝ヨセフの子孫〟を意味する。

チャン・ミン族（中国南西部）――アブラハムの子孫と主張。彼らの祖先は十二の子孫を残したという伝統を持っている（［訳注］チャン族、羌族《きょう》ともいう）。

開封《カイフォン》ユダヤ人（中国）――歴史記録によると、1163年に建てられたシナゴーグとそのユダヤ人共同体が、少なくとも、南宋（1127－1279年）の時代から、19世紀後半まで、開封に存在していた。また都市にある石碑は、開封ユダヤ人が、少なくとも紀元前231年からいたことを示唆している。

ブリティッシュ・イスラエリズム（アングロ・イスラエリズムと呼ばれることもある）――アングロサクソン人はイスラエル十支族の子孫であると主張。

日本人――日本の「幕屋」（キリストの幕屋）と呼ばれるグループ（［訳注］創始者は手島郁郎）によれば、古代日本文化と、聖書の習慣は類似しており、これは日本の宗教と文化の多くが、イスラエル支族を起源としているからだという。

ナスラニス族（インドのマラバル）――イスラエル人の子孫（DNAにより確認済）であるが、彼らの過去についてはあまり知られていない。

右に挙げられたグループのほとんどの主張は、イスラエル十支族のものとして、正当なものだと考える最大限主義者の人々もいます（創世記48：19「（エフライムの）子孫は多くの国民となるであろう」に注目）。

ネイサン・オースベル著の『ユダヤ人の図解歴史』から引用のリスト

1953年の著作『ユダヤ人の図解歴史』の中で、ネイサン・オースベルはこう記しています。

現在、失われたイスラエル十支族の子孫で、古代の伝統を遵守している人たちは、かなりの数にのぼります。アフガニスタンの氏族、西アフリカのイスラム化されたベルベル人、ナイジェリアのキリスト教イボ（イグボ）族の600万の人々。疑問の余地なく、彼らはみな特定の古代ヘブライの習慣と宗教を実践しており、そのことは彼らの風変わりに見える主張になんらかの信憑性を加える役目を果たしている。

彼は、なんらかの形でイスラエル十支族と関連あるといわれている人々を、左のようにリストアップしました。

バグダッド

イラン
クルディスタン
イエメン
グルジア
ボハラ（ブハラ）
ハドラマウト
山岳ユダヤ人
アフガニスタン
ベネ・イスラエル
コーチン・ユダヤ人
中国
エジプト
アルジェリア
モロッコ
リビア
チュニジア
ジェルバ島

サハラ砂漠

洞窟《どうくつ》族（トリポリタニアとチュニジアの南、アトラス山脈）――サハラ砂漠のユダヤ人に深く関連している。彼らは、自分たちの祖先が70年以降、ローマ皇帝ティトゥスによって、ユダヤから捕虜として連行されたと信じている。彼らは小さな紙の舟を切り抜き、それが、近いうちにやって来て、エルサレムへと自分たちを連れていくようにという願いを込めて、それを祈りの場であるシナゴーグに飾り付ける。

ファラシャ（エチオピアのタナ湖）――古代にシバの女王と共に、ソロモン王を訪ねたと主張。

サマリア人（ナーブルス〔シケム〕）――エフライム、マナセ、レビ各支族の子孫と主張。エズラの時代に、対抗してゲリジム山に神殿を建立。

カライ派（ユダヤ教の一派）

参考資料

Babylonian Talmud (Mishnah) Sanhedrin 110b

Flavius Josephus. Antiquities of the Jews (Book XI Ch.5 Sect.2)

Moses Rosen (1987). "The Recipe" (published as epilogue to The Face of Survival).

Tokayer, Rabbi Marvin. Mystery of the Ten Lost Tribes - Afghanistan (moshiach.com)

Encyclopedia Americana, Vol. 24, "Scythians," p.471

Rawlinson, George (1860). History of Herodotus, Book VII, p. 378

Maurits Nanning Van Loon (1966). "Urartian Art. Its Distinctive Traits in the Light of New Excavations", Istanbul, p. 16

E. Raymond Capt (1985). Missing Links Discovered in Assyrian Tablets, Artisan Publishers

Collins, Steven M. (1995). The Lost Ten Tribes of Israel... Found!, p.173-174

Greer, Nick (2004). The British-Israel Myth. p. 55.

Dimont, C (1933). The Legend of British-Israel,

Ausubel, Nathan (1953). Pictorial History of the Jewish People, p. 217

関連資料

BritAm and the Lost Ten Tribes

Where are the Ten Lost Tribes（NOVA）

中丸 薫　なかまる かおる
国際政治評論家。コロンビア大学、同大学院国際政治学部修了後、世界のトップ・リーダーをインタビューするジャーナリストとして活躍。『ニューズウィーク』誌にて「インタビュアー世界№1」の評を得る。各国大統領や国王との対談をおこなったり、数々の国際会議に出席するなど民間外交を積極的に展開。また「太陽の会」や「国際問題研究会」を主宰し、講演会をおこなうなど国際政治の大衆化を目指した活動を続けている。2004年には、American Biographical Instituteより「21世紀の偉大な女性」と「21世紀の偉大な思想家」に選ばれ、英国のInternational Biographical Centreからは「21世紀の代表的な知識人2000人」に選出される。
1974年より通産省審議委員、1980年より外務省「海外広報協会」評議委員、「日本ペンクラブ」会員。
2015年ケネディーやガンジーが受けた世界平和大賞を日本人として初めて受賞した。

太陽の会：http://www.taiyonokai.co.jp
中丸薫オフィシャルサイト：http://www.nakamarukaoru.com

本作品は、2011年１月に刊行された『日本人ならぜったい知りたい 十六菊花紋の超ひみつ』（ヒカルランド）の新装版です。

[新装版] 十六菊花紋の超ひみつ
日本人ならぜったい知りたいユダヤと皇室と神道

第一刷 2018年5月31日

著者 中丸 薫
ラビ・アビハイル
小林隆利
久保有政

発行人 石井健資
発行所 株式会社ヒカルランド
〒162-0821 東京都新宿区津久戸町3-11 TH1ビル6F
電話 03-6265-0852 ファックス 03-6265-0853
http://www.hikaruland.co.jp info@hikaruland.co.jp
振替 00180-8-496587

本文・カバー・製本 中央精版印刷株式会社
DTP 株式会社キャップス
編集担当 TakeCO

ISBN978-4-86471-538-6

●『太陽の会』入会のご案内

国際問題研究所理事長・中丸薫は、世界186ヶ国を巡り、各界のリーダーたちとの出会いを通して、「生まれた環境や立場に違いがあろうと、すべての人々の心の奥底には共通した平和の願いがある」ということを実感しました。そして、「真の世界平和とは、この地球上に住む私たち一人ひとりの心に平和の願いが宿ったとき初めて実現される」と確信しました。

『太陽の会』という名には、「一人ひとりが、太陽のように調和ある“まろやかな心”を輝かせ、共に真の人間復興を基とした世界平和に向けて立ち上がってほしい」という願いが込められています。

『太陽の会』は平和を願う人々の想いが源です。社会的身分、職業、年齢等はいっさい問いません。この会で学び、自らの心を磨き、主体的に調和ある新しい社会、時代を創造することを目指している方であれば、どなたでもご参加いただけます。

『太陽の会』では、人間復興を目指した「心の成長」と、世の中の「真実の情報」を得ることを何よりも大切にしています。会員の皆さまが、研修会などを通して心をみつめ育み、又、「中丸薫のワールド・レポート」や講演会を通して、マスコミからは決して知り得ない情報を知ることによって、世界平和の担い手として立ち上がっていただけることを目指しています。

●会員特典

1.「中丸薫のワールドレポート」の配信（年12回）
2. 当会主催の講演会、研修会参加費の割引
3. 中丸薫講演 DVD 等の割引（書籍を除く）

●年会費

正会員　13,200円（一括前納）
※　入会金はありません

●申込方法

「太陽の会」事務局へ入会申込書をご請求下さい。「太陽の会」ホームページからもお申込みができます。http://www.taiyonokai.co.jp
年会費はお近くのゆうちょ銀行から、郵便振替にてお振り込みください。
加入者名：太陽の会
口座番号：00180-7-481412

●お問合せ先

国際問題研究所内　「太陽の会」事務局
〒720-0065　広島県福山市東桜町 1-15-506
Tel: 084-982-6702　Fax: 084-982-6704　E-mail: webmaster@taiyonokai.co.jp

●「国際問題研究会」入会のご案内

世界は今、アメリカ覇権が終焉に向かい、EU、ロシア、中国、インドなどが台頭する多極化の時代を迎えています。そんな時代にあって、日米関係を重視した経済政策、外交・安全保障政策を続けている日本に大きな危機感を抱いています。と同時に、このような混沌とした時代だからこそ、日本と日本人には世界に果たすべき大きな役割がある、という確信も持っています。

そのような思いから、中丸薫は国際問題への理解を深める会を立ち上げました。一人でも多くの方が国際情勢への理解を深め、豊かな見識や人間性を養うことは、必ずや日本と世界のためになるはずです。これから世界は益々混迷の度合いを深めていきますが、共により良い世の中になるよう心を尽くしてまいりましょう。

●目的

1．国際問題への理解を深める
2．「西側諸国」という視点ではなく、多角的な視点から国際情勢を見る目を養う
3．先行き不透明な時代の生き方を学ぶ
4．リーダーとしての心得を学び、人間力を養う
5．国際政治における日本の役割、使命への理解を深める
6．各自の人生における役割、使命を明確にする

●会員資格

国際情勢及び現実の政治、経済、社会問題に関心のある方

●会員特典

1．月刊ニューズレター『中丸薫の World Report for International Affairs』（国際政治・経済情報誌）の配信
2．国際問題研究会や太陽の会が主催するセミナー、講演会、シンポジウム、勉強会、親睦会等への会員特別価格での参加
3．中丸薫講演 DVD 等の会員特別価格での購入

●年会費

20,000円（一括前納）
※　入会月からニューズレター『中丸薫の World Report for International Affairs』（月１回）が届きます
※　入会金はありません
※　「太陽の会」とは異なる会です。両方にお申込みいただけます。

●申込方法

入会申込書を「国際問題研究会」事務局へご請求下さい。中丸薫オフィシャル・ウェブサイト http://www.nakamarukaoru.com　からもお申込みいただけます。

年会費はゆうちょ銀行から下記の口座にお振り込み下さい。

加入者名：国際問題研究会　　口座番号：00190-3-299785

●お問合せ先

米国財団法人国際問題研究所内　国際問題研究会
〒720-0065　広島県福山市東桜町 1-15-506
Tel: 084-982-6702　Fax: 084-982-6704　E-mail: info@nakamarukaoru.com

ヒカルランド　中丸薫の好評既刊！

地上の星☆ヒカルランド　銀河より届く愛と叡智の宅配便

トランプ巨大旋風の奥底は
《イルミナティvsプーチン》
1%寡頭勢力打倒の戦いである
著者：中丸 薫
四六ソフト　本体1,815円+税

愛と光の地球ワンワールドの道
著者：中丸 薫
四六ソフト　本体1,843円+税

この国根幹の重大な真実
著者：飛鳥昭雄／池田整治／板垣英憲／菅沼光弘／船瀬俊介／ベンジャミン・フルフォード／内記正時／中丸 薫／宮城ジョージ
四六ソフト　本体1,815円+税

次元「超」突破
パラレル地球／別名５次元はもうできている
著者：エハン・デラヴィ／中丸 薫
四六ハード　本体1,700円+税

『地球』丸ごと奪われた『未来』を取り戻せ
著者：中丸 薫
四六ソフト　本体1,389円+税

永遠のノックアウト
著者：ヘンリー・S・ストークス／中丸 薫／菅沼光弘
四六ソフト　本体1,556円+税

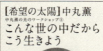

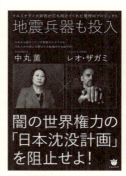

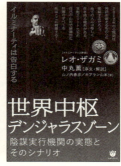

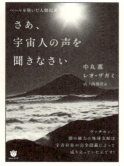

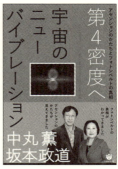

ヒカルランド　好評既刊＆近刊予告！

地上の星☆ヒカルランド　銀河より届く愛と叡智の宅配便

日本人が知って検証していくべき
この国「深奥」の重大な歴史
著者：久保有政［編著］
四六ソフト　本体1,815円+税

日本から《あわストーリー》が始まります
著者：香川宜子
四六ソフト　本体1,815円+税

日本とユダヤと世界の超結び
著者：ベンジャミン・フルフォード／クリス・ノース
四六ハード　本体1,750円+税

淡路ユダヤの「シオンの山」が七度目
《地球大立て替え》のメイン舞台になる！
著者：魚谷佳代
四六ソフト　本体1,574円+税

天皇とユダヤとキリスト
そしてプレアデス・メシアメジャー
著者：赤塚高仁／小川雅弘／村中 愛
四六ソフト　本体1,750円+税

近刊予告

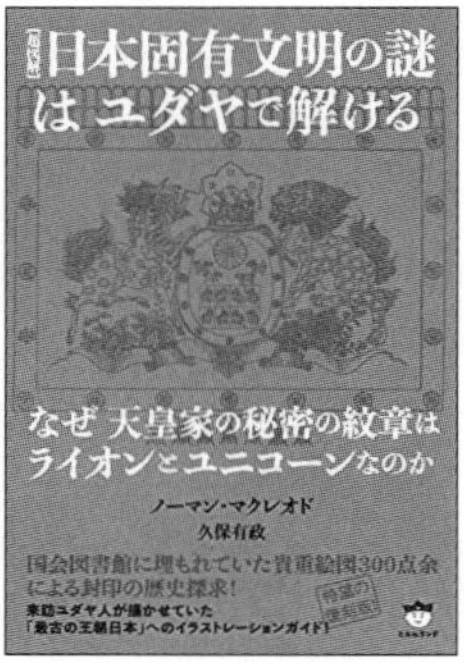

【超図解】日本固有文明の謎はユダヤで解ける
なぜ天皇家の秘密の紋章は
ライオンとユニコーンなのか
著者：ノーマン・マクレオド／久保有政
四六ソフト　予価2,222円+税